U0077002

這年頭 上流哥
資產配置
有點難

上流哥——著

Contents

第1章 投資工具1》股票

第2章 投資工具2》債券

第 **3** 章　**投資工具3》其他**

第 **4** 章　**回顧泡沫歷史**

第7章 執行資產配置

第8章 現在的世界

避開投資地雷

拜讀過上流哥第 1 本著作《上流哥：這年頭存錢比投資更重要》的人，想必對上流哥幽默詼諧的文筆，以及書中所提到防堵口袋破洞的觀念，感到印象深刻。但大家存錢的最終目的，是為了投資，讓錢滾錢，畢竟「人兩腳、錢四腳」。

在《上流哥：這年頭資產配置有點難》這本書中，上流哥以資深基金經理人的角度，來介紹投資人踏入市場前，必須了解的基本觀念。坊間教導新手的投資書籍，多數都是在談「如何找到機會」；但上流哥的這本書，則是從金融泡沫歷史、行為經濟學、投資與投機的差異、資產配置……等不同角度，在教導新手「如何避開風險」。

記得巴菲特（Warren Buffett）的合夥人查理‧蒙格（Charles Munger）的名言：「要是知道我會死在哪裡，我將永遠不去那個地方。」讀過上流哥這本書，或許可以幫助你避開許多投資地雷，少繞一些彎路，用比較穩健的方式累積資產。

以站長（編按：指定錨產業筆記創辦人 Paulson）多年經營財經 FB 粉絲專頁的經驗，看過形形色色的投資人，靠槓桿重壓大賺一波，又因為看錯拗單不停

損吐回去的案例，真的不在少數。對於投資人來說，「保存戰果」比「擴大獲利」更重要，只有放進口袋裡面的才是錢。

但投資人進入市場，多數還是懷抱一個夢想，期待自己能夠像網路上看到的大神，槓桿重壓後大賺幾十倍，獲得財務自由。也因此，在市面上教學投資基本概念的書籍，要找到上流哥這種提醒風險控管的警世良言，非常難能可貴！尤其是在近 2 年的多頭市場賺到錢，心態上有些膨脹，覺得投資賺錢很簡單，開始輕忽風險控管的人，更應該讀這本書。

此外，全球經濟從 2008 年金融海嘯以來，已經有長達 13 年的時間，沒有再發生大型的金融危機了！對於許多這 2 年才進入市場的投資人來說，「空頭市場」就像是天方夜譚，只聽過、沒見過。上流哥的這本書，非常詳細地記錄過去幾次重大金融危機，以及評估資產泡沫時容易面臨的盲點。

古人云「未雨綢繆」，很多事情都需要提前做好準備，才不會在意外發生時措手不及，投資的風險控管更是如此，事後才做的風險控管沒有意義。最後，祝福每一位讀者，都能在上流哥的這本書中，找到適合自己且更穩健的投資方式，平安踏實地跑完這場投資馬拉松。

定錨產業筆記創辦人

Paulson

先理財再投資

這本是上流哥出版的第 2 本書，第 1 本《上流哥：這年頭存錢比投資更重要》講理財，教人如何先把錢存下來，這本《上流哥：這年頭資產配置有點難》才開始講投資。很認同這種順序，因為「投資理財」這個詞順序上原本就有問題，要先會「理財」，才有資金可以「投資」，所以我一直認為，這個詞應該要改為「理財投資」才對。

我是約莫在 2 年前認識上流哥的。一開始是看到上流哥的 FB 粉專「上流哥投資理財粉絲團」覺得這個人很有趣，私訊後開始人與人的連結（誤）。之後某次上台北約喝咖啡，上流哥用實際行動證明他節儉的習慣，選了北車附近館前路上的麥當勞。我們 2 人就在一堆學生中找張小桌子坐下開始聊，邊上不時還有貌似對投資有興趣的學生「旁聽」，滿有意思的！

由於上流哥和尼莫年齡相仿，且投資上選擇走「價值投資」（但使用方法有差異），加上 2 人的資產主要都是靠節儉存錢後，投資慢慢滾上來，故一見如故，之後也頻繁交流，繼續人與人的連結（大誤）。去年（2020 年）底就聽聞上流哥在寫第 2 本書，期盼到現在才出版，讓人等太久啦！

　　回到主軸，《上流哥：這年頭資產配置有點難》這本書一如其名，談的是「資產配置」。一般我們看到談資產配置的書或文章，都是一開始就跟你講資產配置的觀念和做法，然後開始介紹各大類別資產。然而，上流哥這本書特別的地方是，先介紹完各大類別的資產以及泡沫歷史（第1章到第4章），然後闡述他的投資心法（第5章和第6章），最後才跟你談資本配置（第7章），以及建議如何在「現在的世界」（第8章）進行資產配置。

　　這種先發散再收斂的內容框架不易駕馭，但在上流哥淺顯易懂又幽默風趣的文筆面前，完全不是問題。相信多數人都會跟尼莫一樣，一開始看了就停不下來，一鼓作氣把整本書看完。

　　舉個例子，目前市場流行「股息投資法」，就是挑選配息穩定的公司長期持有，尼莫舉辦投資座談時，也常有學員會問到關於「殖利率選股」的問題。不過，其實價值投資對這個問題的觀點是「長期投資的獲利思考，應該還是要著重在資本利得，而非股息」，剛好上流哥書中也有著墨到這個主題，他的寫法非常生活化，讓人一看就懂！

　　上流哥在書中提到：「我常舉一個排骨便當的例子，來說明配息在選股時的參考性。我們買排骨便當時，重點是排骨，而不是滷蛋。若是將排骨便當看成是一檔股票的話，排骨就相當於公司的基本面，例如公司的競爭力、產業好壞、公司的損益狀況等，是我們選股最重要的參考依據，而配息就像是排骨便當裡

的滷蛋，不是我們在選擇排骨飯時的重點。當然，一樣是排骨便當來比，我們可能會稍微偏好有滷蛋的那個，但是很多人往往太重視配息，很愛買配息率高的股票，卻忽視基本面，這就好像你挑排骨便當是以滷蛋為標準，對排骨不屑一顧一樣，這樣選股最後報酬率通常會不如預期。」

如排骨便當案例這種，含金量高、譬喻又通俗易懂的案例，在整本書中不勝枚舉。投資本身是很枯燥乏味的事情，像上流哥這樣能夠把觀念內化後用讓人秒懂的文字表達出來，必然是對投資有很深的理解，火候夠了才做得到。

除了眾多豐富有趣的案例之外，這裡我還想要溫馨提醒大家，書中「1-7 正確解讀分析師報告　作為買賣判斷的輔佐工具」一定要多看幾次，這部分是要待過法人圈夠內行的人才會知道的事情，尼莫認為光這幾頁內容的價值，就是書價的不知道多少倍了！

最後預祝上流哥這本書跟第 1 本一樣大賣喔！

銀行家

投資不走冤枉路

自從 2020 年新冠肺炎疫情爆發以來，資本市場快速從谷底回升，屢創新高的大牛市趨勢，造就了很多新型態的動能投資顯學。無論是美國的「迷因股」、還是台灣的「瘋狗流」，都成為市場追捧的焦點。暴漲的走勢，也著實讓不少投資人，甚至很多是投資新鮮人，短期內就擁有極為驚人的報酬率。如今，像上流哥一樣，始終堅持「價值投資」，不跟隨市場起舞的人，幾乎快成「稀有動物」了！

長期的堅持，來自於上流哥身經百戰的經歷，身為業界菁英，在達成財富自由的不惑之年急流勇退，數十年的寶貴知識，都匯聚於這本大作之中！誠然，投資市場千頭萬緒，要能搞懂各資產間（股、債、房、大宗商品等）的對應關係，進而正確評價，找出獲利契機，避開風險，談何容易？本書，不是要帶你當嘗試判讀未來的水晶球算命仙，而是深入淺出，帶你打好認識各項資產真相的「基本功」。唯有蹲好馬步，做好準備，才能真正應對投資市場——這個重量級拳手所揮出的無限挑戰！

本書的編排，雖然看起來像是一本投資入門書（的確也是最好的新手祕笈），

不過，即使是像我已經在投資市場超過20載的老手，在閱讀上流哥所書寫的每個篇章裡，都還是讓我重新複習對於每項資產的正確認知。很多沉浸於市場，日久遺忘的基本功，都在閱讀的過程裡再次強化。更重要的是，這些看似艱澀的財經詞彙，上流哥幾乎都會佐以生動的實際個人操作或市場歷史經驗來加以說明。輕鬆閱讀的氛圍下，快速吸收了上流哥數十年的功力。

閱讀上流哥第2本著作《上流哥：這年頭資產配置有點難》，最讓我驚豔的是，貫串全書，他努力實踐如何在穩健的資產配置下，達成長線風險和報酬的平衡，這對於當前火熱的資本市場榮景，猶如暮鼓晨鐘。畢竟，在近1年多市場耀眼的多頭走勢背後，太多人已經忘了歷史上層出不窮的泡沫破裂史。事實上，如何降低資產配置的報酬波動率（特別是向下波動），才是長線穩定獲利的關鍵。

例如，同樣是5年平均10%的年報酬率，如果你的逐年報酬率表現是高波動性，如50%、-50%、50%、-50%、50%，那你5年後的報酬率會大幅落後每年僅10%穩定回報的投資組合。甚至，如果是這個例子，不做任何投資組合也能夠打敗它，因為這樣高波動性下的表現，5年回報是-15.63%！

正如上流哥所說，太多人過度高估自己的風險耐受度，卻在每次市場修正到來時，才發現自己並沒有那麼堅強。那麼，究竟要如何才能夠在兼顧風險的情況下，穩定獲取長線投資的收益呢？對此，上流哥也針對不同的情境（年齡、風險耐受度等）出發，擬妥適切的資產配置策略。可以說，如果你既想在資本市場賺取收益，又害怕被風險燙傷，那這本書，無疑將提供你最佳的解答。

　　從上一本書為上流哥作序後，時間又推移了 2 年，在這 2 年之中，資本市場經歷了暴跌和狂漲。FB「上流哥投資理財粉絲團」，始終是我必讀的園地。投資，說穿了，就是一個比誰「犯錯少」的長期競賽。上流哥不是死多頭、更不是死空頭，而是始終堅持價值投資，不隨波逐流的紀律投資人。他的洞見，無論是粉絲團的三言兩語、還是本書的良言金句，都屢屢提醒我潛在盲點所在，也利用此序表達感謝。誠心推薦你收藏和深讀此書，它將讓你順著上流哥的腳印前進，投資不走冤枉路！

《景氣循環投資》作者

Isaac Chen

讓資產穩健成長

我在 2019 年初離開職場後，按照我自己的規畫，恢復經營 FB 粉絲團「上流哥投資理財粉絲團」，並且在當年底出了我第 1 本書《上流哥：這年頭存錢比投資更重要》，作為理財的最基礎書籍，先幫大家建立關於理財的正確心態。

從我自己在大學開始學習投資理財，到我在投信工作操盤，後來離開職場到現在，這 20 年左右的時間，我一直很樂於分享我投資理財的想法。

我很早就在部落格上寫東西，但是中間在投資業的時期，因為受限於法規與業界的行銷限制，無法在網路上大寫特寫。在離開投資業，我恢復了寫作與宣傳的自由後，開始跟進時代，嘗試用不同平台跟通路推廣理財觀念。我幫《經濟日報》與香港最大股票討論社群平台「秒投」寫稿、有上過一些雜誌與節目、出了第一本書、現在流行的直播與 YouTube 影音也有去玩一下，但是我主力還是放在 FB 粉絲團上。

其實我覺得時代進步得很快，大概在 2015 年之前，網路上推廣投資理財的資訊還沒那麼多，我覺得自己寫的一些理財資訊可以幫助到很多人。之後，網

路影音、理財達人跟訂閱制興起，大家可以更多的接觸到投資理財知識，這時我反而覺得我的重要性沒那麼高了。所以我有修正我的寫作方向，大家都講、大家都寫的東西，我就不再寫了，我就寫些只有我才寫得出來的東西，把理財文章夾雜更多我的人生觀、消費觀等。當然，喜歡把文字寫得詼諧、幽默是我個人的本性，我覺得學習不見得是非得辛苦的、痛苦的，藉由我身邊那一堆失敗又有點爆笑的理財個案，希望大家在覺得有趣之餘，可以更貼近生活地學習理財。

我的第 1 本書《上流哥：這年頭存錢比投資更重要》並沒有寫到太多技術性的教學，內容更多的是消費觀、人生觀、理財觀，我覺得這才是投資理財的基礎，連基礎都沒打好就想衝進市場賺錢是不對的，如果有錯誤的人生觀跟消費觀，那理財觀可能也會出問題。你應該要先知道，你賺錢後想幹嘛？你想賺多少錢？賺錢與生活怎麼平衡？物質與人生怎麼平衡？你人生目標是什麼？這些問題其實也是人生的大哉問，如果你沒有思考過，那可以趁看我第 1 本書的時候多思考一下。

在第 2 本書《上流哥：這年頭資產配置有點難》，我才帶讀者真正的進入投資的世界，開始從最基礎的投資知識介紹起。我不想把書寫成教科書，而是簡單、口語化的工具書，有時候仍然免不了有些數學跟理論，但是絕對不會複雜到考你計算「內部投資報酬率（財務管理提到的 IRR）」那種東東，我會從股票、債券、其他金融商品介紹一遍。了解各個商品之後，再進一步讓大家了解投資泡沫的歷史，補充一些投資的觀念，這樣投資 IQ 就初步建立起來了。

再來，投資EQ也非常重要，我會說明投資心理學、行為經濟學，讓大家知道，為何長期投資可以賺錢，大家卻總是手癢地追高殺低、從眾效應地追主流股，並很容易受到情緒影響你的投資決策。若是想主動投資已經不容易，受到這些情緒影響後你更容易犯錯；如果是被動操作的投資人，多提升投資EQ也可以讓你能更堅持被動投資，而不會看著身邊的人賺錢就放棄指數投資，當起航海王、鋼鐵王了。當大家投資IQ與EQ都沒問題後，就可以開始做資產配置。

最後，我會說明現在的世界跟以往比有多不同，經濟不太好，風險資產，如股市、債市、房市的評價都統統上天，有史以來最寬鬆的經濟政策也潛藏著最巨大的風險，這應該也是有史以來資產配置最難的年代，加上大家每天被一堆理財資訊追，不少人大概都有了投資焦慮了。

我認為讀者看完我寫的這本書以後，雖然不會讓你投資報酬率增加，不會讓你投資沒風險，但是可以對於你的資產配置有比較清楚的方向。希望大家都可以在未來的波動中保住你辛苦存來、賺來的錢錢，不要讓錢錢還沒變成你喜歡的樣子前就不見了，而是讓資產穩健地成長，從而得到財務的安全感，最終獲得財務自由、人生自由。

上流哥

李憲彥

第1章

投資工具1》股票

投資人參與資本市場可有效活絡資金運用

1-1

　　我朋友曾經酸我說：「你們這些炒股的，對社會一點貢獻都沒有。」真的是這樣嗎？如果大家對經濟、對投資有更深入的了解，就會知道投資人對於社會的貢獻，並不少於其他苦幹實幹的薪水階級。甚至幾個資金大、有眼光的投資人，對人類的貢獻度可能還遠高於普通上班族。

　　以美國電動車大廠特斯拉（Tesla）而言，其創辦人馬斯克（Elon Musk）雖然是個經營與創新天才，但是光靠他自己一個人可無法成就特斯拉，還必須有投資人大量的資金投入。特斯拉在還沒賺錢之前，都需要投資人持續投入資金、持續燒錢，而這就有賴於「資本市場」的幫助。

　　有人會反駁，投資特斯拉是成功的個案，但如果是失敗案例呢？應該對社會沒有貢獻吧？大家想想，投資失敗真的就對社會沒有貢獻嗎？2000 年網路泡沫，很多投資人因為投資網路股，最後連本金都差不多虧光，但當初投資的大量網路基礎建設，卻為後面 20 年的網路發展奠下了基礎。

　　再來，資本市場有了投資人參與，大家用自己的判斷來為投資資產定價（看好的買進，拉升價格；看壞的賣出，拉低價格），這部分也非常重要。資本市

場如果定價正確，社會資源就會流向對的產業及可能產生最多價值的公司，比如現在資本對電動車新創公司大量投資，這些新創公司股價高，籌資容易，從市場拿到一堆錢研發，我相信大家在不久後就會有非常好開又價格合理的電動車可以買，電動車市場也會因此成長得更快。

想像如果資本市場效率不彰，資金流向就會沒有效率，明明投資 1 元會有 1 元以上的產出才對，但如果投資錯地方卻會只有不到 1 元的產出，造成巨大的浪費。功能不良的資本市場無法有效率的分配資金，並且扶持新創及好公司。

所以不要說我在炒股，我是在糾正市場價格，市場低估的公司我買進、市場高估的公司我賣出，讓這些公司的市場價格更貼近其市場價值，然後我從低買高賣中賺一點辛苦錢。

資本市場的資金來源主要分 2 大類

前面閒聊那麼多，這邊開始正式介紹資本市場。如果要用比較簡單的概念來解釋目前世界上主要資本市場，我們可以先想像有一家大公司剛成立，需要資金來營運，資本市場的資金來源主要分 2 大類：

1. 公司發行債券籌資

公司發行債券時必須給定一個年利率跟到期年限，每年配發利息，到期後歸還本金（債券介紹詳見第 2 章）。

2.公司發行股票籌資

公司若選擇發行股票則沒有歸還本金的問題，但持有公司股票的股東可以依據股份比重擁有公司的一部分所有權，公司每年賺到的獲利也一樣屬於全體股東，股東可依據持股比重分配公司獲利，公司常常會用配發股利的方法把年度盈餘分配給股東。

但要注意的是，盈餘分配非強制也非絕對，公司可以選擇將盈餘保留在帳上或者配發給股東。但是目前台股的上市公司都習慣每年將部分盈餘拿來配息給股東，因為不分配的話，未分配盈餘會有課稅問題，且多數股東也希望公司能夠配息。

相對於債權人只能領取固定股息，公司業績如果持續成長，股東每年領到的股息也會增加；此外，股東也可以從公司股價上漲受惠，這就體現了投資的基本精神——風險與報酬成正比。與債權人相比，股東冒比較大的風險，可能在公司虧損時沒法獲取股利，也可能損失全部本金，如果公司經營不佳、慘遭清算時，股東的求償權也排在債權人後面；但是如果公司持續成長，股東的獲利也會高於債權人。

例如目前（2021年4月）蘋果（Apple）的名目債券利率只有2.4%（之前發行的，所以才有這個利率，詳見圖1註2），投資人每年只拿到2.4%債息（假設你是用面額的價格買到債券）；但是如果你是蘋果股票的投資人，這幾年蘋果股價可是漲了好幾倍了。

圖1 持有蘋果股票或債券，投資績效差很大

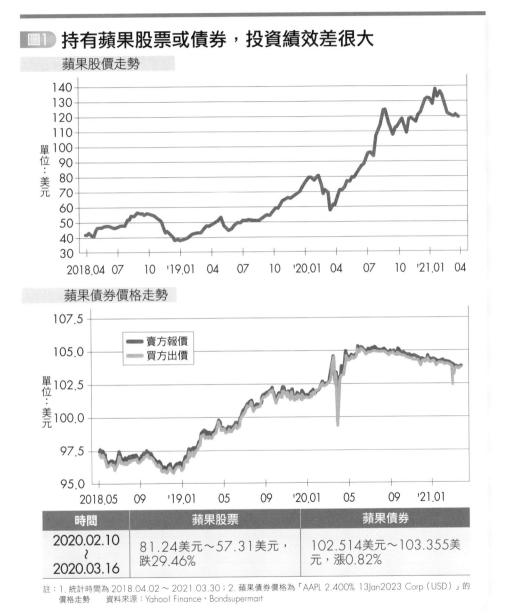

蘋果股價走勢

蘋果債券價格走勢

時間	蘋果股票	蘋果債券
2020.02.10 ～ 2020.03.16	81.24美元～57.31美元，跌29.46%	102.514美元～103.355美元，漲0.82%

註：1. 統計時間為 2018.04.02 ～ 2021.03.30；2. 蘋果債券價格為「AAPL 2.400% 13Jan2023 Corp（USD）」的價格走勢　　資料來源：Yahoo! Finance、Bondsupermart

不過股市下跌的時候，如 2020 年 3 月新冠肺炎（COVID-19）疫情那波大跌，蘋果股東手中持股可以在 1 個多月（2020.02.10 ～ 2020.03.16）就虧掉 29.46%；但同時期，蘋果債權持有人的債券價格其實是上漲的，漲了 0.82%。同一家蘋果公司，買股票當股東與當債券持有人的績效變化可是差很多的（詳見圖 1）。

再來，我們用會計上的資產負債表來理解資本市場（詳見圖 2）。從會計恆等式來看，資產＝負債＋股東權益，公司從債權人拿到的錢是「負債」，從股東拿到的錢是「股東權益」，這兩部分的錢加起來就是公司手上可以自由運用的「資產」，公司再拿這些錢去開始營運跟投資。

舉例來說，假設公司從債權人手中拿 50 元（假定利率 10%），從股東這邊拿 50 元，公司初始資金就有 100 元。

若公司營運後 1 年產生獲利 20 元，則賺來的錢有 5 元（＝債券價值 50 元 × 債券利率 10%）要給債權人，剩餘的 15 元就是公司股東可以得到的價值。這 15 元公司可以全部留在帳上，或者可以決定要分配多少錢給股東。

正常情況來講，公司會分配部分獲利（也就是 15 元以內，沒配發的保留盈餘會加入股東權益），例如這一年可能會配發 10 元給股東，5 元繼續拿去投資或當營運資金。當然公司也可以因為需要大量資金投資，把 15 元全部再投資，而不配發股利給股東。

圖2 負債＋股東權益是公司可運用的資產
——資產負債表架構

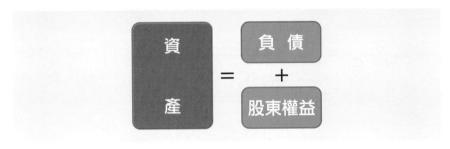

假如公司營運 1 年後，當年只獲利 5 元，那麼公司給債權人 5 元利息後，股東就沒有賺了，整年做了白工。

所以從上述案例可以知道，債權人的獲利是固定的利息，股東每年收益不確定，好的時候可以拿到比債權人多、不好的時候甚至會虧本。

如果公司經營不善，不想繼續經營，破產清算，首先要把所有剩餘的資產變現，這些資金將優先清償給債權人，剩下的才得以讓股東分配。

延續前例，如果公司營運 1 年後虧損 20 元，資產剩下 80 元的價值（不考慮折舊跟變現損失），變現後 80 元先還給債權人 50 元，剩下的 30 元才分配給股東。債權人雖然沒拿到當年利息，但至少還有拿回本金；股東本金出去了 50 元，只拿回了 30 元，虧掉 20 元。

圖3 銀行在間接金融中常扮演中間人角色
──間接金融示意圖

付給銀行
利息10%

付給存戶
利息5%

將錢借給
企業

存戶將錢
存入

企 業
需要錢

銀 行

一般個人
（存戶）

資料來源：Pocket Money

　　破產的個案也有可能更慘，如果個案公司1年就虧損了80元，剩下20元優先清償給債權人，債權人不但收不到當年利息，而且本金也虧掉30元，但這時候股東已經沒有任何剩餘價值了，等於投資的50元全部虧掉。

　　所以從上述個案來理解，股東比債權人多冒了風險，理論上也有機會得到更大的利益。也就是說，如果投資人不想冒險的話，就去買債券，比較保本也可以得到穩定配發的債券利息；如果希望得到更高報酬也願意承受更高風險，可以當股東。

　　當然每家公司的狀況都不同，好公司如台積電（2330），當它的股東就比當債權人好。但是你也可能看錯，投資的公司獲利不佳甚至破產，這時你就會希望當個債權人就好，至少看錯時虧損會比較少。

直接金融 vs. 間接金融

公司直接向股東與債權人拿錢，稱為「直接金融」；若是公司跟銀行往來融資，則稱為「間接金融」（詳見圖 3）。為什麼會有間接金融呢？這是因為不是每家公司都有能力自己發行公司債和股票，像一些中小型企業，因為規模小，沒辦法發債與股票，就會比較依賴向銀行的融資。由於這種方式多了「銀行」這個中間人的角色，且銀行的錢也是向社會收取存款或銀行向社會募資而來，故稱為「間接金融」。

參與股票抽籤
有機會獲利10%～50%

1-2

　「股票」起源於 1602 年的荷屬東印度公司，這家公司經營航海貿易。航海貿易有著巨大的風險，不是每趟航程都可以順利完成交易並且安全返航，但如果航海貿易成功，也有巨大的獲利（註 1）。

　如果只是一位老闆獨資出航貿易，不但出資金額很龐大，且要冒著巨大的風險，於是想出了股票制度，出海前向眾人集資，航海貿易結束後依據股份分配獲利。

　在股票持份制下，因為有些股東可能想要出脫持股，而有些先前沒投資到的人則想要進場分一杯羹，此時就有股票交易的需求。

　過去，股票在交易時是使用實體股票（詳見圖 1），無論買進或賣出，都必須帶著實體股票進行交易。現在不用那麼麻煩，投資人買賣股票後，你持有的股票存量只會出現在你券商的帳戶上面，背後有集保公司幫你保管股票並依據

註 1：荷蘭旅行家林旭登（Linschoten）在 1596 年寫道，澳門與印度日本的貿易，往返一次航行的利潤通常足以使船長得到一大筆財富退休。

圖1 過去的股票交易是使用實體股票
——以民視（未公開發行）實體股票為例

註：民視現已更名為「民間全民電視」

交易移動股票，你不需要因為交易股票就真的把實體股票拿來拿去，這就是「集保制度」（註2）。

我相信很多人買賣股票這麼久，卻從來也沒摸過實體股票。我以前弄過一次股票轉讓，所以我真的有碰過實體股票，只感覺心驚膽顫，想趕快處理好，再存回去，不然搞丟很麻煩（因為股票記名，搞丟是可以補發的）。

註2：台灣集保結算所在 2011 年 7 月完成股票無實體化，現在完全沒有實體股票了，已經全面電子化。

但問題又來了，股票應該要在哪裡交易呢？若大家都是私底下交易，可能會狀況一堆，這時候「交易所」就出現了，交易所提供公開的股票交易場所和設施，也讓股票交易更有公信力與保障。1611 年，商人們在荷蘭阿姆斯特丹交易貿易公司的股票，這就是最早的交易所雛型。

交易所出現後，假如有公司需要從股票市場募集資金，就可以到公開市場發行股票來籌資，原有股東也可以在股票市場賣出持股換取現金。由於股票市場是對所有人開放，經過大家的判斷，就會出現一個市場公允價格。如果有人覺得股票市價偏低，他就會去買股票；反之，如果手中持有股票的股東覺得股票市價偏高，就會賣出手上持股，甚至你沒有持股也可以借股票來賣出（此動作稱為「放空」），等股票價格合理了，再去市場買回股票還回去。

但是實際上，股票的價格同時受很多變數影響，如基本面、技術面、籌碼面……等，且股價每天都在變動，不過我們相信股票的市場價格在多數情況都已經是相對合理的了，這就是股市的定價功能。

公司若要上市，可分為 3 階段

前面提到，當公司有募集資金的需求時，可以到公開市場發行股票來籌資。就台灣而言，公司要走到成為上市公司可分成下列幾個階段：

階段1》公開發行

1980 年，台灣《公司法》第 156 條規定：「公司資本額達一定數額以上者，其股票須公開發行。」公司只要將財務資訊、經營狀況、內控等資訊向公眾公開，並向櫃檯買賣中心申報生效後，即成為公開發行公司，但這時還不是上櫃、上市公司。

公開發行公司除了要遵守《公司法》外，還要遵循《證券交易法》，主管機關多了金融監督管理委員會（簡稱金管會）針對這部分法規做管理，但《公司法》一般性規範仍屬於經濟部管轄。

2001 年 10 月，政府認為公司股票是否公開發行，屬企業自治事項，故將《公司法》中強制公開發行之規定刪除，所以目前台灣公司股票是否公開發行，由企業自己決定。

階段2》興櫃

公司公開發行以後，如果有 2 家以上券商推薦，就可以上「興櫃」。公司上興櫃後，可以在興櫃市場交易平台交易，股東想出脫持股就方便了許多。

但是站在投資人角度，我不建議大家買賣興櫃股票，理由有下列幾點：①興櫃股票只需要繳交半年報與年報，也很少記者追蹤、沒有公開業績的法說會等，資訊透明度不高；②興櫃公司通常比較新、資本額比較小、能見度不高，且流動性不足，交易起來不方便。假若公司不幸下興櫃的話，更不知道該如何處分了；③興櫃股票無漲跌幅限制，風險高。

階段3》上櫃、上市

若公司上興櫃之後還不滿足，想更進一步的，可以選擇「上櫃」或「上市」。上櫃與上市的差異在於：①發行標準不同，上市標準比上櫃更高（詳見表 1）；②交易平台不同，上櫃在證券櫃檯買賣中心（簡稱櫃買中心）交易，上市在證券交易所（簡稱證交所）交易，但是現在下單軟體已將交易平台整合在其中，於是公司到底是上櫃或上市，對投資人而言已經沒差了，透過交易軟體都可以直接下單。通常大公司都在上市，上櫃比較多中小型企業。

資訊公告方面，上櫃、上市公司需要定期公告月營收、每季報表，現在櫃買中心與證交所也會要求公司每年必須舉辦法說會，定期和股東溝通，公司內部人（註 3）交易須強制揭露，記者也會追蹤個股新聞，比較積極的投資人也可以直接打電話，或是發電子郵件給公司發言人提問。與興櫃公司相比，上市公司整體資訊上透明很多。

當公司從興櫃轉為上市、上櫃，第一次正式把股票拿上交易市場時，稱為「首次公開發行」（Initial Public Offerings，IPO，又稱初級市場）。後面公司如果再從市場籌資，發行股票，這時候就叫「增資發行」（Seasoned Equity Offerings，SEO，又稱次級市場）。

註 3：公司內部人是指公司的董事、監察人、經理人及持有公司股份超過股份總額 10%的股東。
註 4：股票抽籤網站「股票幸運抽」：stockluckydraw.com/stock/StockInfo.php。

表1 上市公司實收資本額須達新台幣6億元以上
——上櫃vs.上市

項目	上櫃	上市
設立年限	登記滿2個完整會計年度	登記滿3年以上
實收資本額	新台幣5,000萬元以上	新台幣6億元以上
獲利能力 （稅前淨利占 股本之比率）	1.最近年度達4%以上，且其最近1個會計年度決算無累積虧損者 2.最近2年度均達3%以上者 3.最近2年度平均達3%以上，且最近1年度之獲利能力較前一年度為佳者	1.最近2個會計年度均達6%以上，且最近1個會計年度決算無累積虧損 2.最近2個會計年度平均達6%以上、最近1個會計年度之獲利能力較前一會計年度佳，且最近1個會計年度決算無累積虧損 3.最近5個會計年度均達3%以上，且最近1個會計年度決算無累積虧損
股權分散	公司內部人及該等內部人持股逾50%之法人以外之記名股東人數不少於300人，且其所持股份總額合計占發行股份總額20%以上或逾1,000萬股	記名股東人數在1,000人以上，公司內部人及該等內部人持股逾50%之法人以外之記名股東人數不少於500人，且其所持股份合計占發行股份總額20%以上或滿1,000萬股者

註：上櫃的稅前淨利於最近1個會計年度不得低於新台幣400萬元　　　資料來源：證券櫃檯買賣中心

　　注意！有個類似增資發行的專有名詞叫「Secondary Offering」（存量發行），指的是由現有股東轉讓老股，這個不涉及到新股的發行，不會稀釋現有股東的股權。

抽籤手續費一次僅 20 元，以期望值而言值得一試

　　股民基本上都可以參加IPO、SEO的發行，但因為公司發行新股的張數有限，想認購的人很多，通常需要抽籤（註4）。那為啥大家都想要參與股票抽籤呢？

因為通常會有價差可以賺。

新股上市前通常在興櫃，興櫃的價格常與 IPO 的價格差異很大，多至 30%、50% 都有；SEO 增資的股票因為已經上市、上櫃，可以直接參考目前的市價，雖然價差沒 IPO 新股那麼大，有時也有 10% ～ 20% 以上的價差。就過去經驗來看，股民抽到股票後如果馬上賣掉，賺錢機率很大。

但要注意的是，有抽中股票的人，可能要等約 7 天～ 10 天才會拿到股票，在這段期間內若剛好遇到台股大跌，可能會讓市價低於承銷價，等於投資人中籤的股票還沒到手或剛到手就已經開始賠錢。雖然，那麼剛好短期間內遇到台股大跌機率不高，但是這機率還是有的。

股票 IPO 後，5 個交易日內股價無漲跌幅限制，所以風險比較高。你參與抽籤時，看到興櫃價格與承銷價價差很大，很有可能 IPO 後馬上價差就縮水，甚至變虧錢。

興櫃時的價格雖然可以參考，但是因為興櫃股票流動性差，價格容易受人為拉抬，有時候就會出現興櫃價格拉得很高，上市後反而開始大跌的狀況。所以我個人參加抽籤，對 SEO 的興趣會比 IPO 高些，至於 IPO 的股票，除非我有研究，不然我不會想去抽，就算有抽也會在 IPO 後馬上出光。

像是 2020 年亞洲藏壽司（2754），上櫃前後的股價波動就是個明顯的例

子。亞洲藏壽司上櫃前股價大幅上漲，從平穩的 100 元左右漲到 240 元，上櫃前的價格是 190 元，孰料上櫃後股價開始連續下跌，一直跌到 80 元以下（詳見圖 2）。

可見抽籤不只要看價差，還是要看一下股價是否在興櫃有不正常的漲幅，這種漲幅很容易在上市櫃後就消失。當然，亞洲藏壽司的承銷價只有 55 元，上櫃後價格再怎麼跌，有抽中的人還是有賺，只是早點賣會更好。

通常參加抽籤的人還是會看一下抽籤成功後的獲利，如果價差太小，可能大家就不感興趣，因為有可能增資股上市那天就跌破增資價格。通常，抽籤價差很大的，中籤率都低到 1% 不到；價差很小的，中籤率就會提高。

另外，有些股票大家比較不喜歡，這種的中籤率也會提高，例如新光金乙特（2888B），承銷價格 45 元，中籤率 7 成多，結果上市第 1 天就跌破承銷價（2020 年 9 月 4 日收盤價 44.2 元），現在（2021 年 4 月 1 日）股價只剩 41.8 元（詳見圖 3）。

所以股票不要亂抽，爛的東西大家都不要，所以中籤率就高，你矇著眼全部都抽的話，你很可能好的都沒中（因為中籤率很低），爛的中一堆（因為中籤率很高）。所以從這個角度來思考，抽籤開放 3 天可以抽，不要第 1 天就衝，可以第 2 天、第 3 天看看中籤率如何，如果中籤率很高，可能就是那個標的有問題，要多留意。

圖2 亞洲藏壽司上櫃後，股價大跌

亞洲藏壽司（2754）興櫃時期股價走勢

亞洲藏壽司（2754）上櫃時期股價走勢

註：統計時間為 2019.06.28 ～ 2021.04.01　　資料來源：鉅亨網

圖3　新光金乙特增資上市後，股價一路走低
——新光金乙特（2888B）股價走勢

註：統計時間為 2020.09.04 ～ 2021.04.01　　資料來源：XQ 全球贏家

　　另外，股票抽籤需要支付手續費，抽一次 20 元，抽籤前得扣全額承銷價的費用，沒中的話之後會退回承銷價的費用，但手續費不會退還，而且一個人只有一個抽籤資格，所以一個人在多個券商帳戶一起抽是不可行的。

　　依此來看，我覺得大概存個 25 萬元在帳戶就可以了，除非遇到 250 元以上的高價股，或是同時有好幾檔股票想要一起抽，不然這個金額應該是足夠的。

　　我以往是幾乎不玩股票抽籤的，因為我多數時間是滿持股，沒有多餘的錢拿來抽籤，但是我現在手上現金部位比較多，就有辦法參加股票抽籤。不過股票

抽籤中獎率還是超低的，有中的通常是價差很小、增資張數多的，那種也賺不了多少錢。但是因為抽籤賺到的錢算是多賺的，你每抽一次也只花 20 元，就期望值來說，還算是不錯的（註 5）。

註 5：參考市場先生〈股票抽籤真的「穩賺」嗎？最新股票申購／股票抽籤日程表〉的研究，不管是抽 IPO 還是 SEO，大概有 15% 左右的機率會虧錢，抽中的平均獲利約 1 萬元～ 2 萬 5,000 元。然後建議大家抽籤賺價差就好，不要變成長期持有，持有 1 年賺錢的機率不到 5 成。

熟悉股票基本知識
避免因犯錯而減少獲利

　　看完股票的起源後，接著來看一些股票的基本知識，像是股票代號、股票名稱、面額、股數、股本與市值等資訊。

台股普通股代號大多為 4 碼數字

　　台股是用數字當成股票代碼，目前普通股多用 4 碼的數字（註 1）。像台積電的台股代號就是 2330，前 2 碼還是有意義的，例如 23 開頭就是電子股，12 開頭是食品股，28 開頭是金融股。

　　雖然台股是用數字代碼，但也常常有買錯公司的案例，例如「安碁資訊（6690）」和「安碁（6174）」就有人搞錯，前者是資訊服務業，後者是石英加工；2020 年初因新冠肺炎（COVID-19）疫情爆發，防疫概念股看漲，印刷股「花王（8906）」被投資人誤會為生產防疫用品的日本花王；還有「三

註 1：台股股票代號是 4 位數字，其他證券的股票代號則略有不同，可參考證券交易所公布的「證券市場編碼原則」：www.twse.com.tw/zh/page/products/stock-code2.html。

星（5007）」是鋼鐵公司，不是南韓的三星電子（Samsung）；「帝寶（6605）」是車燈製造大廠，不是豪宅。

還有，差一字差很多的，像是「聯發（1459）」和「聯發科（2454）」、「聯上發（2537）」和「聯上（4113）」；「大立光（3008）」和「大立（4716）」。另外，還有類似音卻不同字的台股，「精材（3374）」和「晶采（8049）」、「新興（2605）」和「欣興（3037）」、「台耀（4746）」和「台燿（6274）」等。

投資 KY 股前應觀察國內法人持股狀況

台股股票名稱多為公司名稱的簡寫，多在 5 個中文字以內，但有些證券因屬性不同，在股票名稱後頭會有特殊註記，例如「KY」。

KY 公司是指註冊在開曼群島的控股公司，以境外公司的名義回台灣上市，像是以往很多公司在中國做生意，就會註冊在開曼群島。由於 KY 公司是境外公司，課稅方法與其他股票不同，其所配發的股利屬於海外所得，因此投資人不需繳股利所得稅，也不需扣二代健保補充保費。不過因為海外所得要併入最低稅負制計算，故而海內外總和所得淨額超過 670 萬元，海外所得超過 100 萬元的人要注意。

目前台灣約有 100 多家 KY 公司，其中不乏有好標的，但就這幾年的經驗來

看，KY 公司因設在海外，會計師查核困難，做假帳的情況也比較嚴重，地雷也很多。比如 2020 年康友 -KY（已下市）爆出做假帳跟掏空；有些 KY 公司也在經營上出現大風險，如之前被爆營收灌水的再生 -KY（1337），最近買油出包的凱羿 -KY（2939，註 2）等。

我建議散戶在投資 KY 公司時，多去了解一下公司背景，或是看看國內法人（投信或自營商）有無持股，外資持股部分可能是大股東的持股（也就是假外資）所以不準。國內法人會怕買到地雷，買進前都會做詳細研究，所以國內法人有買的 KY 公司，等於是它們幫你審核過一次了。

我也認為不要一竿子打翻一船人，KY 股還是有好公司。例如 85 度 C 的母公司美食 -KY（2723）、中租集團的中租 -KY（5871）、特斯拉（Tesla）概念股的貿聯 -KY（3665）等。不過，如果散戶自己沒有研究公司的能力，那就不要買冷門的 KY 股了。

我自己有買一些 KY 股，但是遇到財報有問題的狀況我也沒辦法。之前有人謠傳某 KY 公司財報有問題，那時剛好手上有這檔股票，我就馬上把手中持股砍光，因為我完全沒能力判斷公司的營運是真還是假。

註2：凱羿 -KY 在 2020 年 11 月 17 日重大訊息說明會中提到：「2020 年第 3 季財務報告揭露醫療手套採購預付款項損失及輕質循環油採購銷售合約之或有負債，致公司已蒙受鉅額損失新台幣 6,790 萬 7,000 元及可能承擔鉅額違約金約新台幣 10 億元。」

光看財報也沒用，因為財報可能是假的，帳上現金可能並不存在，如果連專業的會計師都有可能受騙上當（也可能是合謀），一般散戶、甚至法人，哪有辦法分辨？

又比如康友-KY，每年都配息，會計師也都有簽證，然後出包就是出包了。當然這家公司之前就有發生誠信問題的事件（註3），所以投信、法人後來沒有買，沒中獎。

了解市值可以對公司「大小」有基本概念

台股有面額的設計，基本上 1 股是 10 元（註4），1 張股票是 1,000 股，這 1,000 股就是「股數」，而 999 股以下稱為「零股」。股本的話，單位是「元」，計算方式是把面額（即每股 10 元）乘以總股數。如果你把股本跟股數搞錯，你可能會把公司市值多算一個 0 出來。

公司總市值是股數乘以目前市價，比如台積電股本目前（2021 年 4 月 1 日）約 2,593 億元，所以股數約為 259 億股（＝ 2,593 億元 ÷10 元，為方便

註3：康友-KY（已下市）在 2018 年 10 月 19 日股價來到歷史高點 538 元，但那時候康友-KY 的董事長黃文烈被爆出早在 9 月就已經降低持股。董事長無預警賣股的消息傳出後，康友-KY 的股價就跟著被看衰，連吞 14 根跌停板。

註4：目前台灣已改用彈性面額，但公司面額仍以 10 元居多，所以本書面額皆以 10 元計算。

計算採四捨五入至億元），以每股市價602元計算，台積電市值是15兆5,918億元。台股目前總市值超過50兆元，所以台積電約占台股總市值的31%（＝15兆5,918億元÷50兆元×100%）。

就上述來說，了解市值可以對公司「大小」有概念；了解股數、股本，可以讓你看到公司年度總獲利時就可以算出每股獲利，再去參考股價，你就可以算出本益比，這些都是投資人會常用到的一些數字。至於面額的話就不太重要，大家知道這個東西就好。

配息與配股僅是會計上的調整

先直接講結論，配息與配股主要是會計上的調整而已，然後因為配息、配股拿到後都要繳稅，所以對投資人來講是中性偏利空，但是在台股往往被當成利多，甚至大利多。從這點來看，我們很明顯就知道，股市至少在短期不是一個很有效率的理性市場。以下分別說明配息與配股：

1.配息

用個案解釋，假設一檔股票10元，配息1元，配息後股價變成9元（＝股價10元－配息1元）。你等於是股票市值剩9元加上拿到手的股息1元，你還是持有10元的價值，跟原本持有1張10元的股票一樣。然後拿到的1元配息還需要繳稅（包含個人所得稅與二代健保補充保費），繳稅後你手上持股就不到10元價值了，還不如不要配息。

　　我常舉一個排骨便當的例子，來說明配息在選股時的參考性。我們買排骨便當時，重點是排骨，而不是滷蛋。若是將排骨便當看成是一檔股票的話，排骨就相當於公司的基本面，例如公司的競爭力、產業好壞、公司的損益狀況，是我們選股最重要的參考依據，而配息就像是排骨便當裡的滷蛋，不是我們在選擇排骨飯時的重點。

　　當然，一樣是排骨便當來比，我們可能會稍微偏好有滷蛋的那個，但是很多人往往太重視配息，很愛買配息率高的股票，卻忽視基本面，這就好像你挑排骨便當是以滷蛋為標準，對排骨不屑一顧一樣，這樣選股最後報酬率通常會不如預期。當我講股利不重要後，有人又常常接著問一個蠢問題，如果買股票卻沒配息，那我們賺什麼？賺資本利得（也就是「價差」）啊！如果一家公司持續不配息，那麼隨著現金愈堆愈多，公司股價也會持續墊高，投資人就有機會賺到價差。

　　舉例來講，C 電信公司股價 10 元，每年賺 1 元，如果都不配息，也不考慮未分配盈餘稅的問題，股價應會每年隨著淨值增加 1 元而提升 1 元，假設 C 電信公司每年獲利穩定為 1 元，在獲利持平且沒有其他黑天鵝的情況下，10 年後股價會變成 20 元。這跟你持有 1 張 10 元的 C 電信公司股票，然後 10 年後拿了總和 10 元配息還不是一樣？股價上漲 10 元跟拿到配息 10 元，是一樣的報酬率。

　　為了簡化說明，假設利率為零，且不考慮股息扣稅。實際上，考慮扣稅的因

子後，如果你個人稅率高，公司不配息給你可能還更好，你收到公司配息要併入個人所得扣稅，公司不配股利則公司自己會有未分配盈餘稅（註5）。

2.配股

配股和配息類似，就是一個會計調整。假設一檔股票10元，配股1元，以股票面額10元來看，配股1元就是股本多出10%出來，你本來持有1張會變成1.1張，但是配股除權後的股價會變成9.09元（＝股價10元÷（1＋配股1元÷面額10元））。配股後你持有的股數變多，但是每股的價值變少，兩者相乘還是10元（＝1.1張×9.09元，因四捨五入之故，數字會有誤差）。

延續上例，但用另外一個算法思考。假設公司只有2名股東，且股份比重各占50%。如果公司配股1元，股票多配發10%出來，2人股數也都多10%，總股數變原來110%，這樣算起來2個人占公司的股份比重同樣還是50%（註6），實質比重沒有改變，但是配股也跟配息一樣，要扣股利稅，配股之後股東整體價值還要扣掉稅，所以價值降低了一點點。

前面說配股、配息只是會計調整，但為何大家還是喜歡配股、配息呢？就連

註5：依《所得稅法》第66-9條規定：「自2018年度起，營利事業當年度之盈餘未作分配者，應就該未分配盈餘加徵5%營利事業所得稅。」

註6：假設2名股東各有10張股票，公司配股1元後，2人各持有11張股票，公司發行的股票變為22張股票。在此情況下，2人的股份比重依舊各為50%（＝11張÷22張×100%）。

補充知識 **統一超配息**

2017年，統一超（2912）決定賣掉中國星巴克持股，換來台灣星巴克持股（統一（1216）也是類似狀況，但這邊只舉例統一超）。

統一超出售中國星巴克後，一次獲利約210億元，每股約20元。然後統一超又在隔年（2018年）把這獲利全部發放給股東，所以統一超在2017年只配息8元，卻在2018年配息高達25元。

2018年，散戶因為統一超的配息題材，把股價從287元（2018年2月23日收盤價）拉到除息前的378元（2018年7月23日最高價），但是這種股息效應只有短期刺激，後面1年股價就慢慢跌回去了（詳見圖1）。

市場也常會反映配股、配息題材（詳見補充知識）。

我認為原因是這樣的，在 2000 年前後幾年，電子股都是只配股的，每年 7 月、8 月的除權旺季，往往因為配股就讓股價漲 30% ～ 50%。推測可能原因是配股會讓散戶覺得持股股數變多了，加上除權息之後不久，電子股即將進入產業旺季，業績好的公司往往這時候股價開始反映業績提升。

然後幾年下來，大家就有了「公司配股會使股價大漲」的錯覺，投資人變得喜歡在配股前買進，參與配股。然後這樣的人一多，預期又自我實現，除權效應就更明顯。

不過，台股市場在 2000 年～ 2003 年網路泡沫破裂後，電子股成長開始趨緩，電子業競爭開始激烈，電子股股價也開始跌評價，大家發現手上電子股股票配股一堆，結果股價殺很凶。股價下跌 × 股數增加，反而持股市值縮水了，

圖1 統一超2018年配息前，股價最高來到378元
——統一超（2912）股價走勢

註：統計時間為 2018.01.02 ～ 2019.06.26　　資料來源：XQ 全球贏家

從那之後，大家慢慢開始重視配息而不是配股。

因為除息相對除權比較容易填息（也就是股價漲回除息前的價位），且對股東來說，拿到現金比拿到股票的感覺更踏實，加上近幾年台股市場愈來愈成熟，公司成長性降低，散戶有比較理性，大家覺得每年穩定拿到股息反而更實在，所以大家這幾年是比較喜歡配息的。

不過對我來講，其實配股、配息就是前面講的會計調整而已，不是實質對基本面的影響，但是因為市場上會不理性地去炒作配股、配息題材，這反而提供了我一個交易的機會。這幾年，除息前股價比較弱的我會買，然後在除息前如果股價走強上漲就賣出。除息題材的操作也得看股價的反映，也是有些股票除

息效應比較弱，這種的我就可能除息後持續抱下去。另外，有些股票，除息後會因為散戶拿到股息就賣出，股價因而走弱，這種的我就可能會去加碼。

公司宣告買回庫藏股後，隔日股價多會上漲

股價是市場決定的，市場有市場的看法，市場長期是對的，但是市場有時候短期會有錯誤的偏見，可能會導致股價超漲或超跌。有時候會聽到一些公司跟媒體說，自家的股價很委屈。

一般來說，股價超漲的時候公司不會叫，但是高層或大股東常會趁股價高檔時申報賣股；不過如果是股價超跌，公司高層除了把公司經營好，將每股稅後盈餘（EPS）往上拉、提升淨值以外，就對股價都沒辦法了嗎？

不，還有個最大絕招，實施庫藏股（Treasury stock）買回，用公司手上的現金直接到公開市場上把股票買回來。市場通常也會尊重公司的決定，你都用真金白銀來拼搏了，當然要尊重一下，所以一般而言，當公司宣告要買回庫藏股，隔天股價都是上漲的（註7）。

公司宣告買回庫藏股之後，對股價的影響是顯著的，而股價上漲的強度還要

註7：可以參考國立中央大學的碩士論文，李憲彥（2005），《台灣上市公司庫藏股購回宣告效應之研究》。

再參考公司買回的張數有多少。願意買回愈多庫藏股的公司，股價表現會愈好。其他的因子，如買回的價格參考區間是多少，對股價漲幅的影響就比較小。

一般來講，公司買回庫藏股的目的多半有 2 個原因：1. 維持公司信譽與股東權益；2. 買回庫藏股後轉讓給員工。公司肯定是比外部人更了解自己的經營狀況，如果公司自己覺得股價偏低，趁股價低點的時候買是有好處的，因為只要股價漲回合理的價位就賺了。

但是請注意，公司沒辦法把買回的庫藏股再次賣出，只能轉讓給員工或註銷。如果是轉讓給員工，那麼公司可以少給些薪水或獎金，成本上來看也是好事一件；如果是註銷股份，那麼公司的 EPS 也會上升，最後還是股東受惠，所以股東多數是不會反對庫藏股的。

庫藏股買回還有個「貓膩」，那就是公司可以宣告後一直到最後庫藏股買回時間到期，1 股也沒買，這也不是說公司一定在唬爛，可能時間抓很準，剛好在市場崩盤的最低點，或是公司股價的最低點宣告買回庫藏股，然後可能是宣告後股價就大反彈到已經合理或超漲的價格，那麼這時候不買反而是對的。因為你買便宜是讓股東受惠，你買貴了當然是讓股東受害。

我們可以參考公司過去買回庫藏股的歷史操作，就知道過去公司買回庫藏股的狀況。如果有公司很常宣告，宣告後又每次都買不多，市場不是笨蛋，「狼來了」喊 3 次就沒人信了（詳見圖 2）。

台股相關稅制主要有 3 項

台灣與股票有關的稅制主要是「股利所得二擇一制度」、「二代健保補充保費」和「證券交易稅（簡稱證交稅）」等。分述如下：

1. 股利所得二擇一制度

目前台灣採股利所得二擇一制度，投資人可以選擇要合併計稅或分開計稅。合併計稅是將股利併入綜合所得總額課稅，領到股利的 8.5% 計算可扣抵稅額，但每一申報戶以 8 萬元為折抵上限；分開計稅是拿到的股利都課 28% 的單一稅率，跟所得稅獨立計算。一般來講，個人所得稅率 20% 以下的人選前者；稅率 30% 以上的人選後者；若稅率介於 20% ～ 30% 之間，可能需要自己試算一下，擇優申報。

2. 二代健保補充保費

依據台灣現行規定，單筆股利在 2 萬元以上，就必須要繳二代健保補充保費 1.91%（KY 股不會扣二代健保補充保費）。雖然說「課股民稅來補充健保」

註8：台股每次只要提到證所稅就會嚇壞市場。1974 年第 1 次開徵證所稅，遇到能源危機，隔年停徵；第 2 次 1988 年宣布 1989 年要徵證所稅，股市曾在 1 個月內跌掉 3 成，後來 1990 年又停徵；最近一次是 2012 年 3 月討論證所稅，台股又在 2 個月內跌超過 1 成，吵了幾年後，在 2015 年連證所稅條文都刪掉了。

註9：每個國家證交稅、證所稅都不太一樣。對散戶而言，美國、日本有證所稅、沒證交稅；新加坡、香港沒有證所稅，香港有印花稅（可當成證交稅的意涵）；台灣、韓國都是有證交稅、沒證所稅。

圖2 **公司宣告買庫藏股，最後買回0股的範例**
——公司買回庫藏股相關新聞

www.moneydj.com › kmdj › news › newsviewer ▼
中石化庫藏股屆滿、共買回0股- 新聞- MoneyDJ理財網
公開資訊觀測站重大訊息公告 (1314)中石化-公告本公司第一次買回庫藏股期間屆滿及執行狀況 1.
原預定買回股份總金額上限(元):13,715,715,064 2.原預定買回之 ...

www.moneydj.com › KMDJ › News › NewsViewer ▼
興勤庫藏股屆滿、買回0股- 新聞- MoneyDJ理財網
公開資訊觀測站重大訊息公告 (2428)興勤-公告本公司買回庫藏股期間屆滿執行情形 1.原預定買回
股份總金額上限(元):4,552,192,896 2.原預定買回之 ...

money.udn.com › 證券 ▼
大數聚 / 企業實施庫藏股執行率卻掛0？公司其實「虧很大 ...
2020年6月1日 — 為了維護股價，公司只好出手買回自家股票，剛好順著全球股市反彈的勢，5月
22日股價業已反彈回到了近200元，距離300元的藏點已經收復了一半 ...

tw.stock.yahoo.com › news › 化工股-和益庫藏股屆滿-... ▼
《化工股》和益庫藏股屆滿買回0股 - 奇摩股市
2020年7月13日 — 【時報-台北電】和益(1709)庫藏股期間屆滿未執行完畢，原定5月14日至7月
13日買回954萬股，實際買回0股，和益表示，因執行買回期間，股價... ...

2020 年新冠肺炎疫
情低點反彈很快，很
多公司來不及買回庫
藏股，股價就上去了

註：資料日期為 2021.04.08
資料來源：Google

這個邏輯有點莫名，但是這個稅率不高，股民也沒有到非常排斥，加上台灣不扣證券交易所得稅（簡稱證所稅，註 8），健保也需要大家支持，就乖乖繳吧。

3.證交稅

台灣股市沒有對個人交易課證所稅，但是有課證交稅（註 9），賣出證券時需要付出證券市值的 0.3% 繳證交稅（註 10）。除了這個證交稅，買賣時還

註 10：政府鼓勵買 ETF，有特別的優惠，賣出 ETF 只需要繳 0.1% 證交稅，賣出 REITs（不動產投資信託）則免徵證交稅，這 2 個是證交稅的例外個案，大家比較會用到。

要付給券商買賣手續費，現在一般人便宜點大概可以拿到 3 折、4 折的優惠，所以可以概算為 0.05%。然後手續費是買進、賣出都要付一次，所以你把 2 個費用加起來，再加上證交稅，買賣周轉一次就要付出約 0.4%（＝證交稅 0.3% ＋買賣手續費 0.05%×2，以手續費 3.3 折計算）的費用。如果你周轉率高一點，這成本算下來就很可觀了。

有些公募基金（指募資對象為一般投資大眾的基金）的經理人每年周轉率高達 300% ～ 500%，也就是整年把整個投資組合買賣 3 次～ 5 次，這樣就要付出 1.2% ～ 2% 的交易成本。如果你知道每年要打敗指數 1 個百分點有多難，看到這種交易成本比率，根本就難以承受得高。

有些散戶更誇張，不只年周轉率高，甚至還玩當沖（也就是當天買、當天賣的交易行為）。假如你每年周轉率高達 1,000%，光交易成本就會高達 4%，即使考量當沖交易稅減半（註 11），那麼交易成本也高達 2.5%。

想想看，你以往每年報酬率是多少？你扣掉這麼高昂的交易成本後，還可能贏指數嗎？順便也給大家參考一下，有很多優秀基金經理人的周轉率很低，每年約 50% ～ 100%，我以前操盤基金也在這個範圍內，如此，每年交易成本

註 11：2017 年 4 月底，立法院修正《證券交易稅條例》，將當沖交易證交稅率從 0.3% 降為 0.15%，原本預計實施至 2018 年 4 月 27 日，之後再度修法延長至 2021 年 12 月底。

約在 0.2%～ 0.4%。一般台灣買得到的股票型 ETF 費用率約 0.3%～ 0.5%，意思是如果公募基金周轉率超過 100%，交易成本就會超過買 ETF 的費用率。股票 ETF 沒有什麼股票交易成本，股票基金光是管理費、保管費就快 1.8%～ 2%，基金周轉率又高的話，真的不知道績效怎麼跟 ETF 競爭了。

從 4 面向認識美股

上面是有關台股的一些介紹，由於有愈來愈多台灣人會去投資美股，所以以下也接著介紹一下美股的一些基本知識。

面向1》美股股票代號是公司的英文縮寫

美股股票代號是公司的英文縮寫，例如蘋果（Apple）的股票代號是「AAPL」、美國電動車大廠特斯拉（Tesla）的股票代號是「TSLA」、台灣人最愛的美式賣場好市多（Costco）的股票代號是「COST」。

美股股票代號常常是跟公司名稱有點像的縮寫，不過有時候也要注意代號不要搞錯。例如「HPE（Hewlett Packard Enterprise）」是從「HPQ（Hewlett-Packard Company，惠普）」分割出來的，專門從事企業端的雲端與伺服器，跟 HPQ 的終端消費 PC（個人電腦）、NB（筆記型電腦）、印表機就不同。此外，還有一檔代號「HP」的公司，這是一家石油服務公司 Helmerich & Payne。之前特斯拉股價大漲時，有一檔「TLSA（生技業者，Tiziana Life Sciences）」因為代號跟特斯拉的 TSLA 有點像，就有很多人買錯。

最近熱門的雲端視訊會議技術服務 Zoom Video Communications Inc.，也有類似情況，另一檔名字很像，從事通訊產業的 Zoom Technologies Inc.，也被誤以為是前者而股價大漲。美國商業／娛樂新聞網站「商業內幕（Business Insider）」有發現這個大烏龍，但 Zoom Technologies 的股價依舊漲個不停，很多搞不清楚狀況的投資人，一直買到錯誤的 Zoom。

還有一個也滿搞笑的，代號「FORD」的股票並不是生產汽車的福特（Ford），這是一家生產醫療監控系統的小公司 Forward Industries，而真正的福特公司，代號只有「F」1 個字。

面向2》股票分割大多是為了提高流動性

股票分割有點類似配股，只是股票分割通常把股權稀釋得更誇張，例如特斯拉在 2020 年 8 月 11 日宣布分割股票，1 股變 5 股。股票分割對股東實質影響性是中性的，有點像是你披薩不想吃太多，所以一個大披薩切 4 片就好，不要切 8 片。你覺得你吃了一個大披薩會因為切的份數不同，而飽足度不一樣嗎？應該不會吧！股票分割也是同樣的道理。

就美股而言，股票分割的理由，有人以為是炒股，但其實是為了提高流動性。美股的交易單位是 1 股，所以 1 股從 2,500 美元降到 500 美元，可以讓原本掏不出 2,500 美元的散戶也買得起特斯拉。當參與的人逐漸增加以後，就有可能會推升股價，例如特斯拉在股票宣布分割之後，股價立刻大漲 80%（詳見圖 3）。

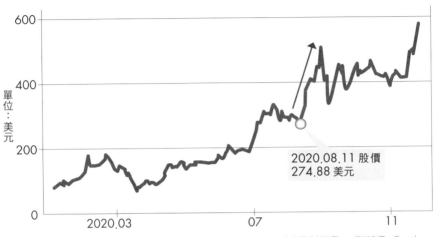

圖3　特斯拉宣布股票分割後，股價大漲80%
——特斯拉股價走勢

2020.08.11 股價
274.88 美元

單位：美元

註：1. 統計時間為 2020.01.01～2020.11.25；2. 特斯拉在 2020.08.11 宣布要分割股票　　資料來源：Google

　　那你說蘋果 1 股才 500 美元，也跟人家分割 1 股變 4 股？蘋果跟特斯拉比較起來，蘋果分割就比較有意義了。蘋果是道瓊工業平均指數（DJI，簡稱道瓊指數）的成分股，因為道瓊指數是舊的指數，算法有點缺陷，蘋果這樣一分割之後，權重會縮水成原本的 1/4（從原本 10% 縮成 2.5%），蘋果股價波動對道瓊指數的波動影響性也會下降，因為道瓊指數是價格加權指數，不是市值加權指數。

面向3》近幾年美國公司很熱中於買回庫藏股

　　庫藏股前面有介紹過，忘記的人可以翻到前面看，這邊補充美股庫藏股。最

近幾年美國的公司很熱中於買回庫藏股，比如說蘋果每年就買回 3% ～ 4% 的股份回來，等於公司不用成長，光靠買回庫藏股，EPS 就會提升 3% ～ 4%。不過有點好笑的是，蘋果買回庫藏股後，就註銷股份，將股價拉上去，然後隔幾年再來搞股票分割，股份又暴衝幾倍，股價還可以再漲一波。這種財務操作雖然很單純，但效果非常強，這幾年下來，蘋果股價都是大漲小跌，評價不斷提升。

面向4》美國公司的股息需要課稅30%

對於沒有美國公民身分的台灣投資人而言，開海外券商帳戶投資美股，只有美國公司的股息需要課稅 30%。如果你買非美國來源的公司或 ETF，股息還可以退稅，比如你買美股的台積電 ADR（即台積電到美國上市的股票憑證），那麼這個配息就可以申請退稅。

另外，開立美股帳戶或利用複委託買進美股會有遺產稅問題，如果帳戶所有人意外身故，家人要在 9 個月內繳交遺產稅後領回餘額，免稅額只有 6 萬美元，課 15% ～ 35% 累進稅率。所以我會建議多開幾個人名下來分散資產、分散風險，或是夫妻開聯名帳戶，一人出意外，另外一個人還可以領出來，因為這免稅額實在太低，一定要注意這點並提前規畫。

 留意股票交易須知 搞懂後再下單

1-4

看完股票的基本知識後，我這邊講一下大家實際在交易時，使用股票下單 App 會需要了解的一些重點與事項（詳見圖 1）。

買賣股票前必知 5 重點

重點1》商品

商品指的就是上市櫃平台可以買到的，諸如股票、可轉債、特別股、不動產信託投資（REITs）、櫃買黃金等商品，投資人可以在這邊輸入想要買進或賣出的「商品名稱」或是「商品代號」。

重點2》交易和單位

交易和單位可以一起看，交易可分為「整股」、「盤後」和「盤後零股」（零股介紹詳見本節文末）。

「整股」的交易時間是 09：00 ～ 13：30，單位是「張（即 1,000 股）」；「盤後」交易時間是 14：00 ～ 14：30，單位也是「張」；「盤後零股」的交易時間是 13：40 ～ 14：30，單位則是「股數」，從 1 ～ 999 股都是。

大家在選擇交易方式時，記得單位不要填錯。另外，由於盤後交易的人較少，所以後面主要是介紹整股交易。

重點3》種類

種類可分為「現股」、「融資」和「融券」。

「現股」就是用現金買賣股票；「融資」是向券商借錢來買股票；「融券」一般是因為你沒有持股又看空股票，可以先跟券商借股票來賣，之後股價如果真如預期下跌，獲利了結時要買回股票還給券商。但是融券有限制，券商沒券的話就沒辦法用。而且融券在除權息跟股東會前也要強制回補，這有點找麻煩，美股就沒有這問題。

重點4》條件和類別

條件和類別可以一起看，條件可分為「ROD（Rest of Day，當日有效）」、「IOC（Immediate-or-Cancel，馬上成交或取消）」和「FOK（Fill-or-Kill，全部成交或全部取消）」。

「ROD」是指投資人送出委託單之後，只要不刪除委託單，那麼直到當天下午1：30收盤前，這張委託單都是有效的，一直到價格到了成交為止；「IOC」是指投資人送出委託單後，系統可接受部分成交，但剩下沒成交的部分，就會直接取消掉；「FOK」如果看英文 Fill-or-Kill，其實一樣很好懂，要就滿足我的需求，不然就全部取消。

圖1 ROD為當日送出委託單至收盤前皆有效
——股票下單App介面

❶「整股」的交易時間是09：00～13：30，單位是「張（即1,000股）」；「盤後」交易時間是14：00～14：30，單位也是「張」；「盤後零股」的交易時間是13：40～14：30，單位是1～999股

❷「ROD（當日有效）」：投資人送出委託單後，只要不刪單，則該委託單到收盤前都有效；「IOC（馬上成交或取消）」：投資人送出委託單後，系統可接受部分成交，剩下未成交部分會直接取消；「FOK（全部成交或全部取消）」：投資人送出委託單後，如果沒有全部成交，就全部取消掉

❸取價的下拉選單可選擇「限價、漲停、平盤、跌停」

資料來源：玉山證券

簡言之，FOK 就是指你掛出去的單子，如果沒有全部成交，就全部取消掉，不會有上述 ROD 的當日皆有效，或是 IOC 的部分成交狀況。

類別有分「限價」和「市價」。限價就是依據你設定的價格下單，投資人除了手動輸入價格以外，看盤軟體通常會內建「現價、漲停、平盤、跌停」4 種價格供選擇（可看圖 1「取價」那邊有下拉選單）；市價則會設定在目前最近成交的價格上。

基本上，建議大家只設限價。設市價有風險，你現在看到的市價跟你下單後

的市價可能會有誤差,雖然只差很短的時間,但市價還是有可能在短時間內出現大幅變動。因此,除非你真的很想馬上買到或賣出才掛市價,不然設限價還是比較穩的。

　　至於採用何種委託方式會比較好呢?以往台股是採集合競價撮合的交易方式,是盤中每 5 秒撮合一次,但現在盤中下單(09:00～13:25)已改為逐筆交易方式(註 1),意思是立即撮合買方與賣方的交易,只要下單,且市場上有對應的買賣單,價格在範圍內就會立即成交,不用等 5 秒,下單張數也不一定會成交在同一價位。

　　與集合競價相比,逐筆交易的撮合效率更快,但是波動和價格反映也更快,對散戶而言不見得更好用,隨便下市價可能會成交在你意料之外的爛價格。因此,基本上我只建議散戶用「限價 ROD」方式下單,沒成交就刪單或改價,多花點耐心等比較好的價格,價格跑掉大不了就不交易了。除非是你當天就非得買進或非得賣出的情況,否則「限價 ROD」就夠用了。

重點5》買賣和價格

　　買賣和價格可以一起看。買賣很好理解,你想買股就選「買進」,想賣股就選「賣出」(當然,你必須有庫存持股才能賣出)。價格就稍微複雜一點,需要自己輸入。

註 1:台目前開盤及收盤時段仍是維持原本集合競價的方式。

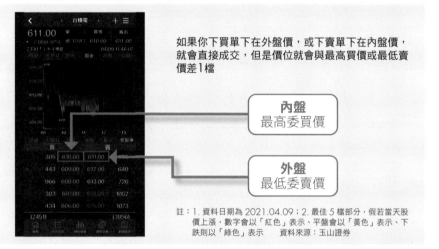

圖2 下單時留意買賣最佳5檔報價
——以台積電（2330）為例

如果你下買單下在外盤價，或下賣單下在內盤價，就會直接成交，但是價位就會與最高買價或最低賣價差1檔

內盤
最高委買價

外盤
最低委賣價

註：1. 資料日期為 2021.04.09；2. 最佳 5 檔部分，假若當天股價上漲，數字會以「紅色」表示、平盤會以「黃色」表示、下跌則以「綠色」表示　　資料來源：玉山證券

股價的升降單位是「檔（tick）」，當股價低於 10 元，1 檔是 0.01 元；10 元至未滿 50 元，1 檔是 0.05 元；50 元至未滿 100 元，1 檔是 0.1 元；100 元至未滿 500 元，1 檔是 0.5 元；500 元至未滿 1,000 元，1 檔是 1 元；1,000 元以上，1 檔是 5 元。這部分倒是不用特別記，你下單時看看最佳 5 檔報價就知道（詳見圖 2）。另外要注意的是，目前台股的漲跌幅限制為 10%，所以你輸入的價格要在這範圍之內（超過也沒用，系統會限制住）。

最佳 5 檔是離目前成交價最接近的 5 個買賣價位，左邊的最高委買價叫「內盤（圖 2 的 610 元）」，右邊的最低委賣價叫「外盤（圖 2 的 611 元）」。

如果你下買單下在外盤價，或是下賣單下在內盤價，就會直接成交，但是價位就會與最高買價或最低賣價差 1 檔。

如果不急的話，你是可以把買單掛內盤價，但因為內盤價搞不好已經很多單在排隊，你不知道要等多久，甚至價位會跑掉。所以我通常決定要買的話，就不會太在意那一檔的價差，因為你不一定等得到。不過如果排隊的單不多，或是上一個成交價沒人下單，你丟上去排第一個，我就會等一下。

比較需要注意的地方是，如果你想交易的股票剛好在調整價位上，例如股價在 10 元附近，10 元以下 1 檔就是 0.01 元，10 元以上 1 檔會忽然變成 0.05 元，若同樣用買外盤的策略，當 tick 變大時，對買方投資人就比較不利。

最佳 5 檔報價是你看得到的買賣單，還有你看不到的單是超過這 5 檔的價格範圍，或者大家今天打算買進賣出，卻還沒掛上去的單。後者可能可以參考前幾天的外資與投信進出、融資與融券。每檔股票的主力與交易的人都不同，看久了也許你可以看出一些規律。

現在盤前常有人亂掛單，可能是試圖影響市場，所以比較常看到預估開盤價差異很大，但是這些掛單常常是假的，開盤前不久就會拿掉，真的開盤後還是正常開盤。盤中有時候也會有人在不會成交的近幾檔以外掛大單，給大家有大買單或大賣單的錯覺，如果 5 檔以內是有可能成交得到，但是你看久也就會知道是掛真的還是掛假的。

另外，很多散戶搞不懂法人買方（buy side）與法人賣方（selll side）的差異。最常見的例子如下，高盛分析師發布報告推薦買進鴻海（2317），結果大家看報告推出當天的籌碼動向，發現從券商高盛那邊砍出很多賣單，散戶就會以為是高盛故意出個股買進報告來拉抬股價出貨，這就是混淆了買方跟賣方。

買方和賣方是不同法人，簡單講，買方就是手上有錢，可以買股的法人，如退休基金、對沖基金、投信、壽險自營部、證券自營部等；賣方則是純粹研究單位，自己沒有資金下場交易的法人，如證券或投顧的研究部門。

所以上述案例就是高盛的研究部門發了買進報告，但是高盛的客戶卻選擇賣出持股。沒有說我是高盛的客戶，高盛你發了買進報告，我（指客戶）就不能賣。我會參考你的報告，但是買賣股票理由很多，可能我看好還是要賣掉，或是其他原因要賣掉，這 2 個（賣方發報告與買方交易）是獨立事件，但是因為記者沒有寫清楚買賣方，散戶也不懂買賣方差異，就會一直有這種誤解。

零股交易需求者大多分為 4 類型

除了前面介紹的現股、盤後和盤後零股交易以外，台股在 2020 年 10 月 26 日開始有「盤中零股交易」。以前盤後零股交易只有一次撮合機會，但盤中零股交易只要在開盤時間內都可以交易，投資機會就增加許多。

哪些人會比較有零股交易的需求呢？我認為是下列 4 種人：

類型1》小資族

如果你資金部位不大，又想達到分散投組的目的，零股買賣就很適合你，因為零股買賣會讓高價股的買進門檻降低。設想你本來想買股王大立光（3008），但是大立光股價高達 3,000 多元，1 張股票就要 300 多萬元，有零股交易後你就可以只花 3,000 多元買 1 股，便宜許多。

類型2》想要處分零股

有些股票會每年配股，通常配股之後你的持股就不太可能是整數張，而是會有低於 1 張的零股出現。如果想處分零股，以往得等到盤後交易，我以前就常會想賣又忘記下單，或者有時候是盤中股價不錯，但是收盤價格又鳥了，這時又只好繼續隔天等價格看看。但現在盤中就可以交易零股，方便許多。

類型3》想要定期定額投資ETF

如果有人想定期定額元大台灣 50（0050）的話，0050 現在 1 張也要 10 萬元以上。有了盤中零股交易以後，想定期定額買 0050 就更方便了。

類型4》慢慢加減碼持股部位

不要以為大部位的資金就用不到零股交易，以前操盤基金時，我常常單筆買比較少時，會一次只加碼 0.1% ~ 0.2%，但是因為基金規模都會有幾億元，加碼這麼少量還是會超過 1 張，所以沒啥問題。現在自己交易的資產規模約 1,000 多萬元，如果是買賣高價股，1 張就要 20 萬元、30 萬元以上，等於一次加減碼就超過 2% 以上，我就會覺得加減碼的彈性下降。此外，有時候我

也會想要分批布局讓買賣價格平均化，有了盤中零股交易以後，就方便許多。

盤中零股交易須注意 8 事項

雖然說開放盤中零股交易後，帶來了許多便利，也提高了不少交易彈性，但還是有一些地方需要注意一下：

事項1》買賣交易的「單位」

一般買賣股票的交易單位都是「張」（即 1,000 股），下零股交易時得特別注意這點。如果你以為你在下零股交易，結果不小心又按回整張交易，買賣 10 股跟 10 張差異就大了，交易時得特別注意一下。

事項2》盤中零股和盤後零股交易獨立

你盤中下的零股交易單如果沒有成交，不會自動延續到盤後的零股交易，所以如果你盤後想繼續進行零股交易，得要下新的盤後零股交易單才行。另外，盤中零股交易只能使用「電子交易」，不能打電話或使用人工下單。

事項3》手續費最低20元的限制

因為券商手續費有最低消費金額 20 元的限制（註 2），所以如果你只下

註 2：證券買賣交易手續費是以「買賣價金 ×0.1425%」計算，但若手續費低於 20 元，則以 20 元計算。

個 1 股買 200 元的股票,這樣手續費率就會比重過高,高達 10%(= 20 元 ÷200 元 ×100%),所以基本上會建議你一筆零股交易單至少要下到 4 萬 2,531 元(以手續費打 3.3 折來計算,20 元 ÷0.1425%÷33% = 4 萬 2,531 元),手續費才划算。

如果你的手續費折數比 3.3 折更低,下單金額就要比 4 萬 2,531 元更高才 划算。不過現在國泰、統一、新光等多家券商,盤中零股交易手續費最低只要 1 元,預期市場競爭下,後續各家也會陸續取消最低限制。

事項4》零股的流動性

有些股票本來流動性就低,開放盤中零股交易後,零股交易的流動性也不見 得會高。

事項5》只能現股交易

盤中零股交易和盤後零股交易一樣,不能當沖、不能融資、融券、不能買賣 ETN(指數投資證券),只能現股交易。

事項6》交易價格可能會與整股交易的價位不同

一般整股交易是持續的交易,盤中零股交易第一次撮合是 9:10,之後是每 3 分鐘集中撮合一次,所以價格上會有些許差異。投資人可注意一下零股交易 和整股交易的價位,哪邊價位更好就往哪邊交易,也許有些股票會因此出現利 差,就有交易機會。此外,盤中零股交易也和整股交易一樣,有價格穩定措施。

事項7》盤後零股交易可能會變冷清

可以預期假設大家都在盤中就交易完零股，那麼盤後零股交易可能成交量會更小，不過這應該也不是什麼大問題，因為你可以盤中就把零股交易完了。

事項8》交易成本

不要因為開放盤中零股交易而增加周轉率，交易成本還是相當高，基本上你每買賣一次，交易成本就差不多是 0.4%（證交稅 0.3% ＋買賣手續費 0.05%×2，以買賣手續費 3.3 折計算）。要獲得報酬率跟打敗指數已經非常不容易了，因此，不要輕易增加你的周轉率。

雖然這裡提到了許多盤中零股交易的注意事項，但問題都不大，只要在操作上謹慎一點，大家還是可以下手試試，也許你的操作與交易就會因為盤中零股交易所帶來的交易彈性而有所調整。

運用個股評價4指標
初步了解股價合理性

1-5

看完股票的交易介紹後，接著可以來了解一些個股評價指標，像是用來評價一般公司的本益比（PER 或 P/E）、把成長性再考慮進去的本益成長比（PEG）、評價營建股和金融股的股價淨值比（PBR），以及評價新創科技或網路公司的股價營收比（PSR）。分述如下：

本益比》輔助判斷是否能夠進場買股

本益比（Price-Earnings Ratio，PER 或 P/E），可以從字面理解為買進成本與獲利的比率，還有一個講法叫做「市盈率」，白話解釋就是市價與盈利的比率。我個人覺得市盈率比較符合字面意思，不過台灣多數人習慣用本益比這個說法。本益比的公式如下：

> **本益比（PER 或 P/E）＝股價（P）÷ 每股稅後盈餘（E）**

P 是指股價（Price），我們要參考目前的評價就會用目前股價，也可以設算股價在某個點位時的本益比。E 是盈餘（Earings），基本上盈餘會用每股稅後盈餘（Earings Per Share，EPS）。因為股價是每股的股價，所以盈餘也得用每股稅後盈餘，這樣所得出的比率才有意義（註 1）。

同樣基本面下，本益比是愈低愈好。因為在股價相同的情況下，EPS 是愈高愈好。舉例來講，股價 10 元、EPS 1 元，本益比是 10 倍（＝ 10 元 ÷ 1 元）；股價 10 元、EPS 2 元，本益比是 5 倍（＝ 10 元 ÷ 2 元）。10 元股價賺 2 元 EPS 會比賺 1 元 EPS 還好，所以本益比是愈低愈好。

本益比也可以解讀成回本年數，10 倍本益比的股票，表示累積 10 年獲利就可回本，再來都是多賺的；5 倍本益比的股票，表示累積 5 年獲利就可回本。我們從這個角度看，也可以理解為何本益比愈低愈好，本益比愈低，回本的年數就愈少，回本愈快，也表示投資的風險降低了。

不過要注意的是，當獲利很低或發生虧損時，本益比就會失去意義。從分數的角度看本益比，當分母（即 EPS）很小的話，最後算出的數值就會變很大。由於本益比是愈小愈好，所以當本益比評估超過 30 倍甚至 50 倍之後，其實就沒有參考性了，因為你不太可能在這麼高的本益比下去買這檔股票。若本益比很高還願意進場買股票，有時候是因為非基本面的因素影響，比如說是籌碼面因素，或是公司目前的低獲利是暫時的，後面獲利會大幅提升等；再來一種是公司為新創產業，目前獲利還沒出來，或是公司還沒開始擠獲利，投資人可以忍受這些公司低獲利甚至虧損。

註 1：本益比也可以用「總市值 ÷ 總獲利」，因為總市值＝股價 × 股數，總獲利＝EPS × 股數，這 2 個數字相對原本算式中的股價和每股稅後盈餘，都多乘了股數，所以兩者相除之後，得出的數值會和原本公式一樣。

　　而當本益比的分母是負數時，也已經沒有參考性了，因為你不會說負本益比小於正本益比，所以負本益比會比較好。因此本益比愈小愈好的前提，是在獲利為正數的情況下，當獲利太小或是負數時，本益比就沒有意義了。

　　此外，景氣循環股的本益比表現也與一般股票不同。景氣循環股在景氣好的時候，公司獲利噴出，這時候計算出來的本益比就相對低。等到景氣反轉向下，獲利愈來愈差，這時候本益比很高。若公司不幸虧錢，獲利為負值，這時又算不出本益比了。所以對於景氣循環股來說，反而不太能買在本益比低的時候。

　　我就印象很深刻，以前我們主管買友達（2409）時，面板業景氣超好，友達獲利預估可以達到 10 元，相對於股價只有 50 元，長官覺得股價很委屈，起碼要漲到 100 元才合理。結果那一波景氣反轉之後，我也沒看到友達上 50 元過了。之後友達常常大虧錢，本益比也都是負的。很明顯友達就顯現了本益比低的時候產業很旺，等到產業走下坡後，本益比不只飆高，還因為獲利變成虧損，連本益比都算不出來了（詳見圖 1）。

本益比2種相關應用

　　本益比除了用來輔助判斷現在是否適合進場買股以外，還有一些相關的應用，大家可以了解一下：

1. 收益率（本益比倒數）

　　除了觀察本益比以外，本益比的倒數也是觀察指標，本益比的倒數稱為「收

圖1 景氣循環股不適合用本益比來判斷買賣點
——以友達（2409）本益比河流圖為例

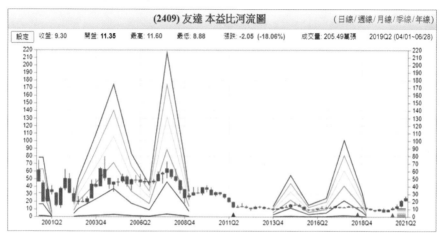

註：統計時間為 2000.Q3 ～ 2021.Q2（至 2021.04.14）　　資料來源：Goodinfo! 台灣股市資訊網

益率」，相當於現在投資的股東報酬率。當 EPS 為 1 元，股價 10 元時，收益率為 10%（＝ 1 元 ÷10 元 ×100%），如果公司 EPS 為 1 元，然後配發現金股利 1 元，10% 這個數字就是現金股利殖利率。但是通常公司不會將獲利全部配發給股東，所以現金股利殖利率的數值會比收益率低一些。

本益比倒數的觀念可以運用到很多地方，例如：①房地產可以用來算「租金收益率」，以每年收租 10 萬元、房價市值 1,000 萬元來看，租金收益率為 1%（＝ 10 萬元 ÷1,000 萬元 ×100%）；②債券可用來算「利率」，以債券每年配息 1 元、債券面額 100 元來看，債息率為 1%（＝ 1 元 ÷100 元

×100%）。基本上，任何有現金流的產品都可以這樣計算。

同樣利用本益比倒數觀念所得出來的每年利益率，可以拿來比較。比如上述有關房地產與債券的個案，就每年收益率來比較，房地產跟債券就是相同的1%。當然如果再認真比較，房地產要自己去收租，要管理房子，房客不租了要找下一個房客，這樣算起來，一樣是 1% 的收益率，買房子收租的維護成本就高多了。當然這只是部分因子，若是考慮稅率問題，像是債券利息跟收租繳的稅，結果有可能又不同了。

2. 計算目標價

本益比除了觀察倒數以外，可以再延伸一個東西出來，那就是算目標價。分析師給公司訂目標價，這目標價怎麼訂出來的？如果評價是用本益比倍數，那麼我們可以先給定一個目標本益比，乘上今年或明年的 EPS，乘出來的數字就是目標價了。例如 2020 年初，台積電（2330）目標價喊到 600 元，就是用預估 2020 年 EPS 20 元和目標本益比 30 倍，兩者相乘算出來的。如果你看分析師給出你預期外的目標價，不是 EPS 預估這邊跟你預期不同，就是目標本益比給得不同。

正常來說，一般在算目標價時，EPS 的計算方式有 2 種：一種是過去 4 季已經公告的 EPS 來計算、另一種是用未來 EPS 來計算。用過去 4 季 EPS 來估算的好處是，過去 4 季的獲利就是已經真實發生的，沒什麼做不做得到的問題，但如果用未來的獲利估算，這不確定性就很大。

未來 EPS 可以算隔年的 EPS，也可以用未來 4 季的 EPS。有時候股價漲太多，連隔年的獲利算起來都太貴時，分析師就會用後年、大後年的獲利來合理化評價。依我的經驗來看，當分析師用後年或大後年的獲利來計算時，通常股價都是偏貴的。所以你看看現在分析師怎麼給特斯拉（Tesla）目標價，是不是都要估到好幾年後的 EPS，才有辦法合理解釋現在的股價。

我建議獲利穩定的公司，可用當年預估 EPS 來計算，但依照業界慣例，當年第 3 季（7 月、8 月、9 月）以後，就應該慢慢採用隔年的預估 EPS 來當本益比計算的參考。

而成長型的公司，如果用當年度獲利計算，常會得出評價偏貴的結論，但是如果用隔年獲利來評估，則比較容易接受目前評價而買進。當然，隔年獲利的不確定性大，你得確認這個評估的 EPS 是否可靠。

除了確認 EPS 是否合理之外，EPS 還得是常續性的 EPS 才有參考性。你看營建股最明顯，有時候建案入帳，一入帳就一大筆，EPS 馬上跳升很多，這時候用這種 EPS 來做目標價預估就沒意思（詳見圖 2）。

另外，業外的獲利如匯兌收益、處分利益等，可能今年有、明年就沒了，也常常沒有辦法持續，但如果有公司可以常續性的有業外獲利，那這個獲利可以被當成常續獲利的部分。例如之前廣達（2382）很長一段時間業外獲利都很好，這部分是廣達利用龐大資金周轉出來的獲利，在利率較高的年代，這種獲

利就可以當成常續。

同樣地，如果公司有一次性的損失，那也應該把這筆非常續性的損失加回來，這樣衡量 EPS 才準確，比如某公司因為天災人禍而有 1 季重大虧損，如果你覺得這種事以後發生機率很低，就可以把這個損失加回來。但是要注意，如果這類天災人禍後續發生的機會還是很高，那這就算常續性的損失，加回來反而會失真。

成長性較高的股票，本益比就相對高

本益比的公式中有盈餘（E）在裡面，但是公式上並沒有加算企業營收盈餘的成長性這個變數，獲利成長性會反映在市場願意給予的本益比高低上。

通常成長性較低的產業，本益比就比較低，例如金融股的本益比大概就是 10 倍～ 15 倍的區間；成長性好的股票，本益比就比較高，像是超商，又大、又穩、又有成長性，評價長年就在 25 倍以上（註 2）。

不過有時候用本益比去反猜公司成長性，結果也不一定準。有些類股獲利差，股價已經貼近淨值，股價低於淨值後比較跌不下去，導致本益比偏高，這就不是因為成長性好而本益比高。

本益比會因為市場偏好改變、公司體質有了變動或產業出現變化而出現波動，光是整體市場持續往上漲，就可以帶動個股、類股的本益比提升。比如說

圖2 營建股季獲利波動相對較大
——以華固（2548）每季淨利變化和股價走勢為例

> 每季稅前淨利（左軸）
> 每季稅後淨利（左軸）
> 季收盤價（右軸）

單位：億元

單位：元

2016年 Q1 Q2 Q3 Q4　2017年 Q1 Q2 Q3 Q4　2018年 Q1 Q2 Q3 Q4　2019年 Q1 Q2 Q3 Q4　2020年 Q1 Q2 Q3 Q4

註：統計時間為 2016.Q1 ～ 2020.Q4　　資料來源：HiStock

整體市場本益比從 10 倍提升到 20 倍，同時期某檔原先只有 20 倍本益比的個股，就可能跟著提升到 40 倍。

　　有句話說：「站在風口上，連豬都會飛。」在一個走大多頭的股市，指數的本益比提升，多數股票的本益比也會跟著提升。所以指數漲，多數個股股價都會漲，只是漲多漲少的差異而已。

註2： 各產業類股本益比查詢網址：www.twse.com.tw/zh/statistics/statisticsList?type=04&subType=220。

公司獲利提升，有助於市場給予較高的本益比

通常市場會喜歡成長的股票，討厭衰退的股票，但不是說這檔個股或類股的本益比會永遠在這個區間附近，反而市場很愛錦上添花或落井下石。

我印象最深刻的產業是自行車，我一開始進入證券公司當研究員就是看這個產業的，那時候美利達（9914）本益比約在 6 倍～ 8 倍的區間。同業巨大（9921）因為品牌捷安特（Giant）更強，評價稍高點，本益比大概在 10 ～ 12 倍左右。我那時候一直沒有很懂，為啥市場給予這 2 家公司這麼低的本益比評價？後來我發現，應該是當初市場太低估這 2 家公司了。

從 2005 年我開始看產業以來，後面的 10 多年，美利達和巨大在全球高級自行車市場持續維持很強的競爭力跟市占率，獲利也節節上升。這 10 多年間，還有遇到一波全球買自行車的熱潮，相信大家在前幾年也都有買高級登山車、公路車的經驗。股東如果從 2005 年開始持有這 2 檔股票 10 多年，在公司獲利與評價都大幅成長的情況下，投資收益應該都可以超過 500%。

因為公司獲利持續提升，市場愈來愈愛這類股票，參考美利達的評價也從以往非常委屈的 10 倍不到，增加到前幾年最高的 26 倍以上了。2020 年，因為新冠肺炎（COVID-19）疫情帶動腳踏車大賣，所以評價又提升不少。

美利達的評價變動可以參考股價在本益比河流圖的相對位置（註 3，詳見圖 3）。因為獲利每年會變動，你光看股價並不能了解股價是漲獲利或漲評價，

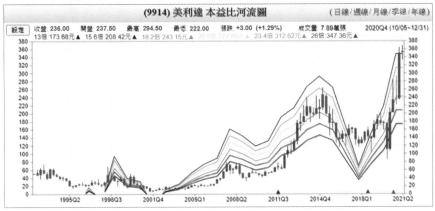

圖3 **美利達的本益比從13倍以下來到26倍之上**
——美利達（9914）本益比河流圖

註：統計時間為 2005.Q1～2021.Q2（至 2021.04.14）　　資料來源：Goodinfo! 台灣股市資訊網

如果你想知道公司或類股每年市場給予的本益比評價在哪裡，本益比河流圖就是一個很方便的工具。

　將本益比河流圖跟每年的獲利數據一起看，你就知道股價漲是因為獲利或評價了。從圖3的2個上漲波段（2011年第4季～2013年第4季，以及2020年第2季～現在），我們也可以看到股票常常是獲利成長的時候，評價也跟著成長，這時候股價會漲得比獲利成長還多；但是如果是反過來，也常是類似效果，獲利衰退的同時，評價也降低。

註3：本益比河流圖是股價相對於歷史本益比倍數數據區間的走勢圖。

類似案例，台積電這幾年股價大漲，除了獲利很好，EPS 從 11 元～ 12 元跳升到 20 元以上，評價也同時提升了不少，本益比從 10 倍～ 12 倍增加到 25 倍以上。EPS 增加 1 倍，評價也增加 1 倍，股價就成長為原本的 4 倍了（詳見圖 4）。

不過市場的偏好是雙面刃，當市場愛你（指公司）的時候，你獲利提升，評價也同時提升；但是如果反過來，當獲利在衰退時，市場會再踢你一腳，評價也常常同步下跌。所以漲的時候漲很凶，跌的時候也會跌很凶。

本益成長比》數值愈小，愈具投資吸引力

前面有提到，本益比在公式上並沒有加算企業營收獲利成長性這個變數，所以有些投資人會改用「本益成長比（Price-to-Earning Growth Ratio，PEG）」來評價。PEG 的公式如下：

> **本益成長比（PEG）＝本益比 ÷ 未來年獲利成長率**
> （注意！未來年獲利成長率只取前面數值不取 %，例如某公司未來年獲利成長率 30%，則在計算時是用「30」，而不是「30%」）

假設 A 公司本益比 30 倍，未來年獲利成長率為 30%；B 公司本益比 10 倍，未來年獲利成長率 10%，則就 PEG 的角度來看，2 家公司算出來的數值都是 1（A 公司：30 倍 ÷30 ＝ 1；B 公司：10 倍 ÷10 ＝ 1）。這表示高本益比搭配高年獲利成長，跟低本益比搭配低年獲利成長，在 PEG 的角度是一樣評價的，這也隱含高獲利成長的公司可以得到高本益比的評價。

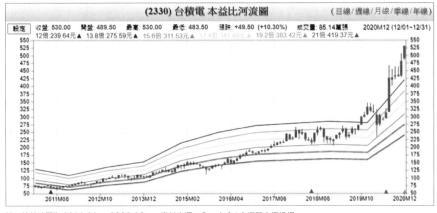

圖4 台積電本益比從10多倍增加到25倍以上
──台積電（2330）本益比河流圖

註：統計時間為 2011.01 ～ 2020.12　　資料來源：Goodinfo! 台灣股市資訊網

　　此外，在本益比相同的狀況下，未來年獲利成長率愈大，PEG 就愈小，因為分母大，分數就小。所以就 PEG 來看，數值是愈小愈好。在目前市場評價都很高的狀況下，如果 PEG 在 2 以下就算有吸引力。

　　不過依我自己的經驗，會覺得 PEG 有點自找麻煩，可以一律看本益比就好。因為用本益比法也可以把獲利成長評估進去，只要將 EPS 改用未來 EPS 預估或你給高成長性的股票高目標本益比，這 2 項調整都可以把成長隱含進去。且本益比大家都用得比較習慣、比較直覺，PEG 多算一個未來年獲利成長率的變數，整個就比本益比法複雜。再來，最麻煩的是，年獲利成長性的預估值不容易估得準，實際波動又很大，你把一個不好估的數字放進來，只會讓 PEG 相對本

益比更波動，也因此會不好用。

股價淨值比》適合用來評估營建、金融股

一般來說，我們會用現金流的概念來評估公司，所以會運用本益比，但是有些產業或公司，我們用「股價淨值比（Price-Book Ratio，PBR）」會更有參考性，例如營建業、金融業等，多數公司的帳面價值跟實際價值是不相符的。股價淨值比的公式如下：

股價淨值比（PBR）＝股價 ÷ 每股淨值

以電子業來講，現在的設備、機台如果真的要清算拍賣，恐怕都賣不到帳面價值的錢。因為會走到清算這一步的大多是產業需求有問題，你要賣的時候也不會有人想接手，這樣拍賣價肯定比帳面值低，但是土地資產和金融資產卻沒有這問題。

土地資產不折舊，保值性較好；金融資產則多數有市場價格可以參考，你持有多少股票，幾乎都可以依據股票市價出清。所以持有土地建物的營建業與持有金融資產的金融業，可以用淨值來評估其清算價值。此外，營建業和金融業的獲利（損益表）會受資產市價影響而波動，所以用不穩定的 EPS 來算本益比，常常不如股價淨值比清楚與穩健。

營建公司常見一個大建案賣出，獲利在當季暴衝，可以 1 年～ 2 年就靠這筆

圖5 營建股華建近年來獲利起伏不定
—— 華建（2530）EPS變化與股價走勢

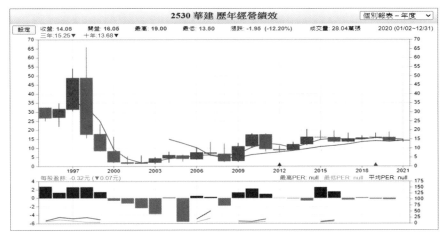

註：統計時間為 1995.10.12～2021.04.14　　資料來源：Goodinfo! 台灣股市資訊網

獲利過活（詳見圖 5）。金融股例如壽險業，持有很多股票債券等資產，也會常因為股市大漲使得當季獲利表現亮眼（如果當季處分的話，就會顯示在損益表上面）。

然而這些並不是常續獲利，如果用這些獲利來算本益比，就會低估其本益比。淨值就不同了，雖然淨值也會因為公司賣出土地或股票而增加，但是這對淨值的影響性，遠小於對 EPS 的影響性。

舉例來講，某檔營建股每股股價 10 元，每股淨值 10 元。第 1 年、第 2 年

都沒有房子賣出，獲利 0 元；第 3 年賣出房子，一次性獲利 3 元。如果你計算第 3 年的本益比，就會得出本益比 3.3 倍的誇張數字，但是你用淨值的話，可以得出每股淨值從 10 元增加到 13 元，股價淨值比為 0.77 倍（＝ 10 元÷13 元）。本益比從 10 倍降到 3.3 倍，但是股價淨值比波動只從 1 倍降到0.77 倍。

　用本益比給評價，如果你給 10 倍，股價要漲到 33 元（＝ 10 倍 ×3.3 元）；用股價淨值比給評價，你給 1 倍，股價只會漲到 13 元（＝ 1 倍 ×13 元）。這種情況下，用股價值淨值比來算目標價就合理多了。

股價營收比》多用以評價新創科技或網路公司

　其實上述本益比和股價淨值比法就可以適用多數公司了，但是有些新創的科技或網路公司，像是網路巨頭亞馬遜（Amazon）、電動車特斯拉、串流影音平台網飛（Netflix）等，一來沒有明顯獲利，二來沒有實體資產，有價值的東西都是無形資產，比如品牌、專利、經營模式、市場壟斷力等，傳統的評價方法失效，我們也只好從非傳統方法去評估，即「股價營收比（Price-to-Sales Ratio，PSR）」。股價營收比的公式如下：

股價營收比（PSR）＝股價 ÷ 每股營收

　不同的科技公司，也常常有個別觀察的點，例如亞馬遜看網路營收與雲端營收是否高成長，是否跨入新產品增加未來營收動能；特斯拉看這一季造了多少

車與現金流狀況；網飛看訂閱用戶是否持續成長。

通常新型科技公司的評價不太重視獲利，反而會更重視業績成長性。不過我個人覺得，這些評價法（我指的是如上述舉例評價新創公司的方法，像是雲端營收成長、造車數、訂閱數等）與新創公司比較不適合散戶來玩。

多頭時市場還不太重視獲利，空頭時市場標準就會非常嚴格，甚至這些新創公司只要成長性走弱，股價波動就非常大。之前網路泡沫破裂的那幾年，就把一批有營收、沒獲利的公司清出市場，當時有些網路公司甚至連營收都還沒出來，只有點擊率，最後證明投資這些公司的風險非常高。所以我個人是認為，這些新創公司屬性比較不適合散戶。

透過股市3指標
觀察整體市場狀況

1-6

除了知道個股評價指標以外，還得了解一些和整體股市有關的指標。畢竟如果鳥巢翻覆了，裡面沒有一顆鳥蛋可以逃得過。只有整體股市好了，個股表現的機會才會比較多。至於整體股市相關指標有哪些呢？最常見的就是股價指數、席勒本益比和巴菲特指標。

股價指數》判斷盤勢走向

我們只需要看一個數字就可以知道今天台股市場整體狀況大致如何，那就是看「台股加權股價指數」，大家知道的台股指數 1 萬 7,285 點（2021 年 5 月 7 日收盤價），就是這個指數。

股價指數包含了多檔股票，用來反映某些特色。台股加權股價指數就是包含所有上市的股票，上櫃股票則得參考上櫃指數，台灣 50 指數則主要包含了台灣股票市場最大的 50 檔股票。

除了這些股價指數之外，還有再細分到產業的電子股指數、金融股指數、塑化股指數等，也有蒐集某些特性的指數，例如蒐集高配息股的高股息指數、蒐

集中型股的台灣中型 100 指數、蒐集符合特定標準的公司治理指數等，不同指數有不同的參考功能（註1）。

　　台灣目前最常用的指數大致上就是上面這些，你從不同指數的漲跌幅跟強弱勢，就可以初步判斷現在市場的盤勢走法。最簡單的，你看金融跟電子指數，前者可以代表傳產，後者代表電子，台股的傳產與電子常常是輪動的。

　　台股加權股價指數是市值加權指數，市值愈大的股票，其漲跌影響性對指數漲跌影響愈大。目前台股加權股價指數中，台積電（2330）約占 31% 市值（2021 年 4 月），台積電漲 1%，加權指數就可以上漲 0.3%。以 2020 年來看，台股漲約 20%，台積電漲約 60%，你就會發現 2020 年台股漲幅主要就靠台積電了。扣掉台積電的影響性，其他多數股票對 2020 年台股加權股價指數的漲幅貢獻較小。

　　20 年前，台積電占台股市值是 7% 以下的，現在已經占了 31%，未來還可能繼續往上提升。而且台積電目前占電子指數已經快高達 50% 了，也就是說，電子股指數將近一半市值是台積電。甚至有一檔科技指數 ETF——富邦科技（0052），台積電占比高達 7 成以上（詳見圖 1）。我在想賭科技股、買科技指數 ETF 的大家，要不要乾脆買台積電就好了？還可以省下 ETF 的管理費用。

註 1： 各台股指數系列可參考：
www.twse.com.tw/zh/page/products/indices/series.html。

參考台股加權股價指數要注意除息蒸發問題

就台股來說，除了台積電占大盤市值太高之外，還有一個小問題，那就是如果我們光看台股加權股價指數來算報酬率，結果會不太準。

假設年初台股 1 萬點，年底台股 1 萬 1,000 點，可能很多人會以為台股今年報酬率是 10%，實際上不只如此，因為台股整體每年除息約 3% ～ 4%（註 2），除息後公司會少掉配發給股東的現金股息，所以市值會降一點。而在 7 月、8 月除息旺季，常常可以看到台股開盤就跌幾十點，那就是除息蒸發掉的部分。

如果有玩期貨的人也會注意到，7 月、8 月期貨的逆價差會很大，那是因為期貨先行反映了除息蒸發的點數，如果你把除息蒸發點數加回來，你就會發現逆價差並沒有那麼大。

台股應該是世界上配息率最高的市場了（台股配息率約 3% ～ 4%，其他國家配息率多在 2% 以下），也因為台股有除息蒸發問題，台股有整整 10 年、20 年高點就是萬點附近，很多人之前大概誤以為台股這 10 年、20 年都沒有長進，高點就是萬點，但如果你把每年蒸發的除息加回，台股報酬率其實比你

註 2：台股這 10 年來因為市場成熟、產業成熟，所以公司配息率大幅提高到 3% ～ 4%。其實台股在 2000 年前不太流行配息，都是以配股為主。所以早期除息蒸發問題比較小，近 10 多年問題才比較大。

註 3：發行量加權股價報酬指數查詢網址：
www.twse.com.tw/zh/page/trading/indices/MFI94U.html。

圖1 **富邦科技成分股中，台積電占比高達7成**
—— 富邦科技（0052）成分股比重

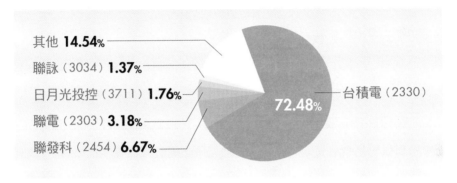

其他 **14.54%**

聯詠（3034）**1.37%**

日月光投控（3711）**1.76%**

聯電（2303）**3.18%**

聯發科（2454）**6.67%**

台積電（2330）

72.48%

註：資料日期為 2021.04.14　　資料來源：Money DJ

想的還要高（詳見圖2）。

若是想要精確計算台股報酬率，你可以去台灣證券交易所查「發行量加權股價報酬指數」，這個指數就已經把除息的部分加回去，是最精確的台股上市報酬率指數（註3）。

不過有一點要注意，因為不管是買 ETF 還是買個股，你都有交易成本、管理費用、稅負等額外成本，以至於沒有任何人能夠真的以無風險的方式達到加權報酬指數的報酬率。

所以如果拿台股加權股價報酬指數來比較績效，當成標竿，我們要注意，至

少要先扣掉每年約 0.3% ～ 0.5% 的 ETF 管理費用後（此處假設你買台股 ETF 來代替加權指數），才是你真的有機會可以拿到的報酬率。

其他國家的股價指數

除了台股可以參考加權股價指數之外，其他各國股市也都可以用各自的市值加權指數觀察整體市場的狀況。例如美國可參考標普 500 指數（S&P 500）、英國參考倫敦金融時報指數（FTSE 100，又稱富時 100 指數）、法國參考法國政商公會 40 指數（CAC 40）、德國參考法蘭克福指數（DAX）、日本參考日經指數（Nikkei 225）。中國有上海跟深圳 2 個交易所，所以主要的 2 個指數是上證指數跟深證成指，還有集合 2 個交易所前 300 大公司的滬深 300 指數（CSI 300 Index），我個人覺得滬深 300 指數更有代表性。

相較於市值加權指數，有一個比較特別的股價指數，這也是一個比較老舊，也比較不精準的指數——美國道瓊工業平均指數（DJI），它是用價格加權，股價比較高的股票權重會比較大。所以 2020 年蘋果（Apple）股票 1：4 分割之後，在道瓊工業平均指數的權重剩下 1/4，從 10% 降為 2.5%，但是蘋果在標普 500 指數的權重就沒有受到影響，因為股票分割不影響公司市值，標

註 4：美國 3 大指數中，標普 500 指數包含美國前 500 大市值的上市公司，對美股整體有代表性。道瓊工業平均指數成分股只有 30 檔，與整體市場差距大，且它的價格加權也讓成分股中股價高的權重影響更大，而不是市值大的影響大，不適合用來觀察整體美股，但可用來觀察傳產類股。那斯達克指數（NASDAQ）因歸屬科技類的公司就超過 5 成，故可以代表美股的科技類股。

圖2 加計除息後，台股報酬率更高
—— 發行量加權股價報酬指數vs.加權股價指數

註：統計時間為 1988.01.05 ～ 2021.04.14　　資料來源：財經 M 平方

普 500 指數是市值加權指數（註 4）。

席勒本益比》與未來預期報酬率為負相關

　　個股可以用本益比法評價公司（本益比詳細介紹見 1-5），整體股市也可以，
公式如下：

整體股市的本益比＝整體指數 ÷ 整體公司 EPS

我們在這邊用「席勒本益比」來看，一樣是本益比的概念。因為股市有景氣

循環的波動，多頭時景氣很好，企業每股稅後盈餘（EPS）高，這時候會低估本益比；反過來，空頭時企業 EPS 低，這時候會高估本益比。所以諾貝爾獎得主羅伯‧席勒（Robert Shiller）很聰明地用 10 年平均 EPS 來算本益比，這樣的話，就可以得出一個比較平滑的 EPS。有了這個 10 年平均 EPS 後，再來計算本益比就會合理多了，對於長期評價也可以更好的判斷。

目前（2021 年 5 月 6 日）美股的席勒本益比已是歷史次高點（37.57 倍），只低於 2000 年網路泡沫時期的最高點（44.19 倍），但是要注意的是，股市評價很貴不表示市場馬上就會反轉，它還有可能繼續變貴（詳見圖 3）。

像是在 2015 年左右，席勒本益比已經高達 25 倍左右，這也已經是 1930 年、1965 年和 2000 年（除網路泡沫外）那幾個年代的高點了。雖然 2015 年年末有小跌一點，但自 2016 年開始，席勒本益比又繼續上升。所以席勒本益比可以讓你看看現在市場評價如何，讓你知道評價相對歷史是貴還是不貴，但是不要用這張圖來預測轉折點。

此外，利用歷史資料分析結果，可以得出席勒本益比和預期未來 10 年的年均複合報酬率成反比。現在席勒本益比高，預期未來 10 年的年均複合報酬率就低。反過來說，現在席勒本益比低，預期未來 10 年的年均複合報酬率就高。

例如 1930 年代的股市高點，席勒本益比達到近 27 倍，對應的是未來 10 年的年均複合報酬率是負的；1965 年席勒本益比高點近 25 倍，未來 10 年

圖3 美股席勒本益比來到歷史次高點
—— 美股席勒本益比走勢

註：統計時間為 1871.02.01 ～ 2021.05.06　　資料來源：multpl.com

年均複合報酬率也達到那些年的低檔 0%。如果你買在 2000 年的網路泡沫時期，席勒本益比已經高達歷史最高的 40 倍以上，從那時起算的未來 10 年，年均報酬率也低到變負數。現在席勒本益比又偏高，所以未來 10 年的報酬率就不樂觀（詳見圖 4）。但是如果是買在席勒本益比的低點，那麼也可以對應到預期未來 10 年高報酬率，比如 1950 年、1983 年，預期未來 10 年年均報酬率都有 10% 以上。

只靠評價拉升股價，程度有限

席勒本益比是用美股過去 100 多年的資料來推測，有其參考性，但是沒有

保證未來一定會等同過去。比如現在的年代是有史以來貨幣最寬鬆的年代，很多畸形的市場評價跟總體經濟數字就會出現，也因為過去沒有發生這麼寬鬆的情況，我們不確定未來一定會如何，雖然我個人是認為現在市場的高評價，未來不會有好下場。用現在評價倒推未來預期年均報酬率的這個方法，很直覺也合邏輯，但可惜的是無法在時間上準確抓到反轉時點。

從 1-5 用本益比的公式來算目標價我們就可以理解，股價是由 EPS 跟本益比評價所構成。股價要上漲，要不就漲獲利，要不就漲評價。獲利持續上揚，股價就可以持續上漲，但是跟獲利上揚比較起來，評價的上漲只能一次性。

當評價從 15 倍漲到 30 倍，股價可以漲 1 倍，但股價要再依賴評價上漲 1 倍，就必須從目前的 30 倍增加到 60 倍。評價比較像地心引力，如果不靠獲利，想靠評價拉升股價，終究會有一定限度。

而且評價的上漲有風險，因為評價也可能回跌，就算獲利沒有衰退，只要評價從 30 倍跌回 15 倍，股市就對折了。所以席勒本益比偏高就表示目前市場的評價風險也高。

巴菲特指標》用來判斷股市的評價高低

股神巴菲特（Warren Buffett）在 2001 年接受媒體採訪時提出，「股市總市值 ÷GNP（國民生產毛額）的比率」可以用來參考股市的評價，之後這個

圖4 2000年網路泡沫時期，席勒本益比曾飆高至40倍
—— 席勒本益比vs.預期未來10年報酬率

席勒本益比的高點常常會對稱預期未來 10 年報酬率低點，
而其低點反而會對稱預期未來 10 年報酬率高點

席勒本益比
預期未來10年報酬率

單位：倍

單位：%

1881　'90　'99　1908　'17　'26　'35　'44　'53　'62　'71　'80　'89　'98　2007　'16

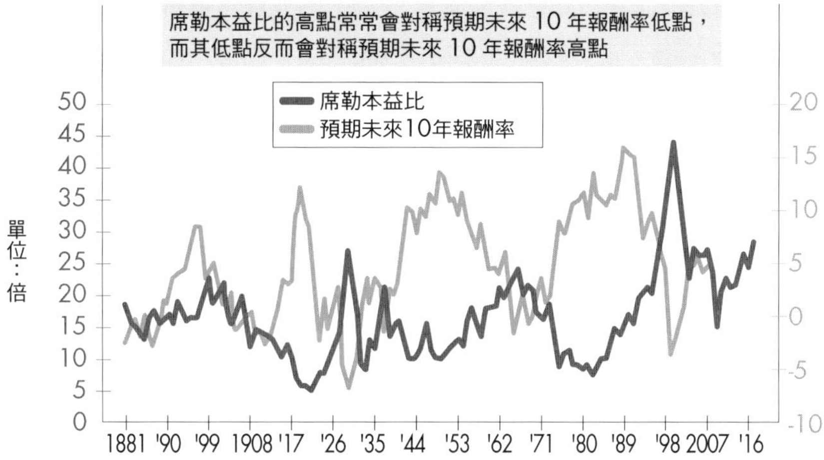

註：統計時間為 1881 年～ 2016 年　　　資料來源：begin to invest

比率就被泛稱為「巴菲特指標」。不過，因為各國在評估經濟狀況時，都習慣用 GDP（國內生產毛額）而非 GNP，所以我們參考的巴菲特指標幾乎都是用 GDP，邏輯差異不大。

目前美國和台灣的巴菲特指標已經突破 2000 年的高點（詳見圖 5）。但是和席勒本益比一樣，巴菲特指標可以用來判斷股市的評價高低，但是無法用這個指標來猜高低轉折點。

此外，巴菲特指標和席勒本益比一樣，也可以用來預測未來的年均複合報酬

率。用巴菲特指標可推估未來 8 年年均複合報酬率為 -2% ～ -3%，是負值。

當然，巴菲特指標也可以拿來看全球股市。在 2020 年底時，全球股市巴菲特指標約當等於 112% 世界 GDP，只比 2007 年的 120% 高點低一點點。

VT》利用這檔 ETF 即可了解全球股市

投資人除了利用前述的 3 指標來確認股市現況以外，也可以利用 VT 這檔 ETF 來了解全球股市。VT 是「先鋒全球股票 ETF（Vanguard Total World Stock ETF）」的美股股票代號，主要是追蹤全球股市，所以我們只要了解這一檔 ETF 的組合，大致上就可以了解全球股市的組合。同時，ETF 必須定期公告資訊，我們要找這個資料也是相對容易的。所以我現在做研究有個懶人法，就是直接去撈相關的 ETF，就可以大概了解背後的指數目前的狀況。當然，ETF 與真實指數可能還有一點點差異，ETF 有費用問題，ETF 可能無法 100% 複製，但多數情況下都很有參考價值。

首先看投資區域分布，依據 2021 年 3 月 31 日的資料，VT 有 59.8% 投資在北美（美國 57.1%、加拿大 2.7%），其次是歐洲（占 16.6%）、太平洋地區（占 12.2%），新興市場（占 11%）、中東（占 0.2%）和其他（占 0.2%，詳見圖 6）。

若再進一步細分可知，VT 投資的前 11 大國家由高至低分別為：美國

圖5 美國與台灣的巴菲特指標現已突破2000年高點

美國的巴菲特指標

註：統計時間為 1980.01.02 ～ 2021.05.13　　資料來源：財經 M 平方

台灣的巴菲特指標

註：統計時間為 2000.01.30 ～ 2021.05.07　　資料來源：財經 M 平方

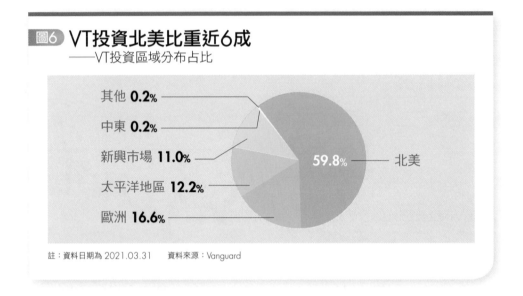

圖6 VT投資北美比重近6成
——VT投資區域分布占比

- 其他 **0.2%**
- 中東 **0.2%**
- 新興市場 **11.0%**
- 太平洋地區 **12.2%**
- 歐洲 **16.6%**
- **59.8%** —— 北美

註：資料日期為 2021.03.31　　資料來源：Vanguard

57.1%，日本 7%，中國 4.5%，英國 4.1%，加拿大 2.7%，法國 2.6%，德國 2.4%，瑞士 2.3%，澳洲 2%，台灣 2%、韓國 1.8%。

中國權重占比持續上升

由於這邊是依據股市市值來排序，所以跟 GDP 還沒有完全掛勾，且中國因為經濟成長太快和之前金融管制比較嚴格，所以權重在指數編製單位的計算還在持續提升中，預期未來中國權重會往 10%、20%的比重走。甚至更長時間後，中國股市市值超越美國也不是不可能。

最近大家會發現，台灣持續被外資調降權重，主因就是因為中國比重持續上升，其他所有國家就持續被調降了，這個趨勢還會繼續持續下去。

然後我們看更細的 VT 個股持股，第 1 名是蘋果、第 2 名是微軟（Microsoft）、第 3 名是亞馬遜（Amazon）、第 4 名是 Google 母公司 Alphabet、第 5 名是臉書（Facebook）。這邊可以看出來，全球經濟主要被這 5 大美國科技公司寡占了，相信大家的生活也離不開這 5 家公司。我個人不是果粉，所以我沒被蘋果控制；我也沒上亞馬遜網站購物，不過，我的日常生活和其他 3 家公司掛勾很深。第 6 名是台灣之光台積電、第 7 名是電動車特斯拉（Tesla）、第 8 名是巴菲特的波克夏海瑟威（Berkshire Hathaway）、第 9 名是摩根大通集團（JPMorgan Chase & Co.），第 10 名是中國騰訊。

前 10 大股票占了 VT 市值的 13.2%，但是 VT 實際上持有了 8,000 多家公司的股票。參考台灣上市櫃加起來 1,700 家左右，VT 在全球持有這麼多家公司，應該是幾乎把全球股市裡面比較重要、比較大的公司都持有了。所以說只要了解 VT，就大致能夠了解全球股市。

正確解讀分析師報告 作為買賣判斷的輔佐工具

1-7

在投資個股時，分析師報告是一項很好的輔助工具，只是讀的方式和一般大眾的認知會稍微有點不一樣（散戶常常只看結論，但我認為結論是最不重要的）。以下我會教大家該如何正確讀懂分析師的報告，主要會依據我自己的經驗，我不只是看很多報告，我自己也寫了很多報告，我覺得我的經驗應該有值得散戶學習的地方。

分析師報告只看內容和推論，不看結論

一般而言，分析師與公司之間是共生關係，分析師需要公司多給一些經營資訊，最好是講講市場還不知道的好消息或內線；公司則會希望分析師把公司的報告寫好一點，這樣對股價也有幫助。所以分析師在評價公司時，這個評等就很值得玩味。

分析師再怎麼看壞一檔股票，通常也不會將評等設到「賣出」或「強力賣出」，因為這樣很可能會得罪公司，下次就不讓你拜訪了。甚至有些公司股價大跌還會去告分析師，畢竟檢討分析師可比檢討自己的經營能力容易多了。所以當分析師對一家公司的評等只是「持有」時，可能就是不推薦你買，甚至是

不看好。真的會推薦你買的，通常是評等在「買進」，甚至是「強力買進」。

對我而言，我其實是完全不管分析師怎麼評等的，只會看內容跟推論，不看結論。看內容跟推論也只是要了解這公司最近有什麼新資訊，看完內容我就知道到底這公司能不能買了，不需要參考分析師的買賣建議。

另外，也可以從分析師的講法去理解市場怎麼看這家公司。如果你一次看很多份報告，也包含之前不同時間點的報告，你就會知道研究員在看這家公司時，重點是要看啥資訊，比如蘋果（Apple）會看它的硬體出貨量與服務業務，微軟（Microsoft）的重點在雲端業務，特斯拉（Tesla）看出貨量與現金流。

同樣的，股票的目標價也是我自己預估（目標價預估方式詳見 1-5），不會去看分析師的目標價。當然，如果有非常強的分析師，我就會稍微參考其結論，但總歸還是要自己下判斷。畢竟買賣虧錢是操盤人自己負責的，可沒辦法到時虧錢說是分析師看錯，只有爛經理人才會自己虧錢，卻把錯推給研究員。

有時候可以看到分析師目標價設定到很誇張的位置，比如說鴻海（2317）股價還在 100 元時，目標價就設在 250 元。通常外資分析師比較會這樣搞，國內券商分析師比較中規中矩。在鴻海這個案例中，國內券商分析師通常目標價先定 130 元，到價後再找個理由上修也可以。

外資分析師幹嘛這樣搞呢？一來是搞出個很誇張的目標價，可以吸引市場目

光。再來,如果你那個目標價好死不死剛好達到了,有人就會覺得你很神;反過來講,如果你標個嚇死人的目標價,然後沒達標會怎樣嗎?不會怎樣啊,每年那麼多篇報告出來,一陣子後早就沒人注意到了,誰管你當初寫啥鬼東西啊。

因此,對於外資分析師來講,這種玩法就是拗對了有好處,拗錯了損失也不大。所以下次見到這種離譜目標價時,不用太在意。而且目標價跟市價差異這麼大,某種程度也是在說市場錯得很離譜。其實多數時候市場是對的,錯得很離譜的是分析師亂給的目標價。

分析師對公司的獲利預估往往過於樂觀

通常分析師會在年底就預估隔年獲利,然後開始用隔年獲利評估目標價。那為什麼目標價常常是短期達不到的價位?因為獲利評估往往會過度樂觀,常常是分析師預估的好事沒發生,沒預估到的壞事卻發生了,然後分析師就開始下修獲利。所以我們可以看到,第一次預估時的獲利是最高數字,然後隨著時間進展,獲利持續下修(詳見圖 1)。

如果參考過去的統計資料,獲利持續下修幾乎是必然,多數年份一開始都是高估,很少出現低估的。就算是低估,低估程度也不大,倒是高估的程度往往會很大,因為負面事件是常常發生卻又評估不到的。比如 2020 年新冠肺炎(COVID-19)疫情發生,這在 2019 年絕對沒有任何分析師可以預估得到的,或是如 311 東日本大地震、911 恐攻之類的天災人禍,也沒有人能預測到,

 分析師容易高估公司獲利，與實際情況出現落差
──分析師對標普500指數全體公司EPS的估計共識

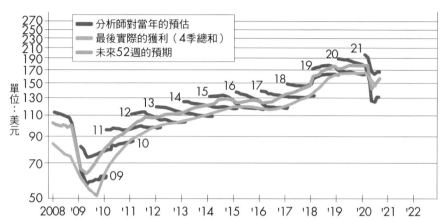

註：1. 統計時間為 2008 年～ 2022 年；2. 圖中數字表示對該年度獲利的預估，例如 09 即表示對 2009 年標普 500 指數全體公司獲利的預估，以此類推
資料來源：Edward Yardeni, Joseph Abbott（2020）,S&P 500 Earnings, Valuation & the Pandemic

再加上企業競爭也是一直都在，所以分析師預估未來有很大的盲點，從經驗上看幾乎都是高估。

我個人也一直有個印象，我持股的公司只要上新聞，多數都是壞消息，有好消息的真不那麼多。當然這個現象跟我的價值投資也有點關係，價值陷阱公司（指基本面有問題，但是股價當下看似很便宜的公司）通常是出現壞消息的機率比較高。

所以當分析師預估未來時，我們不要太當一回事，分析師不見得比你多懂多

少，他們看的利多不見得會出現，但是他們看不到的利空卻很多，這些負面事件的出現，也常讓原本的預估錯得很離譜。

另外，成長股的預估又比價值股的預估更容易犯這種錯，也因為成長股投資人常因為高估的獲利付出溢價，導致成長股投資長期而言，績效不如價值投資。稍微搜尋了一下台灣近期的論文，研究結果顯示，外資分析師並沒有判斷股價高低點與準確調整投資評等的能力（註 1），這個大致上符合我們預期。

研究員跟經理人都是市場的一部分，要打敗市場是很難的，有人贏就有人輸，即使他們（指研究員跟經理人）是投資專業，即使他們相比散戶有更多資源，也一樣很難打敗市場，所以不太會有研究員或經理人長期獲得超額報酬。也因為如此，我們不需要太看重分析師報告的結論，也不用太過在意經理人是否是推薦買進或賣出，你自己做好研究、做好判斷，絕對有機會比投資業的人做得更好。

「法人子彈多」其實是誤解

散戶除了太過相信分析師報告以外，對法人還有個誤解，那就是覺得法人子

註 1：可參考曾宜琳（2018），《分析師多年期預測與其預測能力之探討》、程正樺（2019），《在台外國分析師股票推薦準確度的實證研究》和楊螢蓁（2019），《券商分析師預測準確度及其影響因素探討》。

彈很多（指法人資金很多，可以不斷地買進股票），且外資相對內資，法人錢又會更多，所以就以為外資子彈用不完，這其實是錯誤觀念。

法人錢多這在投資上反而是反面的意義，就因為外資部位大，如果想一天買賣完，遇到流動性不足的股票就會把股票拉漲停或跌停，這會拉高自己的成本，所以是划不來的。所以法人在買的時候必須慢慢買，賣的時候也要慢慢賣，不像散戶沒幾個錢，下一張單就沒了。因為法人可以一直買或一直賣，散戶就以為法人子彈多，但法人其實是被迫這樣操作的。

我以前操盤基金，規模算很小了，大概 5 億元～ 10 億元的規模，我想買些流動性不足的金融股，如比較小的銀行股，每股股價 10 元，一天成交量幾百張都不到，換算下來就是每天成交額幾百萬元而已。我常常每天就買個基金市值的 0.1% ～ 0.2%，甚至更少，約 100 萬元以下，避免我的交易量影響到股價了。而且我還會叫交易員用 2、3 個小時的時間平均慢慢買完畢，因為你就算只買 100 張，你在很短的時間內買完，還是會影響到股價。

也因為法人持股多，買的時候就要考量流動性風險。有時候遇到利空，希望盡量在短時間內出光，遇到流動性不足就會很糗，你自己每天砍、砍到跌停，但愈晚賣光就可能損失愈大；或是反過來，個股有利多，你想趕快買足持股，你也會自己把股價拉上去。像是 2018 年就有投信滿手被動元件，要賣起來就傷腦筋了，最後，那家投信賣太慢，別家都賣光了，它們手上還很多，當年績效就被被動元件傷到了。

其實散戶也不用羨慕法人，現在零股已經可以在盤中交易了，我覺得每個散戶都可以子彈很多。當你買賣的時候，都用零股當成交易單位，你每筆金額都幾百元或幾千元。假設相對於你總投資規模 100 萬元的話，我保證你也子彈多得不得了，買很久才會買滿，賣很久才會賣光。

第2章

投資工具2》債券

2-1 透過基金或ETF 參與債券投資

前面講資本市場時有提到債券，本章將對債券做較深入的說明。債券的歷史比股票悠久，西元前 4 世紀，希臘和羅馬就出現國家向公眾借貸的情況。之後只要國家出現財政困難或戰爭，就會發行公債募資，不過那個性質比較像課稅。

12 世紀末，義大利佛羅倫斯曾向金融業募集公債，之後其他城市也學著募資。15 世紀末，發現美洲新大陸，海洋貿易蓬勃，荷蘭、英國為爭奪海外市場發動戰爭，兩國政府競相發行公債來作為戰爭花費融資。1600 年成立的荷屬東印度公司，除了有發行股票外，也有發行債券。

國家經過議會批准發行，以稅收保證來支付本金利息的現代債券型式則開始於 17 世紀的英國。美國在獨立戰爭期間（1775 年～ 1783 年），為了戰爭需要，也募集不少中期債券跟臨時債券。1930 年代以後，美國各州發行大量州際債券。1940 年代，鐵路債券發行成長，對於鐵路建設的推動有極大幫助。

債券是一種直接債務關係，即「直接金融」

債券是一種有價證券，發行人可以發行債券籌資，在約定時間支付一定利息，

到期後償還本金。債券的發行機構可以是國家、金融機構、地方政府、企業等。債券支付利息的期間依據雙方約定，可以分為年配息、半年配息、季配息，甚至可以不配息。不配息的債券，在銷售時就直接在面額上面折價，稱為「貼現債券」。

在美國，公司債面額大多為 1,000 美元；在台灣，則以面額新台幣 10 萬元最常見。然而無論債券實際面額多少，報價會以「100 元」為基本報價單位，意思是每 100 元票面金額的債券價格。

若債券票面利率等於市場利率，則債券報價為 100 元，此時稱為「平價」債券；若票面利率＜市場利率，則債券報價小於 100 元，此時稱為「折價」債券；若票面利率＞市場利率，債券報價會高於 100 元，此時稱為「溢價」債券。

債券也和股票一樣，分為「初級市場」與「次級市場」。初次發行債券的市場叫做初級市場；而初級市場發行後，用來交易債券的市場稱為次級市場。

次級市場又可依交易類型不同，分為「場內交易」與「場外交易」。場內交易有固定的交易場所和時間，且有相對嚴格的管理規定，只有交易所的會員可以在場內交易，一般投資人若想參與，必須委託證券經紀商或債券經紀人代為交易。場外交易則沒有固定的交易場所和時間，且其所流通的債券一般是沒有在債券市場上掛牌的債券；另外，場外交易的門檻比較低，無論是證券經紀人、證券經紀商或一般投資人都可以參與。

　　一般來說，持有債券的人是債權人（Creditors，為債券的權利方），是資金借出者；債券的發行者為債務人（Debtors，為債券的義務方），是資金籌資人。與銀行信貸不同的是，債券是一種直接債務關係，為直接金融（直接金融與間接金融的介紹詳見 1-1）。

　　債券本身作為證明債券債務關係的憑證，所以上面會有一些資訊說明，包含發行人、面額、年利率、到期日、息票（Coupon）。圖 1 為一張美國公債，債券上面寫明發行人為美國政府，面額 5,000 美元，有 8% 年利率（註 1），1986 年 8 月 15 日到期。公債下方還有 4 張息票券，債權人可以在配息時間到的時候，拿息票去兌換利息。

　　我們從息票上面的日期可以看到，這張債券在 1985 年和 1986 年的 2 月 15 日和 8 月 15 日各配發一次利息，一次配發 200 美元，所以算起來是每半年付息 4%（＝ 200 美元 ÷5,000 美元 ×100%）。以前的年代還沒有證券電子化，證券是實體的，現在都電子化了，不用那麼麻煩還得撕息票去領配息。

依付息方式不同，債券可分為 5 種

　　債券依付息方式不同，可分為下列 5 種：

註 1：目前（2021 年 4 月）美國 10 年期公債殖利率約 1.65% 左右而已，遠低於過去的 8%，現在的投資人大概不容易想像以前的債券高利率吧？！

圖1 1976年5000美元的8%國債
——實體美國公債

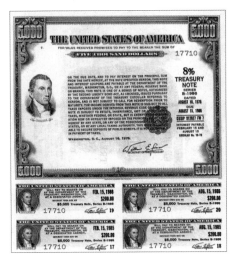

資料來源：取材自維基百科（網址：https://commons.wikimedia.org/wiki/File:1976_$5000_8%25_Treasury_Note.jpg），由 JHerbstman 提供

1.附息債券（Coupon Bonds）

　　附息債券指債券有附息票（Coupon）的債券，息票上標有利息額、支付利息的時間等內容。持有付息債券的人，可以從債券上剪下息票，並用息票換取利息。附息債券是以往的做法，現在的債券都電子化了，不需要自己剪息票去領息。

2.零息債券（Zero Coupon Bonds，也稱為Accrual Bonds）

　　零息債券指債券到期時，本金與利息一次付清，也稱為「到期付息債券」。零息債券還是有利息，只不過在持有期間不附利息，到期才一次支付。參考英

文比較可以理解，英文為零息票（Zero Coupon），但沒有息票不表示零利息，看中文反而比較會被誤導。

3.貼現債券（Discount Bonds）

貼現債券的概念相對於附息債券，指債券券面上不附有息票，但在發行時會以低於債券面值的價格發行，到期按面值支付本金的債券。貼現債券的發行價格與其面值的差額，即為債券的利息。比如說你現在買 1 年到期的美國短期國庫券（Treasury Bills，詳見補充知識），面額 100 美元，你現在可以用 99.5 美元買到，到期後你拿到 100 美元面額，那個差額 0.5 美元就是約當持有貼現債券 1 年的利息。

4.固定利率債券（Fixed Rate Bonds）

固定利率債券就是利率固定的債券，也就是不管市場利率如何，即使市場利率已經大幅下跌，債券發行人都必須償付當初所約定的固定利率，所以發行固定利率債券的發行人必須了解到此風險。

有時債券也會有可買回的附加條件，當市場利率已經降低很多，發行人就可以依約定價格提早在到期日前買回。由於此附加條件隱含利率風險，對債權人不利，所以發行人的成本應該是會上升。

當然，發行人願意發行固定利率債券，有可能是預期未來市場利率會上升或至少是持平，而債券持有人的角度跟債券發行人的角度相反，如果預期未來市

補充知識　Bills、Notes、Bonds的差異

有在看美債的人會發現，怎麼有時候中文翻譯成美債，卻有不同的英文講法，像是Bills、Notes、Bonds都很常見。三者的差別在哪？主要是債券的期限不同。

◎Treasury Bills簡寫T-Bills，是美國財政部發行的短期債券，又稱美國短期國庫券。T-Bills的期限在1年內。屬於貼現債券，到期支付票面金額。

◎Treasury Notes簡寫T-Notes，是美國財政部發行的中期債券，又稱美國國庫票券。T-Notes的期限一般為2年～10年。屬於付息債券，每半年付息一次。

◎Treasury Bonds簡寫T-Bonds，是美國財政部發行的長期債券，又稱美國國庫債券。T-Bonds的期限在10年以上。屬於付息債券，每半年付息一次。

場利率會走低或至少持平，則債券持有人會偏好固定利率債券。

5.浮動利率債券（Floating-Rate Bonds 或Notes）

　　浮動利率債券是指利率可以變動的債券，這種債券的利率會跟著市場利率浮動。通常浮動債券的利率會參考一個指標利率，然後增加固定的利率上去。相對於發行固定利率債券，願意發行浮動利率債券的發行人可能是預期未來的利率會往下走，而債券持有人的角度跟債券發行人的角度相反，如果預期未來市場利率會走高或至少持平，則債券持有人會偏好浮動利率債券。

　　台灣的定存也有類似的概念，就是機動利率與固定利率，固定利率就不會變動，機動利率會隨央行調整利率而調整，目前存機動的利率會稍高點。

　　因為多數散戶不是債券交易員，也不太可能親自下場買單一檔債券，主要會

藉由債券基金或是債券 ETF 來參與債券的投資，根本不需要自己去算債券價格。所以下面我不會講太多、太複雜的計算，說明債券的部分會以觀念解釋為主，讓大家看完可以了解債券與其特性，並知道如何依據你的投資策略與投資看法，選擇合適的債券 ETF（註 2）是本章的目標。

註 2：以債券 ETF 為主是因為和債券基金相比，它的相關交易成本較低的緣故。

2-2 影響債券價格的因子1》利率走向

影響債券價格的因子有很多，這裡主要討論債券利率和信用評等。這 2 個因子也同時對應債券的 2 個風險，即利率風險與信用風險。先來介紹利率風險，2-3 再說明信用風險。

長期債券的利率風險會高於短期債券

要了解債券的利率風險，我們必須先搞懂債券殖利率。我們在 2-1 講的利率都是票面利率，是標註在債券或息票上面的利率。但除非你是在債券發行當天用面額買到，不然你實際拿到的利率就不太可能剛好是票面利率。

也因為你不是用票面價格買到現在流通的債券，所以債券市場會依據票面利率與信用風險、到期時間，得出一個合理市價，並用這些數字推算出殖利率。而殖利率就是在目前債券市場價格下，投資人在後續持有年間實際可以取得的年化報酬率。通常投資人不需要自己去計算殖利率，網路上就可以查得到。

對投資人而言，我們去看債券價格並不夠直覺，無法光看債券價格就馬上判斷債券是貴或便宜，因為要同時看債券價格、票面利率、信用評等、到期日等

117

4 個變數，但是當我們把所有債券都算出殖利率後，便可以直接用殖利率簡單比較了。簡單舉例給大家看，為了方便說明，2 個案例都是政府債券，信用評等一樣，且皆為永續債券、沒有到期日。

案例 1》 假設政府債券 A 的票面價格 100 元，票面利率 2%，1 年期市場利率 1%。因為票面利率高於市場利率，所以現在市場價格高達 200 元，以反映票面利率較高。政府債券 A 的殖利率為 1%（＝ 2 元利息（100 元 ×2%）÷200 元債券市價 ×100%）。所以對政府債券 A 來說，票面利率 2%，殖利率為 1%。

案例 2》 假設政府債券 B 的票面價格 100 元，票面利率 0.5%，1 年期市場利率 1%。因為票面利率低於市場利率，所以現在市場價格只剩 50 元，以反映票面利率較低。政府債券 B 的殖利率為 1%（＝ 0.5 元利息（100 元 ×0.5%）÷50 元債券市價 ×100%）。所以對政府債券 B 來說，票面利率 0.5%，殖利率為 1%。

從這 2 個案例可以看到，不管你發行票面利率高或低都沒關係，市場會把債券價格調整，最後得到相同的殖利率，這個殖利率也會跟市場利率連動，所以你不用管債券價格、票面利率，你只需要參考殖利率即可。

了解殖利率的概念後，可以繼續往下探討。債券在發行之後，價格就會持續變動，這個價格變動會隨著市場利率而調整。因為債券的票面利率固定，如果

市場利率走升，債券價格會下跌，讓殖利率上升以跟上市場利率，這樣才會有人願意買次級市場的票面利率較低的債券；反之，市場利率走跌，則債券價格會上漲，債券殖利率會下跌。

所以我們要了解債券的第一個價格影響因子，就是殖利率走向與債券價格反向。市場利率升，債券跌價，殖利率上升；市場利率跌，債券漲價，殖利率下跌。也就是說，殖利率會和市場利率同向連動。

長期債券的利率風險又會高於短期債券，假設市場利率上漲 1%，那麼公債的價格跌幅依不同到期時間排序的話（此處以公債作為參考），會是 30 年期公債 > 20 年期公債 > 10 年期公債 > 2 年期公債；反之，如果市場利率下跌，則是長期公債價格漲幅會高於短期公債。後面提到存續期間時，會更詳細解說到期時間長短對價格的影響性。

當通膨率上升，債券價格則會下跌

除了市場利率變動會影響債券價格以外，通貨膨脹（簡稱通膨）也會對債券帶來影響。如果通膨上升，現金的購買力會下降，由於債券只有固定的配息跟本金償還，也會損失購買力，所以通膨率上升時，投資人就會希望市場利率提高來彌補購買力的損失，這時債券就得提高債券殖利率（債券價格下跌）來補償債券投資人的購買力損失；反之，如果通膨率下降，市場利率會下降，債券殖利率也會下降（債券價格上漲）。

從上述推論可知，通膨率跟利率有明顯正相關性。我們參考 1962 年以來的美國通膨率與 10 年期公債殖利率走勢也可以看出，兩者是同方向的（詳見圖 1）。通膨率上升時，美國 10 年期公債殖利率也會上升；反之，通膨率下降，美國 10 年期公債殖利率也會下降。

從波動性來看，美國 10 年期公債殖利率的波動性比通膨率的波動性小。原則上，債券殖利率會高於通膨率，以確保債券投資人的收益率會高於通膨對購買力的減損。不過美國大概從 1980 年開始，市場利率與通膨率就一直走低了。而 1980 年代以來，美國股市的大多頭，也跟這個脫不了關係。1980 年～2000 年、2009 年～ 2021 年，美國股市分別走了 2 個股市大多頭，很大一部分就是市場利率走低的貢獻。

目前（2021 年）市場是比較異常的，各主要國家（美國、日本、歐洲）的公債殖利率幾乎都低於通膨率。而且要注意，實際上，通膨率與市場利率不是一定同向，短期（1 年內）市場利率主要是控制在央行手上，如果央行不升息，那麼即使通膨率很高，市場短期利率也不見得可以漲多少。但是長期（5 年以上）市場利率跟通膨預期相關性比較大，比較會是本段講解的那個正向相關關係（通膨率預期提高的時候，長期債券殖利率上升）。

實質殖利率比名目殖利率更重要

前面講的債券殖利率為名目殖利率，名目殖利率減通膨率稱為實質殖利率。

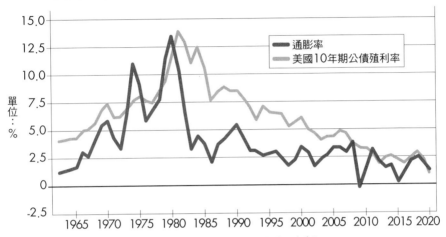

圖1 美國10年期公債殖利率和通膨率走勢同向
── 美國10年期公債殖利率與通膨率變化

註：統計時間為 1962.05.26 ～ 2020.01.01　　資料來源：FRED，BLS，Board of Governors

不同國家的公債，會有不同的殖利率，但不是殖利率高的公債就比較好，因為每個國家的通膨率都不同，我們必須要算出實質殖利率才可以比較不同公債的真實利率差異。

　　台灣投資人很喜歡買高利率的貨幣，如澳幣、南非幣等，但是卻忽略通膨率的不同，其他國家的貨幣長期通膨率往往導致匯率持續的貶值，所以最後投資人賺到利率虧到匯率，整體算下來還不見得賺錢。

　　參考表1，如果你光看1年期定存利率，你可能會選到南非幣。但如果你多

考量了通膨，你會發現新台幣定存才是實質殖利率最高的，這也是新台幣匯率近年很強的原因之一。

假設公債都沒有信用風險（相關介紹詳見 2-3），只有利率風險，我們主要就只需要判斷實質殖利率來考量這些公債債券的選擇。當然，有些新興市場國家的公債是有信用風險的，這點務必注意。

債券存續期間愈長，對利率變化就愈敏感

除了市場利率和通膨的影響之外，到期時間（Term to Maturity）和存續期間（Duration）也是購買債券時，需要注意的因子。到期時間是指債券還剩多少時間到期，例如 1 張 10 年期的債券，剛發行時是 10 年後到期，但是在發行後 1 年，到期時間就剩 9 年；而存續期間則是一個拿來參考的數字，它的單位雖然是年，但實際的意義卻跟年數沒有直接關係。簡單來想，可以把存續期間當成債券還本息的平均年數。

以最簡單的零息債券來計算，到期才還本，所以到期時間等於存續期間，但是多數債券都有配息，所以配息債券的存續期間會小於到期時間。基本上，若債券的到期時間愈長、票面利率愈低、到期殖利率愈低，則它的存續期間就愈長，對利率的敏感度愈高（詳見圖 2）。

知道存續期間可以讓我們了解，債券價格相對利率變動的敏感度。假如存續

表1 新台幣實質殖利率為0.2%，遠高於其他外幣
——新台幣vs.美元vs.澳幣vs.南非幣

項目	新台幣	美元	澳幣	南非幣
1年期定存利率（%）	0.80	0.35	0.20	2.80
通膨率（%）	0.60	1.30	1.10	3.50
實質殖利率（%）	0.20	-0.95	-0.90	-0.70

註：1. 資料時間為 2021 年 2 月；2. 通膨率是採近 2 年平均通膨年增率；3. 實質利率＝1 年期定存利率－通膨率；4. 澳幣以往定存利率不低，由於近年原物料沒那麼火熱，利率就降了　　資料來源：各銀行統計資料、行政院主計總處

期間為 5 年，則市場利率上升 1%，債券價格可能會跌 5% 左右；反之，當市場利率下跌 1%，債券價格會上升 5% 左右。所以當你認為市場利率會下降時，可以買存續期間較長的債券；反之，當你認為市場利率會上升時，應該買存續期間比較短的債券，這樣債券價格下跌風險比較低（註1）。

現在市場利率很低，新發行債券的票面利率也跟著降低，債券的利率敏感度非常高。萬一利率往上走，債券會面臨巨大風險，如果你這時又持有長期債券，那存續期間更長，風險又會更大。

除了利率風險之外，投資人也要留意再投資風險。再投資風險是指當你收到利息、持有的債券到期收到本金，或是債券還沒到期就賣出債券後，你用新增

註 1：網路上有時會看到修正存續期間（Modified Duration），修正存續期間等於「存續期間 ÷（1＋到期殖利率（YTM））」。但因為現在到期殖利率都很接近 0% ～ 1%，所以目前存續期間跟修正存續期間沒有啥差異。

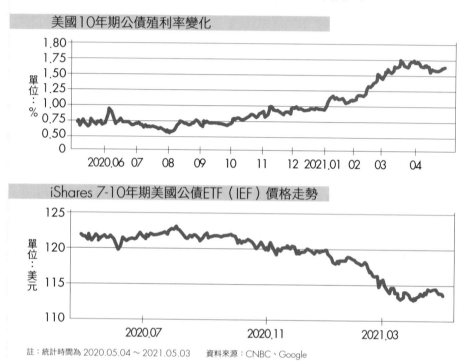

圖2 長期債券價格對利率上升的敏感度較大

美國10年期公債殖利率變化

iShares 7-10年期美國公債ETF（IEF）價格走勢

註：統計時間為 2020.05.04 ～ 2021.05.03　　資料來源：CNBC、Google

資金所買的債券，其收益率比原本持有的收益率低。比如說你 20、30 年前買的債券殖利率高達 5%，但你現在（2021 年 4 月）已經找不到這麼高殖利率的債券，你只能買到殖利率 1.65% 左右的 10 年債，這就是再投資風險。所以說再投資風險，也是一個利率風險的問題。

從定義來看，我們可以了解，債券到期時間愈長，票面利率愈高，再投資風

我們將期限差不多的公債殖利率和債券 ETF 擺在一起觀察可以看出，最近 1 年，美國 10 年期和 30 年期的公債殖利率都上漲約 0.9%，但 iShares 7-10 年期美國公債 ETF（IEF）的價格下跌 6.5%、iShares 20 年期以上美國公債 ETF（TLT）的價格下跌 15%，顯示長期債券價格明顯對利率上升的敏感度較大

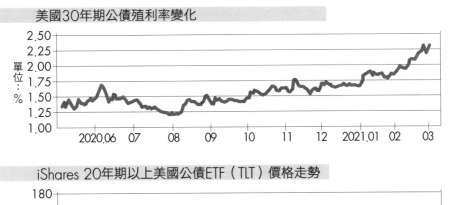

美國30年期公債殖利率變化

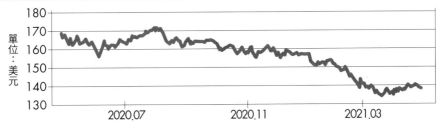

iShares 20年期以上美國公債ETF（TLT）價格走勢

險會愈高。「債券到期時間長，再投資風險高」是因為債券到期時間愈長，殖利率愈可能跟之前的差異更大；「債券票面利率高，再投資風險高」是因為每期領到的利息愈多，你有更多的資金要考慮再投資。

不過，在目前的市況下，市場利率已經非常低，未來要低於目前利率的機會也不高了，所以目前的再投資風險不高。

高收益債最大風險來源是信用風險

　　一般情況下，如果市場投資人開始風險趨避，資金轉向低風險的公債，逃離高風險的高收益債，則公債價格會上漲，高收益債價格會下跌；反之，如果市場不擔心風險，資金離開低風險的公債，轉向高風險的高收益債，則公債價格會下跌，高收益債價格會上漲。

　　參考 2020 年 3 月新冠肺炎（COVID-19）疫情時，市場趨避風險，公債大漲，高收益債大跌，2 種債券的價格走勢還相反（詳見圖 3）。高收益債被市場當成是風險資產，公債被當成避險資產。但是近期公債大跌反映市場利率上升，高收益債因為殖利率本來就比較高，反而比較不受市場利率上升影響。

　　因為公債的殖利率比較低，存續期間長，所以市場利率上升時，公債價格下跌會更多。參考近期 iShares 20 年期以上美國公債 ETF（TLT）與 iShares 全球高收益公司債券 ETF（HYG）可發現，TLT 價格大跌，HYG 卻沒什麼受到長期市場利率上升的影響（註 2）。

　　但是也不要覺得高收益債利率風險低就更值得持有，因為高收益債最大風險

註 2：2020 年 7 月 26 日 TLT 的收盤價為 171 美元、HYG 為 85.39 美元；2021 年 3 月 14 日 TLT 的收盤價 134.75 美元、HYG 為 86.06 美元。相同時間下，TLT 價格下跌 21%，HYG 還微漲 0.8%。

疫情影響下，公債ETF和高收益債ETF走勢相反

——近2年美國公債ETF vs.高收益債ETF

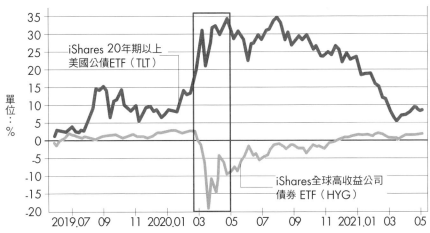

註：1. 統計時間為 2019.05.06 ～ 2021.04.26；2. 縱軸的百分比是根據圖表時間軸的移動平均線，使用百分比的變更比率　　資料來源：Yahoo! Finance

來源其實是信用風險，如果景氣反轉向下，大家就會開始體會到高收益債的另外一個名稱「垃圾債券」的緣由。

　　所以高收益債的利率風險還是有的，只是在通膨還沒真的上來的情況下，短期的利率風險比較低，長期的利率上漲現在反映的是通膨預期而不是短期的實際通膨，高收益債也因為殖利率比較高，在面對利率風險時，相對公債，對高收益債債券價格的負面影響比較小。

影響債券價格的因子2》信用評等

（2-3）

通常散戶在購買債券 ETF 時，利率往往是最先考量，所以我常看到散戶買到信用風險高，但利率較高的高收益債（註 1）。不過債務人償還本金或給付利息並非是完全沒風險，一定拿得到的，債權人可能會收到利息卻收不到最後的本金，更嚴重點連利息都收不到，所以我們需要評等機構幫債券購買人確認債券違約的信用風險（Credit Risk）。信用風險也叫做違約風險（Default Risk），債券在約定時間到了還無法償付利息或本金，都叫做違約。除了這種狀況，企業申請破產、清算及企業債重組或置換，也算違約。

債券違約非常嚴重，因為市場會對發行人的信用失去信心，國家或企業違約後，未來想在市場融資就非常困難了。通常搞到違約都是很嚴重、很大條的財務狀況，也可能離公司破產清算很近了，所以債券發行人沒到不得已的關頭是不會違約的。

債券信用評等愈低，殖利率愈高

一般來說，在票面利率相同的情況下，信用風險愈高的債券，價格會愈低。也就是說，低信用評等的債券，殖利率較高，以彌補投資人冒更高的信用風險。

表1 評等在BBB（Baa）以上的為投資等級債
——3大信評公司債券評級分數對照

債券分類	標準普爾	惠譽國際	穆迪	評等定義
投資等級債	AAA		Aaa	最高信用品質
	AA+、AA、AA-		Aa1、Aa2、Aa3	極高信用品質
	A+、A、A-		A1、A2、A3	高的信用品質
	BBB+、BBB、BBB-		Baa1、Baa2、Baa3	良好的信用品質
高收益債（垃圾債、非投資等級債）	BB+、BB、BB-		Ba1、Ba2、Ba3	投機級
	B+、B、B-		B1、B2、B3	高度投機
	CCC+、CCC、CCC-		Caa1、Caa2、Caa3	信用風險高
	CC		Ca	信用風險很高
	C		C	信用風險極高

資料來源：標準普爾、惠譽國際、穆迪

　　信用評等是用來判斷公司信貸違約風險的大小，目前全球主要有 3 大信用評等機構：標準普爾（Standard & Poor's，S&P）、穆迪（Moody's）和惠譽國際（Fitch Ratings）（註 2）。

　　三者都將債券評等分為 9 級，其中標準普爾和惠譽國際的分級方式相同，都是從 AAA 到 C，穆迪則是從 Aaa 到 C（詳見表 1）。

註 1：我也常看到散戶買到期日很久的公債，散戶這時有注意信用風險，所以買不會違約的公債，但卻忽略了長期公債的利率風險，因為現在市場利率極低，所以利率往上的風險不小。

註 2：台灣有一家信用評等機構——中華信評，但投資人多數時候仍是看到 3 大信評機構的評級，因為全球的債券多數是此 3 大信評機構評的。

主要是大家要了解，無論是標準普爾、穆迪或惠譽國際，A 級的評級都是最高、B 級次之、C 級最低。另外，字數多的評級比較高，例如 AAA（Aaa）的評級比 AA（Aa1）高，而 AA（Aa1）的評級又比 A（A1）高。

依照信用評等高低，債券可分為 3 大類

依據信用評等來區分，債券主要分 3 大類：公債、投資等級債和高收益債。

類型1》公債（信用評等最高）

公債是由各國政府所發行的債券，因為政府可以自己印鈔票，基本上比較不會有違約問題，所以信用評等在三者之中最高。多數已開發國家的公債都可以當成無風險債券，但是有些新興市場國家的政府信用不佳，且其發行的公債可能不是以當地貨幣計價，還是有信用風險。

類型2》投資等級債（信用評等次之）

投資等級債是由優秀企業所發行的債券，信用評等僅次於公債，評等等級在 BBB- 或 Baa3（含）以上。好的公司獲利能力強，現金狀況佳，若發行債券，通常不會違約。比如蘋果（Apple）、台積電（2330）、中華電（2412）等公司，這些公司雖然沒辦法自己印鈔還錢，但是因為經營穩定，現金流強勁，投資人也比較不會擔心信用風險。

類型3》高收益債（信用評等最低）

　　高收益債又稱垃圾債或非投資等級債，是指信用評等在 BB+ 或 Ba1（含）以下的公司債。若是高收益債的評級掉到 CCC 或 Caa（含）以下，信用風險就很高了。例如發債公司因為經營狀況不好，或是剛好遇到景氣低迷時，該付利息或本金的時候給不出來了，投資人有損失利息甚至本金的風險。所以高收益債的殖利率必須高於公債和投資等級債，才能吸引投資人購買。

短期債券的信用利差大多會比長期債券低

　　信用利差又叫「風險貼水（Risk Premium，註 3）」，是債券殖利率與該國公債之間的差額。假定到期時間一樣，公司債與公債就差在信用風險不同，這導致投資人要求不同的利率作為信用風險的補償。

　　一般而言，短期債券的信用利差會比長期債券來得低。此外，信用評等愈高的公司債券，信用風險較低，信用利差較小；信用評等愈差的公司債券，信用風險較高，信用利差較大。

　　圖 1 讓大家參考近期 ICE BofA 的美國高收益債信用利差，與美國投資債信用利差。從圖中可以看到，近期信用利差飆高的那一段時間就是 2020 年 3 月、

註 3：信用利差是指「非公債」和「公債」之間的利率差異，其他像是投資等級債和高收益債殖利率差異（不是以公債殖利率為基準），以及長短期公債之間的殖利率差異（這是到期日導致的利差不同，而非信用），都不屬於此類。

4 月新冠肺炎疫情（COVID-19）風險擴散的時候。非公債在市場風險意識飆高時，信用利差也會飆高，因為市場會預期景氣不好的情況下，非公債的違約率會提高。

這邊是以美國債券為案例，美國公債會被市場認為信用風險為零。但是如果是新興市場的公債，信用利差就不見得可以這樣用（把新興市場公債殖利率當基準），因為新興市場公債的風險很高，其大企業的信用風險甚至有可能會比新興市場國家債券低。

一般而言，我們會把先進國家的國債殖利率當成無風險利率（註 4），像是我們認為美國公債的殖利率就是無風險利率。也因為這些債券不會損失本金，無信用風險，所以它的殖利率會比其他有信用風險的債券更低，然後隨著風險的提高，投資人要求的殖利率也上升。例如在同樣期間下，美國公債殖利率為 0.5%，這個 0.5% 就是這個期間的無風險利率。信用風險比美國公債稍高的全球投資級公司債，殖利率為 1.6%；信用風險更高的新興市場主權債，殖利率為 4%；信用風險又更高的全球高收益債，殖利率為 6%（詳見圖 2）。

債券的信評愈低，違約機率就愈高

此外，就標準普爾近 40 年（1981 年～ 2019 年）的評等資料來看，如果

註 4：無風險利率指資金投資在沒有本金損失風險的地方，而能得到的利率。

圖1 受新冠肺炎疫情影響，公司債的信用利差飆高

ICE BofA美國高收益債信用利差

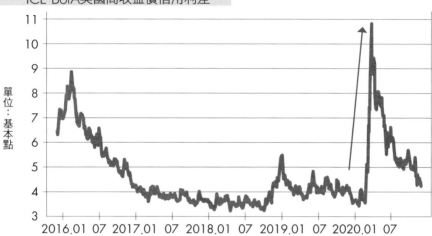

ICE BofA美國投資等級債信用利差

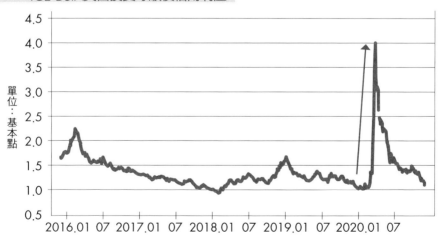

註：統計時間為 2015.12.01 ～ 2020.12.01   資料來源：ICE Data Indices, LLC, FRED

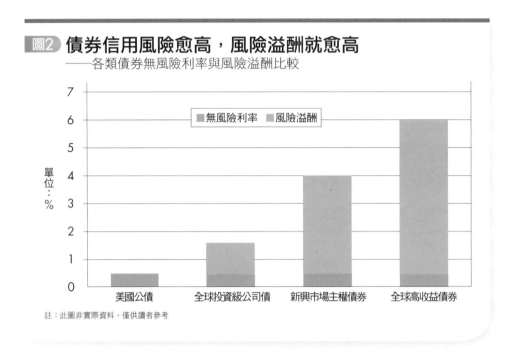

圖2 **債券信用風險愈高,風險溢酬就愈高**
——各類債券無風險利率與風險溢酬比較

註:此圖非實際資料,僅供讀者參考

將各種不同評等的債券統統持有到 15 年,它們的違約率各自如何?基本上,債券的信評愈低,違約機率就愈高。

就投資等級債來說,違約機率都不算太高,其中 A 級的違約率約 0.91% ~ 1.83%,BBB 級約 3.26% ~ 6.97%。但高收益債就不一樣了,違約率隨信評下降大幅飆高,例如 BB 級的違約率約 8.93% ~ 19.63%,B 級約 24.7% ~ 34.4%,C 級就像是丟硬幣了,有約 1/2 機率會違約(詳見表 2)。

不過,信評機構給的建議一定可信嗎?2008 年金融海嘯時,信評機構在對

表2 A級債券的違約機率為0.91%～1.83%
——1981年～2019年全球企業平均累計違約率

標準普爾 債券評等	AAA	AA+	AA	AA-	A+	A	A-	BBB+	BBB	BBB-
投資15年的 違約機率（%）	0.91	0.74	1.25	0.87	1.76	2.02	1.83	3.26	4.24	6.97
標準普爾 債券評等	BB+	BB	BB-	B+	B	B-	CCC/ C	—		
投資15年的 違約機率（%）	8.93	12.98	19.63	24.70	26.00	34.40	52.59	—		

註：CCC/C 包含 CCC+、CCC、CCC-、CC、C 共 5 個等級　　資料來源：標準普爾

結構型商品（註 5）評等出現錯誤，且信評機構似乎與這些結構商品發行機構有利益關係，導致高評等的商品最後仍大量違約。所以我們在參考信評機構的評等時，仍然需要了解，信評機構對這種新商品的了解有多少、信評機構是否與發行機構有利益關係等，以免判斷發生偏頗。

　　但就實務來說，針對債券的評等比較單純，且信評機構對於債券也很熟悉，債券這邊的評等大概比較沒問題。我們需要多去看跟確認的是，複雜的新金融衍生性商品的評等，不過，我覺得如果你不懂，那就最好不要買了。全世界的商品已經夠多讓你買，沒必要玩到複雜的衍生性金融商品。就像是我們吃東西，

註 5：結構型商品（Structured Notes）是指透過財務工程技術，拆解或組合衍生性金融商品（如股票、指數、利率、貨幣、基金、商品及信用等）搭配零息票券的方式去組合成各種報酬與風險型態的商品。

吃食物原型最健康，等你吃到加工產品，你根本都不知道這東西原型是啥？混了什麼東西？添加了多少東西？這時候你的風險就高了。

此外，信用評等不是固定的，會隨著發行人的財務狀況而變動。以國家來講，假設國家持續赤字，負債累累，大家就會對這個國家未來的償債能力信心下降，信用評等機構就可能會調降國債的評等。對企業債來講，假設企業競爭力變弱、現金流走弱、負債太多、負債比重高，也會讓其評等下降；反之，國家或企業的財務狀況好轉，信用評等就會提升。

從圖 3 中可以看到，已開發國家如美國、歐洲、日本等，是信用評等高的國家，信評多在 A 以上，而其他開發中的國家除了中國信評比較高（信評為 A）之外，多數開發中國家的信評就多在 BBB 以下了（註6）。

影響債券回收率的 4 項因子

債券和股票比，肯定是優先償還的。但是債券與債券間，也還有償還順序的差異。穆迪將公司債券劃分為 5 個主要類別，分別為「優先級有擔保債券、優先級無擔保債券、高級次級債券、次級債券和初級次級債券」。按照發行人加權計算的話，上述 5 類債券在 1982 年至 2014 年間的平均回收率（Recovery Rate）介於 24.7% ～ 52.8% 之間。

註6：各國公債信用評等可參考：countryeconomy.com/ratings。

圖3 已開發國家的信用評等優於開發中國家
──各國／地區的標準普爾信用評等

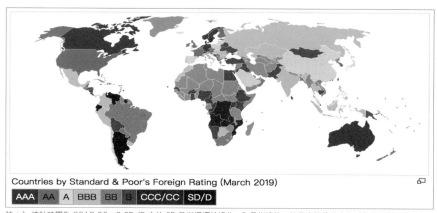

Countries by Standard & Poor's Foreign Rating (March 2019)

AAA AA A BBB BB B CCC/CC SD/D

註：1. 統計時間為 2019.03；2.SD/D 中的 SD 是指選擇性違約、D 是指違約，皆代表該債務人無法如期履行一項或多項
　　債務（無論是否接受評等）
資料來源：取材自維基百科（網址：https://en.wikipedia.org/wiki/File:Countries_by_Standard_%26_Poor%27s_
　　Foreign_Rating.png），由 Norvikk 提供，CC BY-SA 4.0（網址：https://creativecommons.org/licenses/
　　by/4.0/deed.zh_TW）

　　什麼是回收率？回收率是指當公司被清算時，債權人可以回收欠債者拖欠之欠款的百分比。公式如下：

回收率＝回收金額 ÷ 債券面額 ＊×100%
（＊實務上也有人用「債券面額＋利息」作為分母）

　　債務違約後，並不是債券價值完全歸零。當發債公司被清算時，還會有些殘值，債權人相對股東有比較優先的權利分配殘值。假設債券面額 1,000 萬元，公司違約且清算後，債權人拿回 500 萬元，則回收率就是 50%（＝ 500 萬元 ÷1,000 萬元 ×100%）。

歷史上，公司債回收率如何呢？參考信評公司穆迪的資料，1982 年～ 2014 年間，所有公司債的年度回收率約在 20% ～ 60% 的區間，波動很大。

影響回收率高低的 4 項因子：

1.**整體經濟狀況**：整體經濟如果愈差，回收率就會跟著降低。比如網路泡沫破裂的 2000 年、2001 年，以及金融海嘯的 2008 年及之後的 2009 年，回收率就在低檔的 20% ～ 35% 間。其他經濟比較好的年份，回收率大致上都可以超過 40%。

2.**行業影響**：不同的行業有不同的違約率也有不同的回收率。

3.**債券發行時的企業狀況**：如公司規模、負債比重等。

4.**債券自身的特性**：如債券期限、票面利率，是否有投資限制、融資限制等條款。

回收率數據大部分時候你是用不到的，但是假設你真的遇到很不妙的情況，手上債券可能會違約時，你去參考一下歷史回收率數字，你至少知道違約後還可以拿回多少本金，有個心理準備。

觀察債券殖利率曲線 是否出現「倒掛」現象

2-4

不同債券到期日有不同的殖利率，債券到期日與殖利率的關係可以畫出一條線，稱為「殖利率曲線」。因為到期日愈長，債權人持有的風險也愈高，我們就會希望用更高的殖利率來補償多冒的時間風險。所以理論上，債券的到期時間愈長，殖利率會愈高，殖利率曲線會是正斜率（詳見圖 1）。

長期債券殖利率低於短期債券為異常情況

若將長期債券和短期債券的殖利率畫在一起，正常情況下，短期債券的殖利率會低於長期債券殖利率。但是實際上，殖利率曲線有可能「倒掛」，也就是說，長期債券的殖利率比短期債券殖利率還低。

以美國國庫券來說，2019 年年初，殖利率曲線還稍微有正斜率，到了 8 月時，短天期債券變成前段負斜率，到更長期的 20 年期、30 年期，殖利率曲線才轉正（詳見圖 2）。

由於美國作為全球最強經濟體，美國公債被市場定錨為是相對沒有風險的投資標的，因此其殖利率可被視為是無風險利率。通常來說，短天期的公債殖利

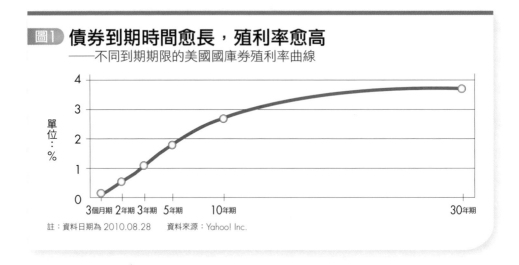

圖1 債券到期時間愈長，殖利率愈高
——不同到期期限的美國國庫券殖利率曲線

單位：%

3個月期　2年期　3年期　5年期　10年期　30年期

註：資料日期為 2010.08.28　　資料來源：Yahoo! Inc.

率會受到利率政策影響（央行升降息）較為明顯，而長天期的公債殖利率除了受利率政策影響外，因持有期間較長，也會受到景氣、通膨等影響，因此我們可以將長短天期利率定義為：

1. 美國 10 年期（長天期）公債殖利率： 主要反映美國景氣與通膨預期。
2. 美國 2 年期（短天期）公債殖利率： 主要反映美國利率決策。

參考一個常用的訊號，美國 10 年期公債（簡稱 10 年債）殖利率和美國 2 年期公債（簡稱 2 年債）殖利率的利差。

正常來講，10 年債殖利率要高於 2 年債殖利率，如果 10 年債殖利率低於 2 年債殖利率，也就是出現殖利率倒掛時，通常表示出現異常情況（詳見圖 3）。

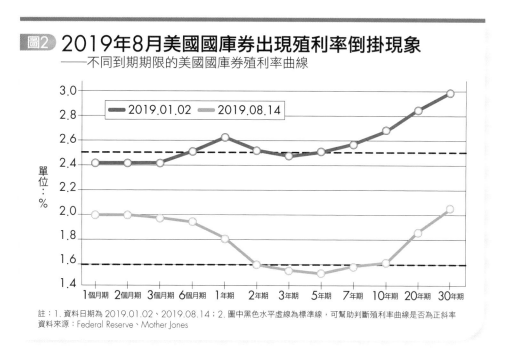

圖2 2019年8月美國國庫券出現殖利率倒掛現象
——不同到期期限的美國國庫券殖利率曲線

註：1. 資料日期為 2019.01.02、2019.08.14；2. 圖中黑色水平虛線為標準線，可幫助判斷殖利率曲線是否為正斜率
資料來源：Federal Reserve、Mother Jones

殖利率倒掛可作為經濟衰退訊號的參考之一

加拿大經濟學家哈維（Campbell Harvey）於 1986 年發表論文，指出美債殖利率倒掛後 12 個～ 18 個月，美國經濟可能會步入衰退。其後 1990 年、2000 年、2007 年美債出現 3 次殖利率倒掛，確實準確預告之後的經濟衰退。

而美國舊金山聯準會（Fed）則是用 3 個月國庫券殖利率和 10 年期公債殖利率倒掛，判斷未來 12 個月美國經濟是否陷入衰退（註 1）。統計 1960 年代以來，3 個月國庫券和 10 年期公債殖利率呈現倒掛共 8 次，其中 7 次出現

之經濟衰退倒掛天數至少持續 55 天以上，且殖利率倒掛並不會立即景氣衰退，平均領先約 11 個月。但是研判景氣是否進入衰退的指標不是只參考殖利率倒掛，經濟學家同時會參考公司債利差、股市表現、就業市場數據等作為參考。

長短期債券殖利率利差為何會是負數？這是因為景氣末段的時候，央行面臨經濟過熱、通膨上升時，必須升息遏止，而央行升息會使得短期債券殖利率上升；但是長期債券在景氣末段時，它的殖利率上漲並不明顯。此消彼漲下，短期殖利率就高過長期殖利率。

等到景氣進入衰退期，央行回到寬鬆的貨幣政策，央行降息使得短期殖利率開始下降，於是慢慢開始恢復為長期殖利率高於短期殖利率的正常曲線。從過去的數據來看，景氣衰退期 3 個月的國庫券短期殖利率下降 3%，10 年債殖利率平均只下降 0.6%。

一般而言，短期公債殖利率受到央行利率政策影響比較大，影響長期公債殖利率的因子更多，像是對未來的通膨預期、景氣看法都會影響到長期的殖利率。

目前（2021 年第 1 季）長短期公債殖利率利差仍在往上爬升，因為長期債券殖利率反映通膨預期在提高，短期債券殖利率則因為央行持續寬鬆而升不上

註 1：其實就我看來，你想用 10 年債殖利率和 2 年債殖利率是否倒掛，或者 3 個月國庫券殖利率和 10 年債殖利率是否倒掛來判斷都可以，兩者差別不大。

圖3 若出現長短期債券殖利率倒掛現象，經濟恐將衰退

——美國10年期公債殖利率減去美國2年期公債殖利率的利差

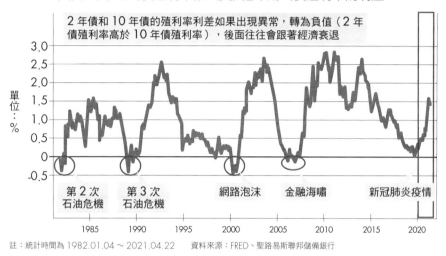

2年債和10年債的殖利率利差如果出現異常，轉為負值（2年債殖利率高於10年債殖利率），後面往往會跟著經濟衰退

單位：%

第2次石油危機　　第3次石油危機　　網路泡沫　　金融海嘯　　新冠肺炎疫情

註：統計時間為 1982.01.04 ～ 2021.04.22　　資料來源：FRED、聖路易斯聯邦儲備銀行

去（註2）。不過因為去年（2020年）新冠肺炎（COVID-19）疫情已經歷過短暫衰退，我們不太能從圖3去預測後面是經濟復甦或持續衰退。

註2：長短期公債殖利率利差擴大的原因有2種，除了內文提到的美國長期公債殖利率升高速度快於短期公債殖利率升高速度以外，也有可能是短期公債殖利率下降速度快於長期公債殖利率下降速度，要看實際情況才能知曉。

143

抗通膨債券》利用殖利率差算出市場通膨預期

2-5

除了一般的常見債券之外，還有一些特殊的債券讀者最好也懂，例如抗通膨債券（Treasury Inflation-Protected Securities，TIPS）和可轉債。了解抗通膨債券可以讓你知道市場的通膨預期是多少；認識可轉債則有機會發掘更多投資機會。先介紹抗通膨債券，2-6 再介紹可轉債。

抗通膨債券以 CPI 為參考指標

為什麼會有抗通膨債券？因為債券持有人會擔心通膨侵蝕債券價值，於是就有一個商品被發明出來，那就是「抗通膨債券」。如果債券可以彌補通膨的風險，那麼大家不就會更有興趣購買？！

抗通膨債券的「本金」會跟通膨率連動，通膨上升，本金就增加，利息計算也會用通膨調整後的本金來計算，所以當通膨上升，每期收到的利息也會增加。而且抗通膨債券到期時，政府保證本金跟面額兩者中的高者還本金，所以不用擔心當通膨沒增加，反而縮減時，本金會縮水（詳見表 1）。

目前所有抗通膨債券皆無實體憑證，最低面額為「100 美元」，到期時間有

表1 美國抗通膨債券的價值會隨CPI變動而調整
——美國抗通膨債券範例

年	面額 （美元）	CPI* （%）	調整價格 （美元）	新價值 （美元）	實際利率 （%）	利息 （美元）
1	1,000.00	2.4	24.00	1,024.00	3	30.72
2	1,024.00	2.0	20.48	1,044.48	3	31.33
3	1,044.48	2.6	27.16	1,071.64	3	32.15

註：1.* 為未經季節調整的都市消費者物價指數（CPI）；2. 美國政府發行的抗通膨債券，每6個月會根據實質利率發放利息；3. 此為歷史案例，僅供讀者參考
資料來源：BlackRock、MoneyDJ

5年、10年、20年和30年，每半年付息一次。抗通膨債券的通膨率，會以政府單位計算出來的消費者物價指數（Consumer Pricing Index，CPI）作為參考指標。為什麼政府會願意發行抗通膨債券？有3個原因：

1. **降低舉債成本**：抗通膨債券沒有通膨的風險溢酬，所以理論上應該可以降低發債的成本。

2. **傳達穩定通膨的訊號**：願意發行抗通膨債券的國家，市場會認為政府會比較有意願控制通膨（註1）。如此，有機會壓低借貸成本跟名目利率。

3. **對政府而言，發行抗通膨債券有稅收與支付負債自動平衡的功用**：當通膨上升，政府稅收也會增加，發行抗通膨債券時，應支付的債券本金利息也增加，

註1：目前主要是美國有在發行抗通膨債券，其他的我沒看到。

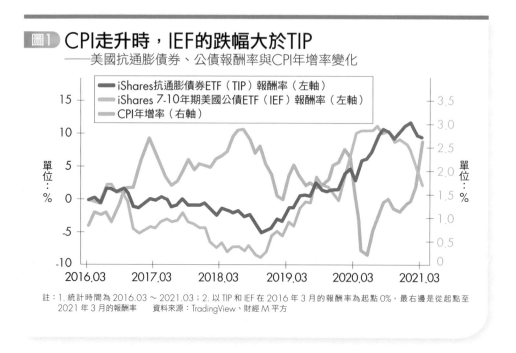

圖1 **CPI走升時，IEF的跌幅大於TIP**
——美國抗通膨債券、公債報酬率與CPI年增率變化

- iShares抗通膨債券ETF（TIP）報酬率（左軸）
- iShares 7-10年期美國公債ETF（IEF）報酬率（左軸）
- CPI年增率（右軸）

註：1.統計時間為 2016.03 ～ 2021.03；2.以 TIP 和 IEF 在 2016 年 3 月的報酬率為起點 0%，最右邊是從起點至 2021 年 3 月的報酬率　　資料來源：TradingView、財經 M 平方

這時多出來的債務剛好被多收到的稅抵銷。

預期未來通膨上升時，可考慮布局抗通膨公債

參考美國通膨率（註2）、iShares 抗通膨債券 ETF（TIP，平均到期日約 8 年）和 iShares 7-10 年期美國公債 ETF（IEF）的走勢。美國在 2016 年～ 2018 年中是走通膨路線，這時 IEF 的跌幅比 TIP 大；等到 2018 年後半 CPI 開始下降，

註2：一般多將消費者物價指數（CPI）年增率視為通膨率。

圖2 目前美國10年期抗通膨債券殖利率為負值
——美國10年期抗通膨債券（TIPS）殖利率變化

註：統計時間為 2016.05.30 ～ 2021.05.08　　資料來源：CNBC

IEF 漲勢也比 TIP 大，可見得 TIP 債券相對一般公債來說，對通膨波動較不敏感
（詳見圖 1）。

　　所以我們在評估未來通膨下降時，可以考慮買一般公債；預期未來通膨上升
時，考慮買抗通膨公債。此外，如果你不喜歡債券價格波動太大，抗通膨債券
的價格波動比較小，便是一個相對好的投資標的。現在（2021 年 5 月 8 日）
抗通膨債券的殖利率為負數，達到 -0.915%（詳見圖 2）。所以考量抗通膨債
券名目殖利率為負，買了反而虧本金，我認為美國抗通膨公債目前也不是台灣
人的好選擇。

如果我們把公債殖利率當成名目利率，TIPS（此處泛指所有的抗通膨債券）的殖利率當成實質利率，則兩者的差額就是約當預期的通膨，稱為「美債平衡通膨率（Breakeven Inflation Rate）」。使用不同到期時間的債券，我們可以得知不同時間的通膨預期，例如 2 年期抗通膨債券、5 年期抗通膨債券、10 年期抗通膨債券，分別可以算出 2 年、5 年和 10 年的預期通膨。名目利率、預期通膨與實質利率的關係如下：

名目利率－預期通膨＝實質利率

解釋一下，為啥上面會有「雞生蛋、蛋生雞」的敘述迴圈感覺。我們一般思考公債的實質利率，會把名目利率減去通膨預期得到實質利率，名目利率很好查到，預期通膨我們用美債平衡通膨率，但是如果進一步想預期通膨這數字要怎麼來？即使你查到了你可能也不太清楚它怎麼來的？講解了這節後，我們知道可以參考 TIPS 的殖利率，然後用 TIPS 這個實質利率和名目利率這 2 個數字來回算出通膨預期這數字。之所以辛苦介紹了 TIPS，就是要讓讀者知道，TIPS 可以讓我們算出市場的通膨預期。

就現況來看，目前（2021 年 5 月 8 日）美國 10 年期公債殖利率為 1.577%，美國 10 年 TIPS 殖利率為 -0.915%，所以我們可以算出 10 年通膨預期為 2.49%。有興趣的人也可以直接查詢美國聯準會（Fed）的通膨預期數字，你會發現數字就是你上面算出來的那個。

可轉債》進可攻、退可守
為投資增添利器

（2-6）

什麼是可轉債？可轉債（Convertible Bond，CB）是「可轉換公司債」的簡稱，是指發行公司依發行條件定期支付利息給投資人，且附有可轉換為普通股權利的有價證券。簡單來說，可轉債是債券再附上一個認股權證，其屬性就介於債券跟股票之間。

企業除了在台灣發行可轉債之外，也能在海外發行外幣可轉債，稱為「海外可轉債（Euro-Convertible Bond，ECB）」。相對於一般可轉債，海外可轉債多了匯率的調整，不過 ECB 在海外發行，大家比較買不到，大家知道前面多個 E 字是海外可轉債就好。

如果是在台灣發行的可轉債，會在股票代號後面加上數字，比如「23171」，前面「2317」是股票鴻海的代號，後面「1」是指第一次發行，所以 23171 是鴻海第 1 次發行的可轉債。

為什麼公司會想要發行可轉債？有 3 個原因：

1. **降低融資成本**：發可轉債的成本可能比單純發債的融資成本還低，比如發

債需要定價 2% 利率，發可轉債可能 0% 利率投資人也埋單。不過如果公司股價大漲，發可轉債反而會讓公司的資金成本提高。

2. 提高新股發行價格：可轉債未來的轉換價可能比目前高，如此，可轉債轉換的新股的發行價，就會比現在直接發新股高。但如果未來股價不漲反而下跌，則發可轉債可能還不如直接發行股票現增，因為這樣的話可轉債就無法轉換成股票，變成公司要還的債，這可能不是公司發可轉債時的目的。

3. 降低代理成本：發行可轉債會讓債權人的利益跟公司利益掛鈎，公司股價漲，債權人會受惠。

可轉債為股票與債券的綜合體

那可轉債對投資人有什麼好處呢？一般時候，可轉債是債券，可配息（但目前流行零票面利率），到期償還本金。如果標的股票大漲，超過轉換價，還有機會可以轉換成標的股票。簡言之，可轉債在達到轉換價格前期，價格波動會比較像債券；當超過轉換價之後，其波動會貼近標的股票（詳見圖 1）。

所以常有人說，可轉債是進可攻、退可守的好商品；不過，你也可以從反面看，可轉債比保本的時候，利率輸債券；比獲利的時候，漲幅輸股票。因此，是否要考慮買可轉債，還是要每個個案獨立考量，同時也要搭配你自己的操作策略，如果你更重視保本性，可轉債的債券保本特性就符合你的需求。

圖1 可轉債超過轉換價時，波動會貼近標的股票
——可轉債價格、普通債券價格和標的股價之關係

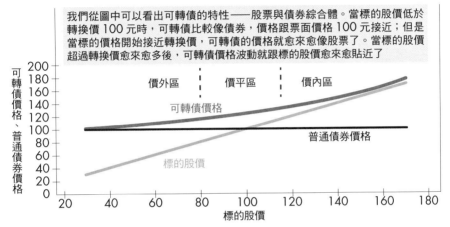

> 我們從圖中可以看出可轉債的特性——股票與債券綜合體。當標的股價低於轉換價 100 元時，可轉債比較像債券，價格跟票面價格 100 元接近；但是當標的價格開始接近轉換價，可轉債的價格就愈來愈像股票了。當標的股價超過轉換價愈來愈多後，可轉債價格波動就跟標的股價愈來愈貼近了

（縱軸）可轉債價格、普通債券價格
200 180 160 140 120 100 80 60 40 20 0

價外區　價平區　價內區

可轉債價格

普通債券價格

標的股價

（橫軸）標的股價
20　40　60　80　100　120　140　160　180

註：百元平價＝股票市價 ÷ 轉換價格 ×100。一般說來，百元平價若是在 80 元～ 115 元間，較具有投資價值。超過 115 元為價內區、低於 80 元為價外區　　資料來源：《債券市場概論》

留意可轉債 17 項重點

除了上述這些基本知識以外，可轉債還有一些重點需要了解：

1.凍結期

不可轉換的期間，通常是發行後 3 個月內。

2.轉換期間

在凍結期後可轉債就可以開始轉換，通常是凍結期後到到期前 10 天。

3.轉換價格

可轉債的轉換價格以定價基準日（即證期會核准日）前 10 個、15 個、20 個營業日，其價格與普通股均價孰低，乘以溢價比率（100%～120%）計算。

4.票面金額

大部分都是 10 萬元（註 1）。

5.發行價格

採詢價圈購，理論上依詢價圈購情形決定，實務上以面額 10 萬元發行。

6.發行期限

償還期限不得超過 10 年。

7.票面利率

現在通常為 0%。

8.擔保情況

以無擔保居多。

9.賣回權

賣回權為投資人的權利，如果可轉債附有賣回權，投資人可在一定條件下，將可轉債賣回給發行公司。有賣回權的可轉債，會在契約中訂有賣回之日期及

價格。有了此權利，投資人不必持有到到期，也不用一定要在沒流動性的市場賣出，只要在公司規定的「賣回日」後，就可以將可轉債直接賣回給公司。

10.贖回權

贖回權為發行公司的權利，若標的物股價連續 30 個營業日漲幅超過轉換價一定幅度，或可轉債流通在外餘額低於發行總額 10% 時，發行公司有權依贖回條款收回該可轉債。

贖回權主要是給發行公司的保險，若標的股價持續上漲，可轉債還可以轉換，等於大幅提高公司融資成本。當初發可轉債時，公司只收到比面額多點的資金，實際轉換卻給投資人遠高於面額的收益，所以多數可轉債都會附有贖回權。

11.轉換比率

轉換比率是指每張可轉債所能轉換的股數。公式如下：

$$轉換比率＝可轉債面額 \div 轉換價格 \times 100\%$$

例如某可轉債之轉換價格目前為 80 元整，則其轉換比率為 1.25%（＝可轉債面額 100 元 ÷ 轉換價格 80 元 ×100%）。換句話說，每 1 張可轉債可以換得 1,250 股普通股。

註 1：依據《發行人募集與發行有價證券處理準則》第 30 條規定：「轉換公司債面額限採新台幣 10 萬元或為新台幣 10 萬元之倍數，償還期限不得超過 10 年。」

12.轉換價值

轉換價值是指可轉債進行轉換後,可取得的股票價值。公式如下:

轉換價值＝標的股價 × 轉換比率

續上案例,假設目前標的股價 100 元,則 1 股可轉債轉換價值為 125 元(＝標的股價 100 元 × 轉換比率 1.25%)。

13.可轉債市價

可轉債目前在次級市場成交之市價。

14.可轉債溢(折)價(%)

可轉債市價超出(低於)可轉債轉換價值之比率。

15.平價比率

平價比率是用來評估可轉債是否具有轉換價值的指標。公式如下:

平價比率＝轉換價值 ÷ 可轉債市值 ×100%

若平價比率＞1,表示轉換後價值比目前可轉債市值高,所以應該轉換;反之,平價比率＜1,表示轉換後價值比可轉債市值低,則不應該轉換。

16.轉換價格調整

當標的股票有除權、除息、增資、減資、合併、換股時,公司都會調整可轉

債的轉換價格，以避免影響可轉債持有人的權益。

17.可轉債可能有流動性風險

可轉債可以在公開市場上買賣，交易上跟股票一樣方便，但是可轉債每天成交量都很少，甚至是零，流動性不好。通常可轉債在轉換成股票之後，標的股票的流動性會比可轉債的流動性好。

為什麼我得多花篇幅來介紹可轉債？因為你懂愈多商品，未來投資機會就愈多。我印象中有一個投資可轉債的好時機是 2008 金融海嘯那一年，那一年股票大跌，但是如果你想去撿股票，這時風險很高，你根本不知道跌到什麼點位才會止跌。

以鴻海來說，股價從高點 300 元跌到 50 多元，但是鴻海的可轉債卻只從 110 元左右跌到 90 幾元，除非你覺得鴻海會倒債，不然可轉債面額 100 元不容易跌破，這時候買可轉債就相對安全。如果未來鴻海股價漲回去，可轉債也有機會賺到股價上漲的部分。

第 **3** 章

投資工具3》其他

(3-1) 房地產、REITs》波動較股市低 長期投資勝率相對高

2-6 有提到,當你懂愈多商品,未來投資機會就愈多。所以下面我要再幫大家介紹幾個常見的投資標的,像是房地產和 REITs、特別股、大宗商品(包含基本金屬、貴金屬、能源、農產品),以及虛擬貨幣。先介紹房地產和 REITs,其他的後面會依序介紹。

房地產》備足房價 3 ～ 4 成再買,槓桿風險較小

先來看房地產。房地產的重要性很高,因為它是全球人民主要的財富儲存的地方,也是大家資本支出最多的地方(註 1)。更何況買房子還要裝潢、買家具、買電器,每個單項支出都是幾萬元、幾萬元在買的,累積起來又是一筆錢。

此外,與股票相比,房地產的價格波動較小。以 2008 年金融海嘯為例,台股從 9,300 多點跌到 4,000 點左右,跌幅約 6 成。買個股的幾乎又會跌得比指數多,也就是說,那時有玩股票的人,很多會虧到 7 成、8 成,這種跌

註 1:參考我上一本書《上流哥:這年頭存錢比投資更重要》的數字再往上調,全球房地產市值概略約 300 兆美元、全球股票市值概略 100 兆美元,前者約是後者的 3 倍。

法，多數人最後都會受不了，把股票賣掉。但同一時間，台灣房地產指數只從 84.6 跌到 77.7，跌幅約 8%（註 2）。跌幅這麼小，散戶不太會因此想賣出，加上多數人買房是因為自住需求，不會價格下跌就想賣，因此不像買股票容易在低點砍光房地產，所以買房地產的投資人都可以從長期角度投資。從這個角度來看，散戶投資股票勝率很低，長期投資房地產的勝率卻很高。

雖然散戶投資房地產的勝率高，但我不建議大家現在去買房。目前（2021 年 5 月，以下同）台灣房地產的租金收益率（＝年收租 ÷ 房價×100%）大概是 2% ～ 5%，房價愈貴的地方，租金收益率愈低，台北地區大概都已經剩 1% ～ 2% 左右。考量折舊與管理成本、維護成本、每年要繳的稅，至少要再扣掉 2% 費用率。所以在不貸款的情況下，買房收租是划不來的。

那為什麼房地產還是很熱？一來低利率下，資金沒地方去；二來，大家收租都是拿來繳房貸，不是真的想賺租金的收益，而是期望房價上漲的資本利得。在租金收益率高於貸款利率，且預期房價只漲不跌的情況下，就有誘因去開槓桿買房。

但要注意的是，台灣房地產市場未來還要面對 3 大挑戰：少子化、台灣長期經濟成長趨緩，以及已經偏高的房價。最近甚至央行也開始限縮房貸的成數，不希望房地產市場太熱，但在全球熱錢的支撐下，全球房價還是持續上漲。

註 2：數值參考「國泰全國房價指數」。

因為買賣房地產的個人化程度很高，每個人買賣房子的原因跟家庭背景因素都不同，就算我建議買不如租，很多人可能因為家人因素也被迫得買。但從我的角度來看，我是不建議追高了，我建議除了自住的房地產以外，如果你不是房地產專業，就不要投資房地產了，本書也不打算談太多房地產的部分。

雖然不建議買房，但我鼓勵大家趕快還清房貸。目前台灣房貸利率已經低到1.5% 左右，但是因為資金沒去處，找不到低風險又有適合報酬率的投資工具，你存安全的定存，利率大概只有 0.8% 左右，所以我現在會建議大家可以考慮把多餘的資金拿去還房貸，這真的是歷史上少見的狀況。以往，我肯定是建議房貸可以晚點還就晚點還，可以借多一點就借多一點，因為以前房貸利率低於其他投資的報酬率（如投資股票的 5% ～ 10%），先不還房貸，拿錢去其他地方賺還有利差出現。但是現在所有會產生現金流的資產都很貴，侵蝕本金的風險很高，所以我覺得現在倒不如拿多餘資金去還房貸。

現在市場上有推出 40 年房貸，如果你現在 35 歲（申請的最高年齡），有多少人可以在活著的時候就把房貸繳完？不管是房貸期限拉長，或是首付款比重太低，都是開槓桿，冒了更高風險。如果房地產未來只漲不跌，利率一直維持低點，那當然沒問題，但是誰可以保證這種情況一定會發生？目前利率在歷史低點，如果通膨出現，利率就可能拉升。

利率一走高，你每個月的貸款可能就還不完了；加上現在房價位於高檔（詳見圖 1），也可能再遇到 2008 年金融海嘯的類似狀況而下跌。房價一走跌，

圖1 **國泰全國房價指數已超過2014年高點**
——國泰全國房價指數與年增率變化

圖例：
國泰全國房價指數
國泰全國房價指數年增率

單位：點

單位：%

註：統計時間為 2000.01～2021.01　　資料來源：財經 M 平方

你又開槓桿，可能會賠到脫褲（註 3）。

　　因此，以目前的市場狀況來說，我會建議不要買房，如果一定得買房，我建議大家最好先存到房價的 3 成、4 成再買，槓桿風險會比較小。不過大概又有人說，根本存不到這個金額。如果是這樣的話，我也沒辦法了，這邊優、缺點與各種情況都分析了，其他就是個人的選擇。

註 3：假設自有資金 400 萬元，貸款買 2,000 萬元的房子，只要房價跌 20%，你就虧掉 400 萬元，等於投資本金全部虧光。

從不要開太大槓桿的角度來看，每個月房貸支出占家庭所得的比重最好不要超過 3 成～ 4 成。如果房貸支出占家庭所得太高，會影響到你每個月的可支配所得；剩下的可支配所得太少，就會影響到生活品質。

此外，因應利率波動，本來房貸占比不大的，也可能會忽然變大。參考目前房貸平均餘額 600 萬元，每升息 1%，每個月多 5,000 元左右的房貸，大家可以試算一下你們目前的財務狀況、收入狀況對利率上升的容忍度有多少。還有一種情況是萬一暫時沒工作，那房貸還得繼續還，這時現金流的壓力就很大。所以現在買房子真的得多準備點資金，並且把未來的風險都想一下。

如果是我的話，萬一家人沒有留房地產，我大概會偏好租房子。房子本來就該是拿來住的，不管是用租的、買的，都可以滿足住的需求，滿足住房需求與房地產的投資需求是兩碼事，請搞清楚你要什麼，不要搞混這兩者了。考量完買跟租的報酬率與成本，我個人會偏好用租的來滿足住屋需求。

REITs》若出現大幅折價情況，投資機會將隨之浮現

雖然不建議大家現在買房，但有一個和房地產相關的金融商品 REITs，大家可以了解一下。REITs（Real Estate Investment Trusts）的中文名稱是「不動產投資信託」，類似基金的概念，集合大家的錢去投資不動產。

從「不動產投資信託」幾個字就可以理解，它的投資標的是房地產；若再進

一步細分，投資的不動產標的可能是廠房、商辦、商場、住宅、旅館等。不同的房地產資產有不同的屬性，買的時候要去注意一下標的是啥。比如說受新冠肺炎（COVID-19）疫情影響，實體店面被線上商城取代，你買商場、百貨、旅館等房地產就比較有風險；商辦看起來就比較穩一點，但是長期也會受到疫情導致居家辦公趨勢的影響。

我會特別介紹 REITs 有一部分原因是，台灣 REITs 曾經出現過不錯的投資機會，我曾介紹給不少朋友，也有賺到；雖然 REITs 現在收益率看起來還好，但是也許以後還有機會可以投資。我這邊先介紹，大家可以偶爾觀察一下，說不準未來又出現投資機會也說不定；如果你現在就了解，長期有觀察，真的下次時機來臨，你就抓得到。

然後，如果真的有興趣投資房地產的，手上又沒有很多錢，REITs 也是一個不錯的工具。當然，我覺得目前房地產評價太貴，風險不低，殖利率雖然是 2% 左右，比定存高，但是考量其風險與隱藏費用，我沒興趣買。

台灣推行的 REITs 曾經有 10 檔，扣掉已經下市（櫃）的三鼎、基泰之星和駿馬 R1，目前還有 7 檔（詳見表 1）。照我自己概算，目前上市的 7 檔 REITs，預估殖利率約 2% ～ 3.3% 左右，跟金融特別股的 4% 左右殖利率相比，就比較沒吸引力了。且金融特別股比較保本，除非金融業倒閉，否則票面價值有支撐（有可能跌破票面價值，但不會太誇張），REITs 淨值則會隨著房價波動，台灣又遇到疫情爆發，不動產行情不是很看好。從股價淨值比來看，REITs 也是在

表1 目前在台掛牌的REITs共有7檔
——在台掛牌的REITs列表

證券代號	證券名稱	受託機構或特殊目的公司
01001T	土銀富邦R1	L5857-土地銀行
01002T	土銀國泰R1	L5857-土地銀行
01003T	兆豐新光R1	L5843-兆豐銀行
01004T	土銀富邦R2	L5857-土地銀行
01007T	兆豐國泰R2	L5843-兆豐銀行
01009T	王道圓滿R1	L2897-王道銀行
01010T	京城樂富R1	L2809-京城銀

註：三鼎（01005T）、基泰之星（01006T）和駿馬R1（01008T）已下市（櫃）　　資料來源：公開資訊觀測站

0.9 ～ 1.1 的區間，並沒有以前大幅折價的狀況，所以目前 REITs 是比較沒有投資吸引力的。

　　介紹一下我之前買駿馬 R1（已下市）這檔 REITs 的交易經驗。買賣 REITs 非常簡單，就跟股票一模一樣的買賣法，你有在券商開戶，在股票平台上輸入 REITs 代號，就可以買賣。駿馬 R1 其實不是我發現的，我是從雜誌看到的。看完雜誌説明，我就感覺有機會，尤其是對價值投資人來講，特別會對折價大的東西感興趣。那時候駿馬 R1 的股價約 7 元左右，配息率約 3% 左右（註 4），光看配息率可能覺得還好，但是重點在折價很大。那時候駿馬 R1 的每股淨值約 10 元左右，但是股價只有 7 元，等於你買不動產打了 7 折。

　　REITs 會定期評估不動產的市價，而且不動產不像企業的設備有折舊問題，你

圖2 駿馬R1股價4年漲近1倍
——駿馬R1（已下市）股價走勢

註：1. 統計時間為 2007.05～2015.04；2. 駿馬 R1 於 2015.04.08 下市　　資料來源：Goodinfo! 台灣股市資訊網

想賣設備還不見得可以賣到好價格，但不動產估價跟你實際可賣出的價格不會差太多。後面幾年，隨著景氣回升，台灣商用不動產價格也節節上漲，所以駿馬 R1 的淨值又持續提升。這時候開始有人注意到駿馬 R1，買氣增加，折價也慢慢消失。

折價消失加上淨值提升，光是這樣就可以讓駿馬 R1 的股價在 4 年漲近 1 倍

註 4：REITs 利息採 10% 的分離課稅稅率，於收益分配前先行扣除，所以當投資人收到利息時，是已經扣稅後的了。

（詳見圖 2），如果要算總報酬率，還要再加上每年領的利息約 2% ～ 3%，我有算過，我那陣子看的一些股票可能總和報酬率還沒 REITs 高。當然，現在這種投資機會沒了，目前市面上的 REITs，淨值跟市價差異不大。不過駿馬 R1 最後是清算下市，清算價約 19 元左右，買在 7 元的人，獲利會超過 170%（19元 ÷7元－1×100%）。

金融特別股》殖利率達4%
閒置資金可適當布局

本節主要會介紹台灣的金融特別股，因為台灣金融特別股的殖利率還不錯，可以達到 4% 左右，背後發行人又是金融業。因為銀行與壽險公司不會倒（政府會救），一般會認為金融特別股虧損本金的機會不大。

在目前（2021 年 5 月，以下同）市場利率很低的情況下，金融特別股就是一個可以考慮的標的，我這幾年有時候也會把閒置資金放在金融特別股上面。

特別股的性質有點像可轉債，也是介於債券跟股票的中間。如果問，特別股跟可轉債的差異在哪裡？實務上，台灣發的金融特別股大多不能轉換成股票，可轉債則有機會轉換成股票，所以我大概會建議大家把特別股當成比較偏債券，可轉債當成比較偏股票，剛好跟它們各自的名稱反過來。

留意特別股 10 項要點

以下我帶大家看一下特別股的相關規定，這邊先參考「富邦金甲種特別股（簡稱富邦特，股票代號 2881A）」的規定，讓大家理解台灣金融特別股的屬性。其他家發行的特別股的規定也大同小異，可以找一下公開說明書看看。

1.到期日

無到期日。

2.股息

特別股年利率 4.10%。年利率將於發行日起滿 7 年之次日,及其後每 7 年重設,重設利率按「7 年期 IRS(利率交換契約)+ 3.215%」訂定。

3.股息不一定分配

如果當年損益表是虧損狀況,或是資本適足率(註 1)偏低時,就可能會不配發股息,這是不小的風險。大家應該要注意到,2018 年因為當年股市走空,壽險金控也差點有股息配不出來的風險。

4.股息發放為「非累積」

當年如果未分派股息,或是分派不足額之股息,之後就算銀行賺錢,也不會補發。

5.無超額股利分配

如果公司獲利好,普通股股東可以多領到股息,但是特別股的股息就是固定的,公司盈餘好壞都不會調整。

註 1:資本適足率=自有資本 ÷ 經風險係數調整之資產,是用來反映在銀行資產遭到損失之前,該銀行能以自有資本承擔損失的程度。

6.特別股收回

公司有權利在發行滿 7 年後收回，而且是以面額價格收回，不是市價。收回也不必全部收回，可以部分收回，其餘沒收回的部分，特別股股東的權利、義務不變。這點是投資人的風險，一般來講，因為金融特別股殖利率較高，特別股的市價多是溢價。

參考目前富邦特的市價，如果公司用面額價收回，投資人可能會有 6% 左右的損失。

7.剩餘財產分配優於普通股

如果公司破產清算，則特別股股東的分配權優於普通股股東，但是仍排在債權人之後。

8.無表決權及選舉權

特別股股東於股東會無表決權，亦無選舉董事之權利。

9.無轉換權

特別股股東不得將手中特別股轉換成普通股，亦無權要求公司收回其所持有之特別股。

10.稅率

特別股也需要跟股票一樣賣出付 0.3% 的證券交易稅。不過，如果特別股發

表1 金融特別股票面利率介於3.1%～4.8% ——台灣金融特別股基本

股票名稱	股票代號	2021.05.21 收盤價 （元）	股息 （元）	殖利率 （%）
高雄銀甲特	2836A	22.60	0.77	3.41
聯邦銀甲特	2838A	52.80	2.40	4.55
富邦特	2881A	61.90	2.46	3.97
富邦金乙特	2881B	61.70	2.16	3.50
國泰特	2882A	62.10	2.28	3.67
國泰金乙特	2882B	61.90	2.13	3.44
台新戊特	2887E	52.70	2.38	4.52
台新戊特二	2887F	51.60	1.90	3.68
新光金甲特	2888A	42.35	1.71	4.04
新光金乙特	2888B	41.10	1.80	4.38
中信金乙特	2891B	63.30	2.25	3.55
中信金丙特	2891C	61.00	1.92	3.15
王道銀甲特	2897A	10.10	0.42	4.16
中租-KY甲特	5871A	99.50	3.80	3.82
裕融甲特	9941A	50.40	2.00	3.97

註：1. 特別股發行年度及收回年度的股息，按當年度實際發行天數計算；2. 高雄銀甲特 2021 年發行，2022 年才會分派股息

行公司買回，賣出證券交易費由發行公司承擔。

　　目前台灣發行的多數金融特別股，規定多和前面提到的富邦特類似（詳見表 1）。比較特別的是王道銀甲特（2897A），除了可按 1：1 的比例將特別股轉為普通股外，它的特別股股東也有參加現金增資的權利，這點也表明特別股有偏股票的性質。

資訊列表

發行價 （元）	票面利率 （%）	最低年限 （年）	發行日期	上市日期
25	3.10	5.5	2021.01.12	2021.01.15
50	4.80	5.5	2017.10.24	2017.12.01
60	4.10	7.0	2016.04.22	2016.05.31
60	3.60	7.0	2018.03.16	2018.04.23
60	3.80	7.0	2016.12.08	2017.01.17
60	3.55	7.0	2018.06.27	2018.08.08
50	4.75	7.0	2016.12.28	2017.02.10
50	3.80	7.0	2018.11.30	2019.01.08
45	3.80	7.0	2019.09.27	2019.11.08
45	4.00	7.0	2020.09.01	2020.09.04
60	3.75	7.0	2017.12.25	2018.01.26
60	3.20	7.0	2019.04.03	2019.05.06
10	4.25	5.5	2018.11.29	2019.01.09
100	3.80	5.0	2020.09.10	2020.09.10
50	4.00	5.0	2018.10.16	2018.11.26

資料來源：台灣證券交易所、公開資訊觀測站

　　為什麼金融業會想發行特別股呢？這是因為對金融業來講，時常有提升資本適足率的需求，但是如果一直增發普通股，這個募資成本很高。目前金融股普遍的本益比都是 10 倍～ 15 倍，意思是說，發行普通股的資金成本可能高達 10%；相比之下，發行特別股的成本就相對較小，票面利率只有 3.1%～ 4.8% 左右。而且特別股沒有投票權，大股東的股權不會被稀釋，經營權不會被拿走。此外，相對於發債，發行特別股不會提高負債比重。

從上述一些條件來看，發行特別股其實對發行公司有好處，尤其是金融業，比如說當公司獲利不好時，就可以不配發股利或減少發放股利；如果利率持續下滑，讓目前的特別股成本相對偏高，後面 7 年到期後也有利率重設條款，甚至公司也可以在 7 年後滿期直接全部面額收回，這應該是為何最近幾年金融業很愛發特別股的原因。

不過，我們身為投資人，這些有利發行人的因子，反過來會變成投資人可能遇到的風險，所以投資人在選擇特別股時也要多加留意，不要只看到利率高，就忽視潛在的風險了。

大宗商品》善用CRB商品指數了解價格波動情況

大宗商品（Commodities）是一種基本的有形資產，通常是生產貨品或服務的原料，主要可分為基本金屬、貴金屬、能源、農產品等幾大類。大宗商品在投資市場占有重要地位，但因為多數大宗商品，散戶不會直接去投資，所以我在本書只會簡單介紹一下：

基本金屬》市場需求與經濟成長趨勢息息相關

基本金屬包含銅、鋁、鉛、鋅等金屬，分述如下：

1. **銅**：導電性好，多用在建築中的電線與管路，電子產品裡面也用很多銅。
2. **鋁**：性質輕但很堅硬，多用在汽車、飛機的生產。
3. **鉛**：密度高，常用在絕緣材料。此外，鉛也可用於製造電池。目前鉛的消費量約有 8 成用在製造電池。
4. **鋅**：主要用在鍍鋅，在鋼鐵外面鍍一層薄薄的鋅就可以增加鋼鐵抗腐蝕的能力，目前全球鋅的用量有 5 成用在鍍鋅。

上述這些基本金屬跟一般人日常生活使用的基礎建設與電子設備息息相關，

所以一般而言，對基本金屬的需求會跟經濟成長好壞有關，經濟好，基本金屬需求就會提高。但是基本金屬的價格不只要看需求，還得看供給，所以價格不見得會隨經濟走高。

貴金屬》黃金具備真正的貨幣價值

貴金屬（Precious metal）包含黃金、白銀、鉑金、鈀金等。貴金屬也是金屬，但是在地球上的存量比基本金屬還稀少，價格也相對較高，所以稱為貴金屬。

貴金屬中大家最熟悉的就是黃金，除了可以用在工業上之外，比如用在半導體跟印刷電路板，但是使用的比重會比較少，只占年消費量的 1 成，其他主要是用在珠寶（50% 左右）和投資需求（40%）上。

人類使用黃金的歷史有 5,000 年，黃金不但密度高、穩定性好、不易氧化、容易保存，且延展性高，容易被製造成飾品。西元前 3000 年，埃及人開始冶煉黃金；西元前 2600 年，美索不達米亞平原就有黃金首飾；西元前 1223 年，埃及法老圖坦卡門陵墓中發現黃金面具，上面有金箔、寶石和彩色玻璃。

黃金除了拿來裝飾以外，由於產量稀少，且其跟太陽一樣是發出黃色光芒的特性，也被人類視為是財富與貨幣的象徵。要成為貨幣的金屬需要滿足 3 種貨幣的功能：交易媒介、記帳單位和儲存價值，其中，記帳單位功能和金屬屬性無關，但交易媒介與儲存價值就需要仰賴貴金屬不易損耗、好保存且稀有、寶

貴的特性，黃金便符合這些貨幣特質（註1）。

「金本位制」是一種以黃金為本位幣的貨幣制度，在此制度下，每單位貨幣對黃金有固定兌換率。19世紀時，經濟蓬勃發展，紙幣開始大量流通，雖然紙幣是主要的流通貨幣，但是紙幣的價值需要黃金作為發行的擔保。

第二次世界大戰（1939年～1945年）之後，為了重建國際貨幣秩序，各國加入以美元作為國際貨幣中心的貨幣體系（即布雷頓森林體系），由美國主導「金匯兌本位制」。美元先與黃金掛鉤，當時明訂1盎司黃金固定等同35美元，之後，其他各國貨幣再與美元掛鉤。

布雷頓森林體系推出後，一度重建國際金融秩序。但好景不常，1960年代～1970年代，發生了數次美元危機，加上美國參與越戰也使得國庫空虛，美元的信用開始出現危機，各國開始要求把美元兌換回黃金。最後，1971年，美國撐不住了，時任美國總統尼克森（Richard Nixon）宣布停止美元與黃金的兌換，布雷頓森林體系終結。此後，各國法定貨幣沒有一個錨定價值的基準，央行開始大印鈔，各國貨幣相對黃金價格也持續貶值（詳見圖1）。

當貨幣系統沒了黃金擔保後，就剩政府的信用擔保，大家是否懷疑過，千元鈔票不過就是1張紙而已，憑什麼有1,000元的價值？這是因為大家相信政

註1：當然白銀也符合這些特質，但因為此處主要在介紹黃金，就不多加說明了。

府的保證，如果政府願意替紙鈔的價值做擔保，且不亂印鈔票，那麼只要所有使用法定貨幣的人，都接受那 1,000 元鈔票有 1,000 元價值，這張鈔票就有這價值。

但如果政府失去信用，偷偷地印鈔，甚至像現在全球政府瘋狂印鈔，你手上的鈔票就可能會貶值，甚至最後失去價值。像是近年辛巴威 1,000 億元只能買 3 顆雞蛋、委內瑞拉的鈔票變成路邊垃圾、伊拉克貨幣大貶 20%（註 2）等，都是同樣的邏輯。所以大家在目前這年代要確實記清楚一件事，那就是你的鈔票只是信用，而黃金才是真的貨幣。

不過大家也不用過度擔心，目前新台幣的價值相當穩定，所以用起來都覺得理所當然，有點無感。讓大家比較有感的是物價長期持續溫和上漲、新台幣購買力持續下降。

以前我念國小的時候（約 1990 年以前），雞腿便當 50 元，現在在台北買一個雞腿便當起碼要 100 元，但是這物價的上漲在台灣花了 20 年～ 30 年。相比全球政府，台灣政府算是控制物價穩定度還不錯了，有些新興市場國家，可以 1 天就對美元貶值 20%。你辛辛苦苦存的錢一夕之間價值少掉 20%，這應該是大多數台灣人無法想像跟接受的吧？！

布雷頓森林體系終結後，雖然各國貨幣的價值不再與黃金掛鉤，但黃金的價值並沒有降低或消失。也因為黃金價值仍然寶貴，且為大家所接受，各國央行

圖1 1970年代後，主要貨幣相對黃金的價值貶值加速
——各國法定貨幣兌黃金價值變化

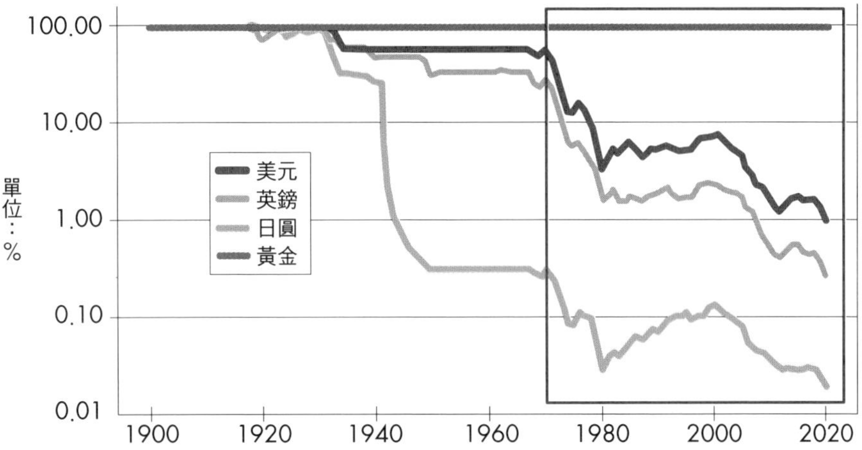

註：1. 統計時間為 1900 年～ 2020 年；2. 此圖是假設黃金價值沒變，用各國貨幣來計算金價，就是貨幣貶值的幅度。例如用美元計價的黃金價格來算美元貶值幅度，黃金漲 1 倍表示美元價值剩一半　　資料來源：VoimaGold.com

便需要保有部分黃金當成貨幣發行的儲備。

　　同樣地，美元的價值也是世界所公認，所以美元也是各國重要的儲備貨幣之一。央行外匯儲備除了持有美元與各國貨幣以外，增加黃金儲備也是一種風險的分散。畢竟持有他國貨幣，貨幣政策並不在自己手中，你（指本國政府）控

註 2：伊拉克央行因為財力匱乏，深陷低油價、原油減產導致的經濟危機，於 2020 年 12 月 19 日宣布，伊拉克貨幣第納爾兌美元匯率將大幅貶值約 20%，這是伊拉克有史以來最大幅度的貨幣貶值。

補充知識 　外匯存底

外匯存底是一個國家或經濟體的貨幣當局，持有並可隨時兌換他國貨幣的資產，通常以美元計算。

以前央行從未直接公布外匯存底的各幣別組成，但2018年10月4日，央行總裁楊金龍在立法院財政委員會回答立委質詢時，首度揭密台灣外匯存底內容。他表示，外匯存底以美元占80%最多；歐元次之，約5%；人民幣第3，低於5%；其他日圓、英鎊、澳幣等合計大約在10%上下（詳見圖2）。

2020年3月20日，楊金龍強調，外匯存底比率隨時調整，目前美元資產占比約80%左右，歐元在5%左右，且央行外匯存底多元化，不可能單壓在某一貨幣上面。

制力不大，例如台灣持有很多美元當外匯存底（詳見補充知識），現在美國瘋狂印鈔送錢給人民花，這其實等於台灣人間接發錢給美國人。台灣還比美國窮，窮人還送錢給有錢人，想想就覺得荒謬。

一個國家如果黃金或外匯儲備高，則自身的貨幣就比較可以保持穩定，更不易受全球熱錢影響而衝擊國家貨幣的匯率與經濟。例如 1997 年亞洲金融風暴之後，亞洲多國貨幣大貶值，經濟也受到衝擊，當時，韓國人民甚至捐出黃金來幫國家度過危難（註 3）。不過，捐黃金不是真的送國家黃金，而是把自己的黃金換成韓元，維持了韓元的信心。

就目前現況來看，全球政府的黃金儲備占了世界黃金總量的 20%，其餘多數為私人持有。

政府儲備方面，截至 2021 年 2 月，排名第 1 的是美國，黃金占外匯儲備

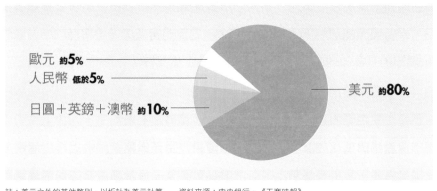

圖2 美元占台灣外匯存底約8成
──台灣外匯存底結構

歐元 **約5%**
人民幣 **低於5%**
日圓＋英鎊＋澳幣 **約10%**
美元 **約80%**

註：美元之外的其他幣別，以折計為美元計算　　資料來源：中央銀行、《工商時報》

比率 78.7%；其次為德國，76.1%；而台灣排在第 12，僅 4.8%。相對於其他國家，我覺得台灣黃金占外匯儲備比率太低，拉高一點會比較好，持有黃金比持有其他國家貨幣更可以保存購買力（詳見表 1）。

私人儲備方面，根據世界黃金協會（World Gold Council）資料，截至 2019 年 12 月，印度是私人黃金儲備最多的國家，因為印度人喜愛黃金且對金融系統不信任，所以印度人喜歡購買黃金保值，印度民間持有 1 萬～ 1 萬 5,000 公噸的黃金，約世界上的 10%。

註 3：根據新聞報導，雖然亞洲金融風暴對韓國的衝擊相當大，但是韓國人民在當時捐了 200 公噸以上的黃金（約值 20 億美元），此舉讓大家挽回了一點信心。

能源》油價漲跌難以掌握，散戶宜敬而遠之

能源商品主要包含 3 大項：煤炭、天然氣和原油。其中，煤炭主要是拿來發電用，根據國際能源總署（IEA）的數據，2018 年全球各國約有 26.9% 的發電來自燒煤。

天然氣主要也是用在發電上，其次是建築物供暖與燒熱水。天然氣燃燒後，幾乎不會產生硫氧化物及粒狀物等空氣汙染，且天然氣在燃燒過程中產生的二氧化碳排放量，只有燃油的 65%，燃煤的 50%，所以目前是減少溫室氣體的重要能源。原油指未提煉前的石油，必須經過提煉後才可以使用。石油也是能源的來源之一，約占能源需求的 3 成。從消費端來看，運輸使用消費了一半的原油，飛機、汽車、機車吃了這些油，其他 1/3 是產業使用，如製造業、農業、礦業、建築業等。

目前全球原油貿易有 70% 以布蘭特原油（Brent Crude）為定價基礎，其他還常見到的一個原油為西德州原油（West Texas Intermediate，WTI）。以往西德州原油的價格會高於布蘭特原油，但是 2009 年後，布蘭特原油價格開始高於西德州原油，原因之一是北美產油量大幅增加。

雖然上述 3 種能源大宗物資對每個人來說都很重要，但都不是散戶該玩的商品。以原油來說，因為油價的波動難以掌握，除了供需以外，原油的商品屬性也會導致價格大幅波動。連專業的法人都看不準油價，散戶卻莫名地對油價

表1 台灣黃金的外匯占比僅4.8%
——世界國家或組織黃金儲備列表

排名	國家或組織	黃金儲備（公噸）	黃金占外匯儲備比率（%）
1	美國	8,133	78.7
2	德國	3,362	76.1
—	國際貨幣基金組織	2,814	N/A
3	義大利	2,451	70.7
4	法國	2,436	66.0
5	俄羅斯	2,298	23.7
6	中華人民共和國	1,948	3.5
7	瑞士	1,040	6.1
8	日本	765	3.3
9	印度	676	7.0
10	荷蘭	612	69.0
11	土耳其	544	39.8
—	歐洲央行	504	33.4
12	台灣	423	4.8

註：1. 統計時間為 2021.02；2.N/A 表示無資料；3. 黃金儲備公噸以下採無條件捨去法　　資料來源：世界黃金協會

預測有信心，真不知道是誰給他們的勇氣（註 4）？例如 2020 年發生在原油 ETF 和原油期貨的事情，根本就是一樁慘劇，主因就是散戶對油價有莫名的信心，以及對這些原油衍生商品不夠了解之故。

註 4：我也很懷疑散戶有沒有分清楚原油跟汽油的差異，原油從地下抽出來還得經過石油煉製業者，像是台塑化（6505）等公司的提煉，才會變成大家汽車、機車加的汽油。你在網路上查到的原油油價，不是你路上加的 92、95 的油價啊。

181

先來看原油 ETF。2020 年年初，新冠肺炎（COVID-19）疫情爆發，使得布蘭特原油的油價從近 70 美元開始不斷下跌。油價出現跌勢時，散戶就開始大買原油 ETF，不只買期元大 S&P 石油（00642U，註 5），也買槓桿更高的元大 S&P 原油正 2（已下市）。

因為散戶都會覺得油是必需品，跌下去遲早會漲回來。於是油價跌到 50 美元，買；油價跌到 40 美元，買；油價跌到 30 美元，買；最後油價碰到 20 美元左右才止跌。

等到 3 月、4 月，各國央行進場干預並給予市場強烈刺激後，油價終於開始回升，但是回升的很慢；到了 10 月，也才漲到 40 多美元；一直到 11 月，新冠肺炎的疫苗出現以後，油價才比較走強到 50 美元以上（詳見圖 3）。

但是你會發現，怎麼油價反彈了，原油 ETF 的價格不只沒反彈，還持續走跌？這根本是不公平賭局啊！

油價跌，你買原油 ETF 大虧；油價大反彈，你買原油 ETF 還是虧，還不如去買台塑化（6505）的股票。如果你是低點買進台塑化的股票，已經大賺了，但是買原油 ETF 的還沒回本，甚至元大 S&P 原油正 2 還因為跌破面額被清算

註 5：「期元大 S&P 石油」以前叫「元大 S&P 石油」，現在前面多掛一個「期」字，應該是怕投資人不知道這個商品是期貨做出來的衍生商品。

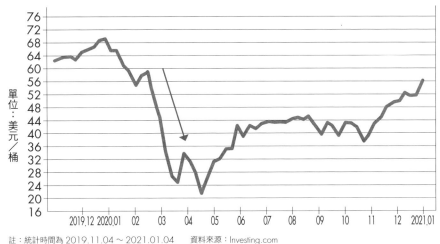

圖3 **受疫情影響，布蘭特原油期貨價格下跌7成**
—— 布蘭特原油期貨價格走勢

單位：美元／桶

註：統計時間為 2019.11.04 ～ 2021.01.04　　資料來源：Investing.com

下市（詳見圖4）。

之所以會這樣，原因在於原油 ETF 不是直接買油來儲存，它是買期貨，但是期貨的價格波動很大，甚至可能被人為操作。此外，原油 ETF 還有 2 大問題：

問題 1》 原油 ETF 因為投資人買進太熱烈，也造成大幅溢價。元大 S&P 原油正 2 曾經溢價超過 400%，這表示，如果溢價消失，投資人馬上損失 4/5；期元大 S&P 石油同時期也有高達 30% ～ 40% 的溢價。這個商品問題這麼大（有溢價問題，又有期貨價差問題），只有狀況外的散戶才會去買。

183

最後元大 S&P 原油正 2 清算，溢價全部消失，投資人的損失馬上變已實現。目前（2021 年 5 月），還在掛牌的期元大 S&P 石油已經貼近淨值，沒有多少折溢價了。

問題 2》原油 ETF 需要支付高額管理費，像是期元大 S&P 石油每年要付 1% 管理費與 0.15% 保管費。相對於大型股票 ETF 只要 0.3% 不到的管理費，這個 1% 管理費用其實非常高。不過諷刺的是，鉅額的溢價損失跟轉倉損失，讓這個管理費的損失看起來無足輕重了。

不只是操作原油 ETF 讓散戶賠很多，買賣原油期貨的散戶也一樣悽慘。2020 年 4 月時，5 月的 WTI 期貨價格跌到 -37 美元。為何油價會變負值？因為原油期貨持有到到期日，是真的要交割實物的，你散戶怎麼有辦法交割真的原油到你手上？而且當下，所有可以儲存原油的地方都滿了，根本沒地方儲存。退一步來說，就算你有能力交割，拿到實物，你要存在哪裡？原油也不可能讓你隨便找個地方就堆放的啊！所以在結算日，大家都想脫手期貨，導致期貨價格有史以來結算出現負值。

除此以外，遠期的原油期貨又大幅正價差（註 6），原油 ETF 每個月或每季轉倉就虧一筆轉倉價差，所以就算油價不漲不跌，也會因為這個期貨轉倉的巨大成本，讓散戶持續虧損，這根本就不是一個可以長期持有的工具。

當時就有散戶上網發文，説自己玩原油期貨 1 天就虧掉 500 萬元，因為沒

圖4 油價跌時，買台塑化股票比買原油ETF容易回本

期元大S&P石油（00642U）股價走勢

台塑化（6505）股價走勢

註：統計時間為 2019.12.26 ～ 2021.01.05　　資料來源：XQ 全球贏家

料到價格居然還可以變負數。然後更慘的是，價格變負數後，券商的交易系統
當機了，想要趕快平倉還沒辦法，一直到結算，大虧。這也是為什麼我建議散
戶不要碰大宗商品的原因，因為實際操作下來，真的可能超過散戶的專業度。

其實連我都沒注意到原油期貨的報價可以是負數，事後才發現，報價負數這
資訊交易所有公告過，這件事事後看，也可能是市場主力利用專業與資訊不對
稱來吃散戶的一個事件。

農產品》中國近年因豬瘟疫情，豬價出現劇烈波動

農產品包含黃豆、小麥、玉米、橡膠、糖、可可、咖啡、棉花，以及牲畜產品、
乳製品、羊毛等大宗物資，終端製品也是大家食、衣、住、行會用到。

中國這幾年因為豬瘟疫情、環保等因素影響，導致豬肉的供給常出現大波動，
而豬肉又是中國人民的必需，需求波動比較小，最後導致價格波動很大。由於
豬價在中國居民消費者物價指數（CPI）的權重占比大（註 7），導致豬肉價
格一波動，CPI 也跟著劇烈波動（詳見圖 5）。

註 6：期貨正價差表示你買期貨是買在比現貨貴的價格。比如現在 5 月油價 60 美元，你
買了 70 美元的 9 月期貨。結果到了 9 月，油價剛好漲到你當初的買進價 70 美元。
用 70 美元結算，你其實沒賺錢，但是如果到了 9 月，油價沒漲，維持 60 美元，
用 60 美元結算，你就虧 10 美元，也就是說，如果期貨一直出現正價差的話，每
次轉倉你都吃價差的虧。

圖5 中國豬肉價格與CPI連動性高
——中國豬肉價格vs.居民消費者物價指數年增率

註：統計時間為 2004.01.01 ～ 2021.05.21　　資料來源：財經 M 平方

基本上，前述幾項大宗商品，除了貴金屬中的黃金因為有貨幣功能，我會建議投資以外，其他的大宗商品都不適合一般散戶投資。直接投資大宗商品的專業門檻很高，就算真的要投資，也頂多建議間接投資。

比如看好礦產漲價，就買礦商或生產商的股票；看好原油可以投資埃克森美孚石油公司（Exxon Mobil）；看好鐵礦砂可以投資巴西淡水河谷公司（Vale

---

註 7：中國居民消費者物價指數（CPI）權重中，食品菸酒占比約 31%，其中以豬肉價格比重最大，因此豬價與居民消費者物價的連動性高。

187

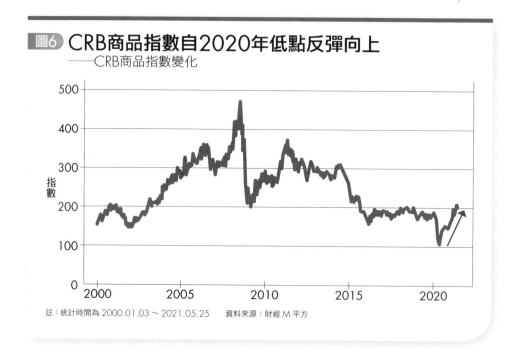

圖6 CRB商品指數自2020年低點反彈向上
——CRB商品指數變化

註：統計時間為 2000.01.03～2021.05.25　　資料來源：財經 M 平方

S.A.）、澳洲必和必拓（BHP BILLITON）。但是就算是投資這些股票，大概也不是一般散戶有能力分析的，散戶頂多買礦商或能源公司等實體商品公司組成的 ETF。

　　看完大宗商品的相關說明，我最後再幫大家介紹一個指數，可以讓你一眼就了解大宗商品的價格狀況，那就是 CRB 商品指數。CRB 商品指數是由 19 種原物料商品所組成：其中能源占 39%，包含原油、天然氣、汽油及熱燃油；軟性商品占 21%，包含糖、棉花、咖啡、可可及橙汁；貴金屬與工業金屬占 20%，包含黃金、銀、銅、鋁及鎳；農產品占 13%，包含黃豆、小麥及玉米；

畜牧占 7%，包含活牛及瘦豬。

CRB 商品指數曾經在 2000 年～ 2008 年走過一波大多頭，當時因為中國崛起，強化基礎建設，人民所得與生活水準提高，都讓中國對大宗商品的需求大幅增加；但是在 2011 年後，需求隨著中國基礎建設逐漸滿足而走緩，加上美國頁岩油增加供給等因素，CRB 商品指數接著走了 10 年左右的空頭；最近 1 年，隨著通膨預期升溫，景氣看法樂觀且熱錢充斥，商品指數又從疫情後的低點反轉向上，不過這次會反彈多少我也不知道。

大宗商品的價格基本上跟供需與經濟好壞有關，如果實體經濟沒有真的走強，那麼我懷疑，這波商品價格走勢如果主要是通膨預期、投機資金與供應鏈疫情影響，還可以走多久（詳見圖 6）？

虛擬貨幣》性質偏向商品 若不懂就不要買

3-4

今年年初（2021 年 3 月），虛擬貨幣價格不斷創新高，最高達 6 萬美元左右（詳見圖 1），很多法人也喊出很離譜的目標價，像是方舟投資（ARK 基金公司）就樂觀預測比特幣市值將超越黃金，故以此推算，目標價為 50 萬美元。

樹不會長到天上，但比特幣（Bitcoin）看起來好像可以……。很多人認為，虛擬貨幣前景一片大好，但是我仍然不推薦散戶買虛擬貨幣，最主要還是一點，「防騙 3 原則」第 1 條：「不懂不要買（註 1）。」再來，從價值投資的角度看，「內在價值估不出來的也不要買。」因為你估不出來，通常買貴的機率比較高。請問，你或者任何人怎麼去評估 1 單位比特幣應該值多少美元？

虛擬貨幣波動非常劇烈，散戶難以承受

就我自己的了解，我對比特幣的看法，從上一本書《上流哥：這年頭存錢比

註 1：「防騙 3 原則」是指：1. 不懂不要買；2.Too good to be true（太好的東西就不太可能是真的）；3. 風險與報酬會對稱。詳細介紹可參考《上流哥：這年頭存錢比投資更重要》。

圖1 比特幣價格自2021年初一路狂飆
—— 比特幣價格走勢

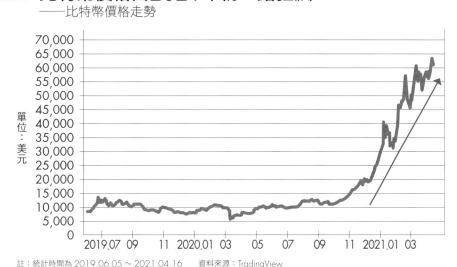

註：統計時間為 2019.06.05 ～ 2021.04.16　　資料來源：TradingView

投資更重要》的那些內容到現在，都沒有因為比特幣價格創新高而有所改變，所以我還是不建議散戶介入。

其實就我看來，虛擬貨幣實際上也不是貨幣，而比較偏向商品性質。貨幣必須具備價值穩定的特質，但比特幣根本就不是這麼回事，比特幣有可能今天有2萬美元的價值，結果明天比特幣價格下跌，只剩下3,000美元的價值，在這種價格波動非常劇烈的情況下，你如果要出遠門幾個月，你根本就不知道手上的虛擬貨幣夠不夠用；而且虛擬貨幣的價格波動太過投機，根本不是散戶可以承受的。

不信的話,你可以看看最近(2021 年 5 月)比特幣的價格,又大幅回檔到 3 萬 5,000 美元左右,跌幅近 4 成(詳見圖 2)。這種波動在虛擬貨幣來講很常見,1 天可以漲跌 1 成～2 成,每 1 年～2 年可以看到 5 成跌幅,光是波動性就會嚇死散戶,更別說散戶居然在這種高波動性的商品開槓桿。看看網路的新聞與社群 Po 文,果然這波大跌,又一堆散戶爆倉了。

分析 2021 年 5 月虛擬貨幣大跌的 3 項原因

稍微說明一下,這次虛擬貨幣價格大跌的幾項原因:

原因1》挖礦耗電

根據愛爾蘭都柏林聖三一大學布萊恩‧盧西(Brian Lucey)教授的說法,單是比特幣本身所消耗的電量,就相當於一個中等規模的歐洲國家,加上其他虛擬幣就更多了。

這麼多電消耗在一個有點無形的東西,感覺就很扯。當然,虛擬貨幣投資人會說,挖黃金也是耗費能源啊!這樣說也沒錯,但是黃金實體有其價值,虛擬貨幣不但沒有實體,價值也很飄渺。

此外,我之前說過,當停電時,虛擬貨幣也沒有貨幣功能,不像黃金,因為有實體,所以還可以實物交易。聽到這裡,虛擬貨幣支持者會反駁說,持有股票也是停電就沒法保證價值。

圖2 比特幣價格於2021年5月出現大幅回檔
——比特幣價格走勢

單位：美元

66,000
62,000
58,000
54,000
50,000
46,000
42,000
38,000
34,000
30,000
26,000
22,000
18,000
14,000

2020.12　2021.01　02　03　04　05

註：統計時間為2020.11.28～2021.05.28　　資料來源：TradingView

其實我覺得，支持虛擬貨幣的人在說其他商品也一樣爛時，並沒有加到分。當你整天被問到虛擬貨幣的缺點，你就開始在跟其他實體商品比爛時，你怎麼說服別人去持有虛擬貨幣？而且前述這堆問題不也說明了，虛擬貨幣實際上存在非常多缺陷，並沒有支持者講的那麼完美。

原因2》政府不支持虛擬貨幣，並且要課稅

假如虛擬貨幣賣出要課稅，那麼根本就沒有任何當成貨幣交易的功能。之前電動車大廠特斯拉（Tesla）宣稱，可以收虛擬貨幣買車。後來有人去算了，如果用比特幣買特斯拉，那麼買車過程會被當成「賣出比特幣，換成美元後買特

斯拉」，而在賣出比特幣這段過程，就會被政府課資本利得稅。考慮課稅因素後，用比特幣買車，怎麼算都划不來。

不只美國在打虛擬貨幣的課稅主意，台灣現在也正在考慮對虛擬貨幣納入實名制並課稅。如果實名制，那麼虛擬貨幣支持者說的「政府管不到」就變管得到了，而且要課稅後，買賣虛擬貨幣即使獲利了，利潤也會被稅吃掉不少。

除了上述以外，我覺得最重要的一點還是虛擬貨幣希望去中心化，但政府絕對不會接受放棄貨幣主導權，虛擬貨幣被各國政府監管甚至限制是遲早的事。

今年（2021）年初，歐洲央行（ECB）主席拉加德（Christine Lagarde）呼籲對比特幣的全球監管，表示該數位貨幣在某些案例被用於洗錢活動，應該防堵任何的漏洞。2021 年 5 月，美國證券交易委員會（SEC）主席蓋瑞‧詹斯勒（Gary Gensler）表示，國會需要建立一套架構監管加密貨幣交易所，因目前法律並未授權任何主管機關直接監管，導致美國投資人在這方面缺乏保障。

此外，中國現在也全面限制虛擬貨幣，不管是交易、使用、挖礦等，統統禁止。根據劍橋中學替代金融研究中心（CCAF）的報告，全球「挖礦」的能耗總量中，中國占 70%，也就是說，中國參與者影響很大，當中國政府全面禁止，持有虛擬貨幣的風險便會非常高。

全球最大對沖基金橋水（Bridgewater）創辦人達利歐（Ray Dalio）也不斷

提出警告，稱各國政府遲早會對虛擬貨幣實施管制。

除了不支持虛擬貨幣之外，現在有些國家政府開始考慮數位貨幣，像是中國央行已經在發行數位人民幣（註2）。如果是央行發行的數位貨幣，那跟市面上的虛擬貨幣就會有一個非常大的不同，央行發行的數位貨幣有央行擔保，且有央行管理，數位貨幣有可能是貨幣的未來，但是市面上那些私有的虛擬貨幣可不見得可以活到未來。

虛擬貨幣的流動對政府而言是不樂見的，因為政府無法控管資金流，尤其是犯罪的資金流，有可能會增加地下經濟的蓬勃，現在也有些聲音希望政府禁止虛擬貨幣的使用。加上政府也無法用傳統的貨幣工具來控管市面上的虛擬貨幣，這樣如何去微調經濟狀況？因此，各國政府禁用虛擬貨幣仍是虛擬貨幣投資人的一個巨大風險。投資人在做資產配置時，應把這點考量進去。

原因3》馬斯克翻臉

特斯拉創辦人馬斯克（Elon Musk）是這一年來散戶投資虛擬貨幣熱潮的帶頭者，甚至鼓勵民眾用比特幣購買特斯拉的車子，被稱為「幣圈教主」。結果教主最近翻臉不認人，開始批評比特幣，説比特幣耗電，且禁止民眾再用比特幣買特斯拉。如果你是投資人，你買的商品居然可以因為某個人發篇推特

註2：目前數位人民幣並非區塊鏈，可離線支付，且央行可以全程監控流向並自行控制發行量，這些特點跟虛擬貨幣不同，虛擬貨幣為區塊鏈架構，去中心化。

（Twitter）就大幅影響價格，你不覺得這商品波動過於投機、太無厘頭了嗎？

　　我在上一本書《上流哥：這年頭存錢比投資更重要》就有提過虛擬貨幣，這次又把虛擬貨幣特別放進來寫一小段，主要是提醒大家不要去碰。當然，如果你認為你很懂虛擬貨幣，覺得它是未來，那麼我就沒意見。不過，我建議你在做資產配置時，不要讓虛擬貨幣超過你淨資產的 10%，網路上有把資產賣光全部買比特幣的個案，這在比特幣價格上漲時當然是很不錯，但只要比特幣價格崩盤，就會很慘，風險太大，不是散戶該學的。

　　虛擬貨幣有些屬性其實和黃金有點像，例如黃金也不容易評估 1 單位黃金應該值多少美元，但是最大差異的一點是，黃金有 5,000 年歷史做擔保，人類長久以來就是願意把黃金當貨幣，但是虛擬貨幣並沒有經過這種考驗，在股市崩盤時，虛擬貨幣也常跟著崩盤。如果你真的想要投資，也許幾十年後，等虛擬貨幣經過了時間考驗，大家再去考慮看看吧？

第4章

回顧泡沫歷史

進場投資前
必須先懂金融泡沫的歷史

4-1

對於投資人來講，了解泡沫的歷史非常重要，沒看過投資歷史就開始投資，就像是在黑暗的房間裡摸黑走路，你隨時都可能撞到或踢到你沒預期的東西。理論上，我們應該要從歷史中學到教訓，而不是還得要自己失敗後才學到教訓，但是很弔詭的是，歷史又會不斷重複，泡沫與崩盤就是一直存在於資本市場。就算每次泡沫事件發生時的經濟、社會變數都不太一樣，但是歷史還是會一直重複，因為人性是相同的。人在投資的時候就會有恐懼與貪婪的情緒交錯出現，最後導致大家都知道以前的泡沫歷史，卻又無法避免而重蹈覆轍。

雖然説看過泡沫歷史，也不保證你就可以躲過下次泡沫，但是我們至少可以知道發生哪些情況時，風險就開始飆高了；或是出現什麼極端情緒時，可能是個買點；或者我們在事件發生的當下，可以努力地去克服情緒，不被情緒帶走而做出錯誤的投資決策，以至於冒了太大的風險。

我開始接觸投資理財是上大學後，那段時間是股票投資黃金年代的末段（1990 年代末，網路泡沫前夕），1980 年～ 2000 年大概是股票歷史上最高報酬率的一段期間，那 20 年美股平均年報酬率高達 15%。我在進場投資之前就念了非常多書，其中許多內容也提過不少股市泡沫，甚至我自己也曾經在

1990 年代，親眼見證過台股的泡沫。那時候的金融股，如國泰人壽（現已併入國泰金控），股價超高，最高到 1,975 元；證券行大賺到居然連一個掃地的清潔人員，都可以年終領 30 個月。但是等到我真的開始實務操作，卻連續於 2000 年網路泡沫和 2008 年金融海嘯都沒躲過。

書看了老半天，結果遇到泡沫又躲不過，那看書有用嗎？就像有人說過的，你很難跟一個沒性經驗的處男或處女，講清楚什麼叫做高潮。我看書的時候看到股市泡沫是一回事，等我自己親身經驗過又是另外一回事。

更好笑的是，上面不是說我經歷過 2 次泡沫經驗嗎？那表示我中了網路泡沫後，後面金融海嘯泡沫也一樣沒躲掉。如果要我自己解釋原因：第 1，是我當初只會玩個股，我對總經沒有研究，所以我眼界比較窄；第 2，我是價值投資人，買的股票都是當下評價相對低的，所以當時不覺得我買的股票有泡沫跡象，也不認為持股風險有多高；第 3，我以為價值投資人遇到崩盤不會有事，但我後來發現，要當巴菲特（Warren Buffett）其實非常難，他可以整段崩盤都不賣股票，而且他自己的持股真的也都相對抗跌。遇到崩盤時，我發現我的情緒受到很大影響，然後我的持股就算有抗跌，但是當指數跌掉 7 成時，你持股抗跌只跌 6 成，還是會崩潰。

以往崩盤時要比指數抗跌真的非常困難，因為有些大股票如電信股抗跌，權值股也相對小股票抗跌，所以你如果在崩盤時可以跌到跟指數差不多，已經很厲害了。不過近年有 ETF 效應，權值股股價很強，權值股是否還會在崩盤時抗

跌？我不知道，但是我認為，要在崩盤時跌比指數少，絕對還是不容易。

不過有過這 2 次的經驗，我知道崩盤的時候，便宜是無限的。你覺得一檔 30 元的金融股已經很便宜，結果最後跌到 8 元；你覺得電子代工股便宜，本益比根本不到 10 倍，結果股價從 50 元跌到 20 元，本益比剩 4 倍、5 倍。這種感覺就像是你以為你已經掉到地獄了，最後發現地獄有 18 層，第一波崩盤後，不過只是在第 2 層、第 3 層而已，你那時候已經覺得要死了。千萬不要這麼想，後面強度還可能更大，大到超乎你想像，一直到超越你的想像 3 波到 5 波之後，也許才觸底。

雖然我自己有 2 次失敗的經驗，但我還是認為了解投資歷史，對投資人有好無壞，你只要可以避開過一次崩盤風險，你花那麼多時間念那麼多書就划得來了。我沒躲過網路泡沫和金融海嘯的崩盤，但是 2 次都沒有在低點時離場，因為看書知道以往經驗是景氣總會反轉，低點總會過去，所以 2 次都有熬過來，低點完全沒賣，甚至持續加碼，我一直抱股直到指數回到高點。不過，我後來又看了更多資料後發現，其實我那 2 次泡沫熬過來有點幸運，2000 年網路泡沫是買科技股才會比較慘，2008 年金融海嘯則是谷底回升很快，但歷史上有好幾次，股市空頭是持續很久的，所以拗愈久反而愈慘。

對於風險控管切勿心存僥倖

即使你念了投資歷史，還是有一點會讓投資失敗，那就是你的投資 EQ。也

許你很懂股票分析和總經分析，看過投資歷史，投資 IQ 也沒有問題，但是太過貪婪，無法控管你的情緒，想賺到最後一塊錢，所有會漲的機會都不想錯過。明知風險已經很高，還是在場內玩，最後你就會跟著泡沫一起破滅。我只能提醒大家，對於風險管控，千萬不要心存僥倖。「莫非定律」（Murphy's Law）說，只要有衰事發生的機率，你卻堅持一直玩下去，最後一定會遇到衰事。

貪婪讓你在高點時不想跑，想繼續賺，即使你也感覺到市場風險升高了；反過來，恐懼讓你在低點時嚇得跑走，因為你心理上承受不住了，即使你知道低點可能到了。沒有經歷過 2008 年金融海嘯的人應該很難理解，為何會有人賣在 4,000 點這種誇張便宜的價位？

我講一下那個感覺，當指數從萬點下跌，看到了 8,000 點、7,000 點，接著看到了 6,000 點、5,000 點，後來看到了 5,000 點、4,000 點，這時候有人說股市下看 1,000 點、2,000 點，你信不信？你會信的，然後會想說，既然會跌破 2,000 點，何不現在 4,000 點賣？以後跌到 2,000 點再買回。結果你就賣在最低點了，原因就是出於恐懼。

說了那麼多有關知道泡沫歷史的重要性後，接下來，我將依序帶領大家看看幾個比較重大的泡沫歷史，希望大家能從歷史學教訓，而不是自己虧錢學教訓。

1637年》鬱金香泡沫
買花也可以買到傾家蕩產

4-2

從舊的開始講起，先來看 1637 年的鬱金香泡沫。16 世紀中葉，鬱金香從土耳其傳入西歐後，又於 16 世紀末，輾轉傳到荷蘭。

鬱金香有 2 種繁殖方式，一種是通過種子繁殖，另一種是透過鬱金香的根莖繁殖，把鬱金香的根莖種到土裡，每年 4 月、5 月會開花，花期大約 10 天左右，然後 9 月時，根部又會長出新的球莖。

鬱金香交易市場交易的不是花而是球莖，因為種子繁殖要得到比較好的球莖，需要長達 7 年～ 12 年，所以鬱金香球莖的供給很難短期大量增加。此外，有些球莖受到病毒感染，會開出異常漂亮的花朵，這些球莖因為病毒的關係，所以產量更少、更稀有。由於病毒感染的鬱金香數量有限，價格非常昂貴，成為有錢人炫富的商品；荷蘭也因為氣候、土壤關係，變成了鬱金香的主要栽種國。1608 年，就有法國人用 3 萬法郎的珠寶去換取一枝鬱金香球莖。

鬱金香價格暴漲又暴跌，最終引發市場混亂

那鬱金香泡沫是怎麼回事呢？1630 年，荷蘭培育了一些新品種鬱金香，在

上流社會引起流行。但當時鬱金香的交易和其他花一樣，由花農種植並且直接經銷，價格波動比較小。

1634 年年底，荷蘭鬱金香商人組成組織，控制了鬱金香的交易市場，原本價值 1,000 元（荷蘭盾，以下同）的鬱金香球莖，1 個月漲到 2 萬元。1635 年秋，法國最好的鬱金香球莖，價值 110 盎司的黃金（約合新台幣 500 萬元）。1636 年，為了方便大家交易，荷蘭阿姆斯特丹的證交所設了固定的交易市場，當時一株稀有品種的鬱金香，價值一輛馬車。由於市場交易火熱，到了 1636 年年底，鬱金香市場不只交易已經收穫的鬱金香球莖，還交易隔年（1637 年）收穫的球莖，這時就像是交易鬱金香期貨了。

鬱金香價格的上漲，也吸引了其他歐洲的資金前來炒作。從行會控制、期貨炒作，到熱錢流入，所有泡沫的套路都出現了。而鬱金香也在 1637 年的新年炒作，達到高鋒。

例如稀有的鬱金香品種高達（Gouda），1634 年年底時，價格只有 1.5 元（荷蘭盾，下同），1636 年時升到 2 元。1636 年 11 月升到 7 元後，又大幅下跌到 1.5 元。之後 12 月，再上漲到 11 元。1637 年年初時，價格再度跌到 5.5 元。1 月底，則衝到 14 元。這波動之大，每次波段漲勢都高達好幾倍，每段跌勢也有超過 50% 以上跌幅，有沒有感覺很像比特幣？

其實在 1636 年 12 月到 1637 年 1 月這段期間，除了稀有的鬱金香品種

表1 1637年鬱金香價格1個月最多可翻49倍
——1637年～1639年各種鬱金香價格

鬱金香品種	1637.01.02價格 （荷蘭盾）	1637.02.05價格 （荷蘭盾）	1個月漲幅 （倍）	1639年價格 （荷蘭盾）
Admirael de Man	18.00	209.00	10.6	0.100
Gheele Croonen	0.41	20.50	49.0	0.025
Witte Croonen	2.20	57.00	24.9	0.200
Switsers	1.00	30.00	29.0	0.050
Semper Augustus	2,000.00	6,290.00	2.1	0.100
Gheele ende Roote van Layden	17.50	136.50	6.8	0.200

註：漲幅＝ 1637.02.05 價格 ÷1637.01.02 價格－ 1　　資料來源：《鬱金香狂熱》（Tulipmania，暫譯）

價格狂飆以外，連普通品種的鬱金香價格也水漲船高，像是 Switsers 品種，在 1637 年 1 月時，價格不到 1 元，然而到了 2 月 5 日，價格卻已經漲到 30 元，1 個多月就漲了 29 倍（詳見表 1）。

不過鬱金香價格飆漲的情況並未持續下去，到了 1637 年 2 月，市場意識到鬱金香期貨交貨的時間就快要到了（鬱金香在 4 月、5 月開花），忽然沒有人想持有鬱金香期貨了，價格開始暴跌。價格下跌後引發惡性循環，大家更不想持有和買進，造成價格再進一步下跌，最終鬱金香泡沫破裂。

1720年》南海泡沫
散戶為國家接盤的過程

4-3

　　資本市場的開端，常常跟政府開支、戰爭離不開關係，而 1720 年南海泡沫的開端，也是如此。

　　南海泡沫發生的背景在英國。1688 年～ 1697 年，英國參與 9 年戰爭，法王路易 14 在歐洲擴張，遭到荷蘭、神聖羅馬帝國和英國、西班牙等組成同盟聯合對抗。接著 1701 年～ 1714 年，因為西班牙哈布斯堡王朝絕嗣，法蘭西王國的波旁王室與奧地利的哈布斯堡王室，為了爭奪西班牙帝國王位，引發成一場歐洲大部分君主制國家參與的「西班牙王位繼承戰爭」。英國在這 20 年、30 年內接連打了 2 場大戰，導致欠債龐大。

　　1710 年，英國國庫卿羅伯特·哈利（Robert Harley）剛上任，馬上面對龐大的債務問題，當下連要到期的國債利息都付不太出來。當時，英國國債的前 2 大持有人分別是東印度公司跟英格蘭銀行，其中東印度公司有在東南亞與印度的壟斷貿易權，英格蘭銀行則是私營銀行，握有印鈔權與持有不少英國國債。

　　由於英格蘭銀行是由不同黨派的人所控制，所以哈利與金融家約翰·布朗特（Sir John Blunt）共同想出了一個計畫。1711 年，他們創造出「南海公司（South

Sea Company）」的構想，政府先給予南海公司太平洋與南美洲的貿易權，並有菸酒等退稅的權利，這樣南海公司就變成一家有價值的貿易公司了。之後，再由南海公司出面認購 1,000 萬英鎊的公債，紓解英國的財政問題。

1720 年，南海公司與政府達成協議，南海公司收購市面上的公債，被收購的人可以得到南海公司的股票。2 月下議院通過南海公司提出的購債計畫時，南海公司的股價從 129 英鎊漲到 160 英鎊；之後上議院也通過南海公司的購債計畫，南海公司的股價漲到 390 英鎊。對南海公司而言，可以把自己大幅上漲的股票換成穩定收益的公債是划算的交易。

南海公司的股價從 1720 年初的 100 多英鎊，漲到年中的近 1,000 英鎊（詳見圖 1），買進南海公司的股票變成全民運動。上從國王、貴族，下至平民百姓，都參與了這場泡沫。大家都相信，南海公司背後是政府，經營著獨占貿易的權利，加上股價持續上漲，搞得懂南海公司本業的人可能不多，但是大家都知道南海公司的股票會持續上漲。

那段期間，除了南海公司的股票漲翻天以外，其他股票制公司也開始炒作題材。像是有公司發布假消息說有大生意，結果市場一堆投資人也不查證，直接就進場埋單，最後這些泡沫公司在市場吸引了高達 3 億英鎊的資金。

但好景不常，1720 年 6 月，英國國會通過了《泡沫法案》（註 1）以制止泡沫公司的膨脹，規定股份公司必須取得特許才能經營。之後法院在同年 7 月

圖1 南海公司股價於1720年飆升近9倍
──南海公司股價走勢

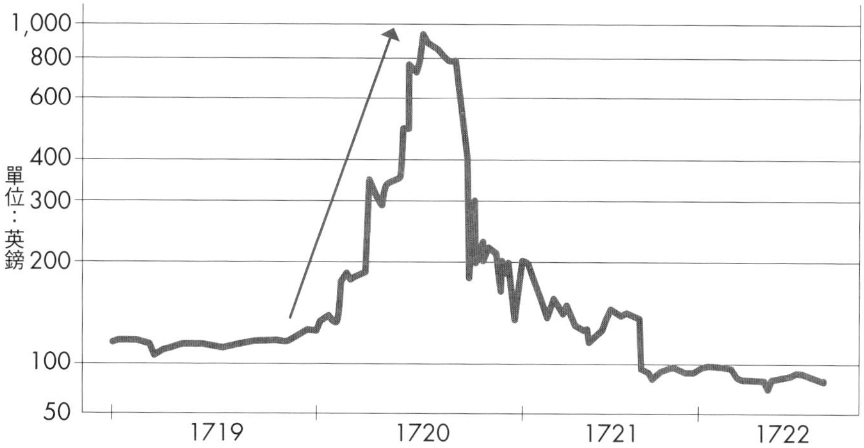

註：統計時間為1719年～1722年　　資料來源：取材自維基百科（網址：https://ja.wikipedia.org/wiki/%E3%83%95%E3%82%A1%E3%82%A4%E3%83%AB:South-sea-bubble-chart.png），由 S kitahashi 提供

取締了 86 家泡沫公司，許多公司被解散，市場開始慢慢清醒過來。從 7 月開始，外國投資者搶先拋售南海股票，國內投資者紛紛跟進，南海公司股價很快下滑，9 月跌到 175 英鎊，12 月跌到 124 英鎊，南海泡沫破滅。

　　泡沫破裂後，南海公司並沒有倒閉，要知道南海公司最開始是靠出售股票換國債進來，這些國債是有價值的，南海公司那時還有 4,000 萬英鎊的資產。之後，南海公司本業貿易做得不怎麼樣，主要變成在處理政府債務的公司。

註 1：泡沫一詞是在《泡沫法案》後才出現的，是用來形容類似的經濟事件。

1750 年，西班牙政府出 10 萬英鎊撤銷南海公司在南美的貿易優惠，南海公司自此不再經營貿易；1853 年，南海公司將公司剩餘股票全都換成國債，南海公司正式成為歷史。

資金與槓桿在金融風暴中產生加成作用

從結論來看，南海泡沫的整個過程，其實就是散戶為國家接盤的過程。散戶買進南海公司股票墊高南海公司的股價，降低南海公司拿自己股票去換公債的難度，或是公債持有人自願把公債換成南海公司股票，這樣使得政府公債負擔大幅減低，也讓南海公司的市值暴增，又暴跌。

實際上，南海公司本業的貿易並沒有經營得很順利，甚至在經營 6 年後（1718 年），當英國與西班牙開戰時，公司在南美的資產又被全部沒收。但是大家都知道，泡沫時誰管基本面呢？只要有題材，只要價格一直漲，就會有前仆後繼的投資人來搶購（大家要不要想想，現在什麼資產也是如此？）。

此外，南海公司在泡沫期間，還借錢讓投資人可以融資買入南海公司股票，投資人只需要付出 1/10 的價格，可見在本案中，資金與槓桿也有加成作用。

而英國著名物理學家牛頓也是南海泡沫的受害者之一，他第 1 次進場買入南海股票時，曾小賺 7,000 英鎊，但當他第 2 次買進時，已是股價高峰，最後大虧 2 萬英鎊離場（註 2）。對此，牛頓曾經感歎說，「我能計算天體的運行，

卻無法評估人類的瘋狂（I can calculate the motions of heavenly bodies, but not the madness of people.）。」

牛頓在南海泡沫的慘痛經驗，也是散戶在參與泡沫時的常見下場。你在一個泡沫中賺到錢，你一定會繼續玩，且會加碼玩，你會想，既然這樣可以賺錢，為何不多買一點，賺更多呢？一直到最後泡沫破裂，你才發現自己虧很慘。

就好像牛頓先前靠買賣南海公司股票小賺，最後不是也連本帶利虧掉了？不太可能有人趁泡沫賺一筆，然後從此出場就不玩了。所以我也說，開始投資就大賺錢的人，其實是運氣不好，因為你會一直玩下去，且愈玩愈大，最後在一次逆風中大虧。

註 2：2 萬英鎊大概是當時英國中上階級 4 年的年收入，約合新台幣 500 萬元～ 1,000 萬元。

4-4 1929年》經濟大蕭條 對全球經濟產生劇烈影響

南海泡沫之後，對全球經濟產生劇烈影響的，莫過於 1929 年美國的經濟大蕭條（The Great Depression）。

這次大蕭條的時間就剛好夾在兩次世界大戰中間，大蕭條跟兩次的世界大戰的因果都加減有點關係。

第一次世界大戰（簡稱一戰）在 1918 年結束，歐洲經過一戰，百廢待興，美國本土卻置身事外。而一戰也讓世界霸主的地位跟著轉變，一戰前英國是世界金融的中心；一戰後，世界金融的地位轉到美國。而美國也在一戰過後，走了一段經濟、文化與股市的繁榮期：

經濟面》3 大產業帶動經濟大幅增長

一戰後，美國的經濟重心從戰爭生產轉回民生工業。當時受到工業化浪潮的影響（註 1），許多新科技，像是汽車、電影、無線電、收音機等，也在此時被發明並普遍使用，人類生活開始步入現代化。在這段期間，又以汽車業、家電業和建築業的表現最佳，整體經濟也不斷上揚。

產業1》汽車

　　汽車業中，表現最突出的就是用流水線的生產方式大量製造汽車的福特汽車。在手工生產汽車的時代，裝配 1 輛汽車需要 728 人工小時，福特汽車簡化設計，零件標準化、簡化生產流程，生產一輛 T 型車只需要 12.5 小時。

　　福特進入汽車產業 10 多年後，它的生產速度達到每分鐘 1 輛，再 5 年後達到每 10 秒 1 輛。生產速度提升後，美國乘用車產量也跟著增加，從 1922 年的 227 萬 2,000 輛，增加至 1929 年的 458 萬 8,000 輛，增幅近 1 倍。

　　此外，汽車的生產成本也大幅下降，每輛車的售價僅需之前一半的價格 260 美元。以當時的薪資來計算的話，平均一名工人只需要工作 3 個月、4 個月，就可以存到 1 輛汽車的錢。

　　上述這些因素都使得汽車產業快速成長，到了 1929 年，美國實現了 2,300 萬的汽車保有量（指一個地區擁有的汽車數量），平均每 5 位美國人當中，就有 1 人擁有汽車。

產業2》家電

　　1920 年代，家電業的表現僅次於汽車產業，洗衣機、電冰箱等電器產品開

註 1：當時工業製造走向大量生產，工廠設備走向電氣化，工廠電氣化設備占比在 1914 年～ 1929 年，10 多年間從 30% 提升到 70%。

始普及。

參考當時美國發電量數據（家電愈多、耗電愈多），1920 年美國發電量為 43 億 5,600 萬千瓦小時，之後的 9 年持續上升；1929 年發電量達到 95 億 9,400 萬千瓦小時，較 1920 年提高了 1.2 倍，複合年均增長率 8.07%（詳見圖 1）。

此外，美國的收音機數量，也從 1922 年的 6 萬台成長到 1928 年的 750 萬台，增加了 124 倍。

產業3》建築

一戰過後，美國開始大幅修建基礎建設。美國建築合同總面積（不含公共設施）從 1920 年的 4 億 200 萬平方英尺，增加至 1925 年的 7 億 6,000 萬平方英尺，增幅達 88.91%。

汽車、家電、建築等 3 大產業持續發展，也帶動鋼鐵、石油等相關產業的增長。像是美國生鐵產量從 1920 年的 119 萬 4,000 噸，增加至 1929 年的 139 萬 100 噸，增幅達 16.42%；阿巴拉契地區（美國早期原油主產地）日原油產量，也從 1920 年的 100 萬 4,000 桶，增加至 1929 年的 111 萬 1,400 桶，增幅為 10.7%。

除此之外，3 大產業也帶動美國整體經濟在這段期間內大幅增長。1921 年

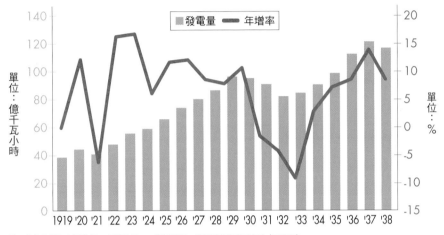

圖1 美國發電量1929年達95億萬千瓦小時
——1919年～1938年美國發電量與年增率變化

註：統計時間為 1919 年～1938 年　　資料來源：美國國家經濟研究局（NBER）

第 2 季，美國國民生產毛額（GNP）為 686 億 5,000 萬美元，之後經濟持續成長，1929 年第 3 季，GNP 上升至 1,067 億 2,000 萬美元，期間增幅 55.6%，年均複合成長率為 5.69%（註 2，詳見圖 2）。同期間的美國製造業生產指數從 67 漲到 119，漲幅 77.6%，年均複合成長率 7.44%。

當時的美國總統是柯立芝（Calvin Coolidge，就任時間 1923 年～ 1929 年），所以世人也將此段期間稱為「柯立芝繁榮」。這段期間美國的經濟政策

註 2：參考美國近 10 年國內生產毛額（GDP）成長率 2% ～ 3%，比當時低了不少。

是自由放任主義，但因為不想再參與歐洲大陸上的戰爭，所以在外交上實施孤立政策、貿易上實施關稅制度，這也是後來美國發生經濟大蕭條的原因之一。

文化面》1920 年代為「歷史上最多彩的年代」

1920 年代（1921 年～ 1929 年），美國爵士樂誕生、現代女性的形象出現、裝置藝術達巔峰。當代也出現了許多知名人物，像是美國職棒史上最具代表性的二刀流選手貝比・魯斯（Babe Ruth），英國喜劇演員卓別林（Charles Spencer Chaplin），20 世紀最著名的小說家之一海明威（Ernest Miller Hemingway）、英倫大文學家勞倫斯（David Herbert Lawrence），福特汽車創辦人亨利・福特（Henry Ford）等。這個年代，也被稱為「歷史上最多彩的年代」，史稱「咆哮的 20 年代（Roaring Twenties）」。

時間拉回現在，有些人會覺得現在科技飛躍，經濟飆漲，身處這種年代，股票大漲是理所當然的。其實你去看看歷史，以往的經濟繁榮期絕對不輸現在，光是 1920 年代，當時近 10 年的每年複合經濟成長率超過 5%，就會覺得現在長期經濟成長率平均只成長 2% 左右，根本是 XX 比雞腿。但是即使 1920 年代有多麼好，後面卻遇上了歷史上最恐怖、最慘烈的經濟大蕭條。

股市面》融資規模龐大讓股市更為火熱

1920 年代的美國不只經濟大幅成長、文化表現多元，股市也一樣繁榮。我

圖2 美國GNP在1921年～1929年增幅達50%以上
——美國1920年～1939年GNP總值變化

1920.Q1
95 億 9,800 萬美元

1929.Q3
106 億 7,200 萬美元

1939.Q4
98 億 1,500 萬美元

1921.Q2
68 億 5,600 萬美元

1933.Q1
49 億 7,800 萬美元

單位：億美元

120

100

80

60

40
1920.Q1　　1923.Q1　　1926.Q1　　1929.Q1　　1932.Q1　　1935.Q1　　1938.Q1

註：統計時間為 1920 年～ 1939 年　　資料來源：美國國家經濟研究局、〈美國 1930 年代「大蕭條」淺析與啟示〉

們可以將股市的發展時間細分為 2 階段：

階段1》1921年4月～1926年8月：經濟與股市攜手前進

在 1920 年代初期，美國的經濟與股市攜手前進。經濟部分，除了前面提到的 GNP 增長以外，美國全部企業的淨利潤也從 393 億美元（1922 年 1 月）增加到 1,326 億美元（1926 年 7 月），增幅達 2.37 倍。

與此同時，美國標普所有普通股價格指數也從 62 點（1921 年 8 月）漲到 105.6 點（1926 年 7 月），漲幅 70.32%（詳見圖 3）。

階段2》1926年8月～1929年9月：泡沫階段

1926 年 7 月～ 1928 年 7 月，經濟出現小幅衰退，美國全部企業淨利潤下降，但是股市卻仍持續上漲，標普所有普通股價格指數從 105 點漲到 152 點，股市再漲 44%。之後經濟回暖，股市進一步上升，標普所有普通股價格指數來到 237 點（1929 年 9 月），上漲 56%。

從本益比的角度來看，1920 年代初期，個股本益比約 10 倍不到，最低時，整體標普的本益比只有 4.8 倍。結果到了 1929 年，本益比已經達到 32.6 倍（註 3）。

此外，融資操作在此時也是讓股市更為火熱的因子。融資規模在 1920 年代初期約為 10 億～ 15 億美元；到了 1926 年已經提高到 20 億～ 25 億美元；1927 年底，融資規模已接近 35 億美元。而泡沫最後的階段，融資規模增加速度再加快，1928 年 6 月達 40 億美元，到該年年底，已經有 60 億美元了；到了 1929 年 3 月，市場投機貸款的交易金額更是達股市總市值的 2/3 以上，比美國當時流通貨幣總額還要多。

股市崩盤前，知名經濟學家歐文・費雪（Irving Fisher）留下一句名言：「股價已經達到永恆的高原（Stock prices have reached what looks like a permanently high plateau.）。」意思是股票會在高檔而不會下跌。著名的經

註 3：現在（2021 年初）美股用 10 年平均獲利計算的席勒本益比，也高達 35 倍左右。

圖3 1920年代前期，美國經濟與股市同步上升

美國標普所有普通股價格指數變化

美國全部企業淨利潤變化

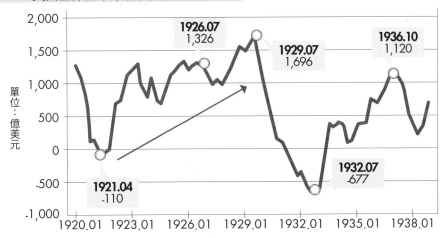

註：標普所有普通股價格指數統計時間為 1920 年～ 1939 年；美國全部企業淨利潤統計時間為 1920 年～ 1938 年
資料來源：美國國家經濟研究局

濟學家凱因斯（John Maynard Keynes），也在此次崩盤中幾乎破產（註 4）。

道瓊工業平均指數（DJI，簡稱道瓊指數）在 1929 年 9 月 3 日升至最高峰的 381.17 點，之後連跌了 1 個月，約莫跌掉 17%。

1929 年 10 月 24 日，開盤時股市還溫和上漲，到了 11 點忽然開始反轉，指數大幅下跌，同時成交量暴增，一天跌掉 11%，歷史上稱此日為「黑色星期四」。隨後在 10 月 28 日和 29 日，道瓊指數分別再次下跌 12.8% 和 11.7%。短短 1 週之內，美國股票市值蒸發約 100 億美元。到了 1932 年 7 月 8 日，道瓊指數最低來到 41.22 點，與 1929 年的高點相比，約莫滑落了近 9 成（詳見圖 4）。

如果你是買在 1929 年高檔的人，不知道有生之年能否回本？也因為這次大崩盤的記憶太慘烈，整整一世代的人不再買股票，道瓊指數在 20 多年後，才重返 1929 年前的水準（註 5）。

股市泡沫破裂對美國實體經濟也產生重大影響，1929 年第 4 季～ 1933 年

註 4：特別提一下，有個名人在這次崩盤賺到大錢，那就是人稱史上最強股票作手的傑西·李佛摩（Jesse Livermore）。股災前，李佛摩已經放空了所有股票，崩盤後，大概賺超過 1 億美元。那時候，美國 1 年稅收才 42 億美元。不過故事還沒完，1934 年 3 月 5 日，李佛摩第 4 次破產，1940 年底自殺身亡。

註 5：道瓊指數在 1954 年 11 月 23 日，來到 382.74 點。

圖4 道瓊工業平均指數於經濟大蕭條時期暴跌近9成
—— 道瓊工業平均指數走勢

註：統計時間為 1919.03.17 ～ 1940.09.30　　資料來源：TradingView

第 1 季，連續出現了 14 個季度的經濟負增長，累計負增長為 -68.56%，同時工業總產量和國民收入暴跌了將近一半，經濟水準倒退 10 年，至少有 5,000 家銀行、13 萬家企業倒閉。通用汽車公司的生產量也從 1929 年的 550 萬輛，下降到了 1931 年的 250 萬輛。

除了經濟遭受重創以外，失業問題也很嚴重，最慘時美國有 1/4 人口沒工作（註 6），很多人通宵排隊在職業介紹所門口，有人為了找工作步行 900 英

註6：1929 年失業率為 2.5%，之後失業率迅速上升，到 1933 年達到創紀錄的 25%。

219

里（約為 1,448 公里）。某職業介紹所招聘 300 人，結果有 5,000 人來應聘。美國華盛頓州甚至有人到樹林裡放火，為的是希望有救火員的工作。

發生經濟大蕭條的 2 項可能原因

美國股市此次崩盤除了影響美國本土經濟以外，也蔓延到全球，全球國際貿易額從 1929 年的 686 億美元，下降到 1933 年的 242 億美元。後人解釋此次經濟大蕭條會發生的原因，大致可分為 2 點：

原因1》需求不足

經濟學家凱因斯在著名文章〈就業、利息和貨幣通論〉（The General Theory of Employment, Interest, and Money）中，從財政政策的角度說明大蕭條的原因。

1920 年代，美國的投資熱潮從汽車、家電、房地產的發展而來，但是 1929 年需求開始下降，私人投資額從 158 億美元下降到 9 億美元。此時，政府應該要用擴張性的財政政策，像是減稅、擴大政府支出等，來彌補民間需求大幅降低這個缺口，然而政府做的卻遠遠不夠。

1930 年底，美國胡佛政府雖然提出了一個 1 億 1,600 萬美元的公共建設，但之後政府並未減稅，反而為了追求財政平衡，在 1932 年的稅收法案還提高了稅率，稅率的提高進一步降低了社會的總需求。

原因2》貨幣政策失誤

先說明一下，貨幣政策是指央行對於利率的控管，和控管政府支出的財政政策是 2 個政府控管景氣的最重要工具。

因為景氣與股市有過熱疑慮，美國聯準會（Fed）從 1928 年開始升息，1929 年 8 月升到 6%，同時緊縮股市融資，保證金比重從 10% 提高到 45% ～ 50%。1929 年前 3 個季度，聯準會又採取行動，指示金融機構只能發放生產性貸款。

之後，聯準會甚至放任銀行破產，使貨幣供應量減少。從 1931 年 2 月到 8 月的半年中，銀行存款額減少了 27 億美元，相當於原存款總額的 7%，而且這種趨勢一直持續到 1933 年。從 1929 年到 1933 年，由於近一半的銀行倒閉或停業，美國貨幣供應減少了 1/3，貨幣供應的減少造成資金面的緊縮。

通貨緊縮也使得實質利率變得非常高，物價從 1929 年到 1933 年分別下降了 2%、7%、17% 和 12%，平均每年下降 8%。這樣算起來，實質利率甚至會超過 10%。大家這時可以去思考一下，現在美國實質是負利率，前幾年即使是正利率也在非常低的水位，實質利率超過 10%，這是多麼高的資金成本？

從目前經濟學家的角度看，會覺得當初的貨幣政策應該要更寬鬆才對。此外，也不該放任銀行破產，兩者（高利率和銀行破產）皆會對當時已經奄奄一息的經濟造成雪上加霜的效果，這也是為何現在聯準會在遇到經濟可能衰退時，降

息就來得又快又猛的原因。不過，我個人還是有疑慮的，不斷使用貨幣寬鬆政策（低利率與QE），用一個泡沫掩蓋上一個泡沫，結構性的問題始終沒有解決，只是把泡沫變更大。等到泡沫破裂，後果可能也會放大好幾倍。

大蕭條的故事其實還有後續。1936 年後，全球開始準備進入第二次世界大戰，無戰事的美國吸引了資金流入，其他國家開始向美國採購物資。到了 1936 年底，道瓊指數的股價比 1932 年的低點已經漲了近 300%。

1937 年 3 月，聯準會開始調控經濟，貨幣政策跟財政政策都收緊，又帶來了一波經濟衰退，失業率高達 15%。

1938 年，道瓊指數二次探底 100 點，又從 1937 年的高點跌了快一半下來，這其實又相當於指數又經歷了一次崩盤，只不過跟 1929 年那一波比，跌一半根本不算什麼。

(4-5) 1970年》漂亮50泡沫
買好公司股票一樣可以虧死你

美國經濟大蕭條之後，下一個重大泡沫事件也是發生在美國，就是 1970 年的「漂亮 50 泡沫（Nifty Fifty）」。

漂亮 50 泡沫相對本書其他泡沫個案，比較沒有那麼恐怖，也沒那麼「泡沫」，但是這次的泡沫集中在大家都熟悉與喜愛，且感覺持有起來讓人很放心的藍籌股（註 1），使得此泡沫成為一個值得去研究並拿來與現在對照的個案。

漂亮 50 包含了許多大家現在仍耳熟能詳的大公司，像是 IBM、奇異（GE）、吉列（Gillette）刮鬍刀、嬌生（Johnson & Johnson）、可口可樂（Coca-Cola）、3M、麥當勞（McDonald's）、迪士尼（The Walt Disney Company）、德州儀器（TI）、西爾斯百貨（Sears）、默克藥廠（MSD）、輝瑞藥廠（Pfizer）、伊士曼柯達（Eastman Kodak）、拍立得等。

漂亮 50 熱潮時，大家認為藍籌股就是最好的股票，不管公司評價有多貴都

註 1：藍籌股又稱績優股、權值股，是指在某一行業中處於重要支配地位、財務穩定、擁有較高商譽且扎根多年的知名大公司股票。

沒關係，買了就可以長期持有，不用賣出。但是實際上其中有幾家公司，到目前為止，都已經下市，甚至破產了，像是拍立得在 2001 年破產、柯達在 2012 年破產、西爾斯百貨在 2018 年破產。

那個年代並沒有指數 ETF，也沒有漂亮 50 ETF，如果是靠自己選股，買漂亮 50，就有可能買到破產的公司。不過這次的泡沫，最大風險還不是公司禁不起時間的考驗而消失，而是公司評價從高點大幅反轉向下，多數再也回不去當時的高評價，持有的投資人在高點反轉時也面臨很大的損失。即使這些公司都是好公司，如果投資人買在股價高檔，還是抱了很久之後才解套。

漂亮 50 多為生活用品龍頭公司

漂亮 50 多為龍頭公司，在市值與公司獲利上都超過整個行業的平均值，如餐飲業的麥當勞、飲料業的可口可樂、電腦業的 IBM 等。

相對於整體標普 500 指數（S&P 500），漂亮 50 也多集中在日常生活的產品上（註 2）。從這點看，漂亮 50 就是大家比較可以理解的生活用品公司，為了這個熟悉感，投資人付出了更多的評價。

我們可以把漂亮 50 的漲勢分成 4 個階段（詳見圖 1）：

註 2：消費板塊在漂亮 50 的占比約 60%，標普 500 指數則僅 30%。

圖1 **漂亮50在1973年～1974年出現劇烈跌幅**
——漂亮50 vs.標普500指數累計收益率變化

❶ 同步上漲
❷ 漂亮 50 跑贏標普 500 指數
❸ 同步下跌
❹ 漂亮 50 補跌

單位：%

漂亮50累計收益率（中位數）
標普500指數累計收益率

註：統計時間為 1970 年～ 1980 年　　資料來源：WRDS、廣發證券發展研究中心

階段 1》 1970 年 6 月～ 1971 年 4 月：標普 500 指數與漂亮 50 同步上漲。

階段 2》 1971 年 4 月～ 1972 年 12 月：標普 500 指數緩步走強、漂亮 50 持續大漲。

階段 3》 1973 年 1 月～ 1973 年 11 月：盤整下跌階段，標普 500 指數與漂亮 50 都持續下跌。

階段 4》 1973 年 12 月～ 1974 年 10 月：崩盤段，標普 500 指數下滑、

漂亮 50 跌幅更大。

1975 年後，漂亮 50 有再走強一波，但是之後就跟標普 500 指數報酬率差不多了。

在正常情況下，其實漂亮 50 股票的評價本來就比較高。在股市裡，市場比較偏好或看好的東西，評價就是會比較高，這部分不是市場自己憑感覺而已，是有一定投資邏輯的。

如果我們參考股東權益報酬率（ROE）數字會發現，漂亮 50 的 ROE 達20%，遠高於其他公司的 12%。所以當漂亮 50 的本益比（註 3）在 25 倍左右時，標普 500 指數的本益比只有 15 倍。之後在評價泡沫的階段，漂亮 50本益比達到 40 倍時，標普 500 指數的本益比只有約 13 倍左右，評價大幅拉開。最後，均數回歸效應發威，在股市回檔時，漂亮 50 與標普 500 指數的本益比差距，再回到之前泡沫之前的差距（詳見圖 2）。

權值股「大者恆大」的現象明顯

我們在現在之所以會比較常提起漂亮 50，是因為全球股市近期也有權值股集中跟漲幅比較大的現象。

註 3：此處是用漂亮 50 和標普 500 指數的本益比中位數來做比較。

圖2 漂亮50本益比中位數遠勝標普500指數
——漂亮50 vs.標普500指數本益比中位數變化

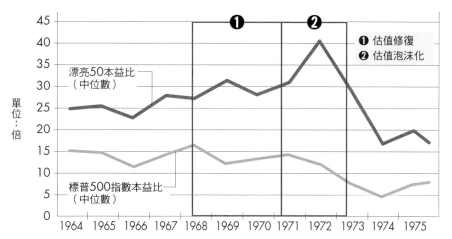

註：統計時間為1964年～1975年　　資料來源：WRDS、廣發證券發展研究中心

　　台股方面，20年前，台積電（2330）占台股市值不到10%，現在（2021年4月）台積電已經占台股31%左右；美股方面，美國標普500指數，光是蘋果（Apple）、微軟（Microsoft）、亞馬遜（Amazon）、臉書（Facebook）、字母控股（Alphabet，Google母公司）這5檔股票，就占了指數的25%。參考這5大股票與標普500指數中其他495家大公司的近年市值漲幅會發現，美股市值的飆漲，多是這5家最大公司的貢獻（詳見圖3）。

　　而且與歷史上比較不同的是「大者恆大」現象明顯，大公司市值大幅增加，遠超過小公司市值增加的幅度，這感覺就很偏離自然規律。我們一般會假設我

們拋重物會比輕物來得距離近，結果實際上大公司業績獲利跟市值都飛得比小公司遠。

　　無論是台灣或美國，這些權值股現在也跟 1970 年的漂亮 50 一樣，評價都持續上升。不過因為這些科技巨頭的獲利都有大幅成長，所以它們的本益比到目前為止，並沒有像漂亮 50 當時的評價一樣，膨脹得那麼誇張。台積電、蘋果的本益比大概從 5 年前的 10 倍出頭，分別漲到現在的 23 倍、30 倍；亞馬遜一直以來不太看本益比評價，這裡就先跳過；FB、Google、微軟目前前瞻本益比（註 4）約 25 倍～ 30 倍。

　　一般來講，市值與規模愈大的公司，成長性會愈差，但是目前的科技巨頭都有一定的壟斷產業能力，導致規模變大後，壟斷力更強，獲利於是可以持續成長。然而這些科技巨頭現在也因為它們的壟斷力，開始受到歐美政府的調查，這是否會是科技巨頭股價轉折點呢？我其實沒那麼悲觀，但我是相信科技巨頭市值成長最強的一段，可能已經差不多要結束了。

　　現在因為低利率，所以市場覺得股市高評價不要緊，但是漂亮 50 的教訓不就是評價還是很重要的嗎？不管評價高是因為什麼理由，過高的評價不太可能永遠維持下去。等哪天利率上升、景氣反轉、股市下跌，評價就會開始下修，而且通常這種時候，獲利也同步在衰退。評價下修加上獲利下修，高評價股票

註 4：前瞻本益比的盈餘是用下一年度的盈餘來估算。

圖3 標普500指數前5大權值股漲幅顯著
——標普500指數前5大權值股與後495家公司股價漲幅變化

圖例：
標普500指數前5大權值股（亞馬遜、蘋果、字母控股（Google母公司）、微軟、臉書）股價漲幅
標普500指數後495家公司股價漲幅

單位：%

大者恆大，標普500指數前5大公司漲幅800%，後495家小公司漲幅只有100%＋

註：統計時間為2010年～2020年　　資料來源：ISABELNET

的跌幅就可以很輕易的就超過50%。

　　參考歷史，如果哪天又有人說市場很貴、個股評價很貴沒關係，請去了解一下背景因素。如果是成長性好，是否哪天成長會走緩？如果是現在利率很低，是否有可能哪天利率走高？如果純粹是因為現在市場很喜歡這類題材的股票，會不會哪天市場又不愛了？只要評價走高，風險就同步走高，希望大家在投資時永遠把這點放在心裡。如果真的要在高評價下還買，請先確認有非常強的理由支持你買在高評價。

4-6 1990年代》亞洲金融泡沫 房市、股市接連崩盤

俗話說「風水輪流轉」，美國漂亮 50 泡沫之後，輪到亞洲泡沫粉墨登場。1980 年代、1990 年代，國際金融市場大解放，市場上大量資金快速移入亞洲地區，讓亞洲經濟快速成長，但與此同時，也產生了龐大的經濟泡沫。

此次泡沫受創的亞洲國家甚多，這裡我們討論最具代表性的日本，然後因為我們是台灣人，所以也得提一下同年代台灣的經濟泡沫。

日本》1990 年至今，經濟處於長期衰退狀態

1980 年時日本的國內生產毛額（GDP）大約為美國的一半，人均 GDP 則超過了美國。在這之前 30 年，日本的經濟增速也高於美國，接連 2 次發生在亞洲的戰爭，韓戰（1950 年～ 1953 年）、越戰（1955 年～ 1975 年）讓日本賺到不少戰爭財，帶動了經濟的成長。

1980 年代，亞洲對岸的美國經濟此時陷入停滯性通膨的最困窘狀況，通膨率 13.5%，失業率 7%，經濟成長率 -0.2%。彼時美國雷根（Ronald Reagan）政府通過減稅、擴張性財政政策來刺激經濟成長，聯準會（Fed）則

緊縮貨幣政策，藉由提高利率來抑制通膨。

美元利率升高吸引了全球資金流入美國，導致 1979 年～ 1985 年間，美元對主要國家的貨幣升值達 73%。美元升值後，美國民眾的購買力增加，美國的貿易赤字（註 1）也同步飆升。

在美國經濟陷入困境時，日本早已悄悄崛起，靠著汽車、家用電器產業雄霸全球。1980 年～ 1984 年，美國對日本的貿易赤字從 150 億美元增加到 1,130 億美元，巨大的貿易赤字同時使得日本變成美國最大債權國。

1985 年，情況更進一步激化，日本對外淨資產為 1,298 億美元，美國對外債務為 1,114 億美元。日本成為全球最大債權國，而美國成為全球最大債務國。日本經濟變得愈來愈強大，「買下美國」、「日本可以說不（註 2）」的言論開始出現，美國坐不住了。

1985 年 9 月 22 日，美國為了消弭龐大的貿易赤字，邀請其他 4 大經濟強國（日本、西德、英國和法國）簽署《廣場協議》，聯合干預外匯市場。自此

註 1：貿易赤字又稱為貿易逆差或入超，是指進口總值大於出口總值。
註 2：《日本可以說不》是日本索尼（Sony）公司創始人盛田昭夫和政治人物石原慎太郎於 1989 年共同創作的書籍。書中提到，日本掌握最尖端的半導體和物料技術，可左右軍備發展，日本應善用這張牌向美國說不，鼓吹日本應該在經濟、外交等各個領域提高相對美國的自主地位。

之後，5 國開始介入匯市，在國際外匯市場上大量拋售美元，使美元貶值。

　　美元貶值意味著其他國家的貨幣相對升值，其中又以握有龐大美元資產的日本，其國家貨幣受到的影響最深。《廣場協議》簽訂時，1 美元可以兌換 240 日圓；1 年後，1 美元只能兌換 120 日圓。在這種匯率走勢有目標且緩慢升值的情況下，吸引了國際熱錢進日本炒作匯率。同時，因為匯率大幅升值，日本出口企業受到負面影響，日本央行開始調降利率。利率下降後，導致熱錢更加流竄。

　　日本利率從 1985 年底的 5%，降到 1987 年 3 月的 2.5%（詳見圖 1）。1987 年 10 月 19 日，美股遇到黑色星期一，股市一天大跌了 22%，全球經濟受到驚嚇。在這背景環境下，若調升利率對經濟會更負面，所以日本只好持續維持低利率；之後，日本一直到 1989 年年中才開始調升利率。但匯率持續升值與低利率維持太久，已經使得資本市場開始出現泡沫。

　　1985 年後，熱錢大量湧入日本，一邊有外國來炒匯的外資，再來有日本政府自己調低利率產生的熱錢，加上全球此時其他地區經濟成長都相對疲弱，日本變成全球資本市場的重心，股市、房市大幅上升，從 1985 年一直漲到 1989 年（詳見圖 2）。

　　股市方面，日經平均指數（又稱日經 225 指數）在 1985 年的點位在 1 萬點左右；1989 年 12 月 29 日，日經 225 指數已經達到最高 3 萬 8,957 點，

圖1 日本自1990年代以來不斷調降利率
—— 日本利率走勢

單位：%

註：統計時間為 1955.01.01 ～ 2021.01.02　　資料來源：財經 M 平方

此後開始下跌；到了 1992 年 8 月，日經 225 指數下跌到 1 萬 4,000 點左右。然後日本股市走弱了 10 年以上，一直跌到 2003 年跌破萬點。2021 年年初日經 225 指數約達 3 萬點左右，但還是低於泡沫時的 3 萬 8,957 點。

　　房市方面，日本房地產價格從 1985 年後開始攀升。1990 年 3 月，日本發布新規定，開始管制土地金融。土地是金融業很重要的擔保物，當土地開始大幅下跌，擔保品價值下降使得貸款的風險急速上升，這時連金融業也開始出現問題。房市價格也在 1991 年漲到最高點（註 3）以後就開始下跌，泡沫經濟開始正式破裂。

很多人在講股市時，都愛拿美股當案例，覺得股市長期會持續上漲並創新高。但是參考日股泡沫破裂後，過了 30 年還沒回到高點，大家都不覺得買在股市高點，有可能很久以後才回得去嗎？也可能久到你都上天堂了也沒看到。

也很多人覺得，房地產只漲不跌，那台灣房地產從 1990 年到 2003 年 SARS 的下跌是在跌啥？日本的房地產到目前也沒回到泡沫高點，甚至連 1985 年的泡沫前價位都不到，時間上算起來也已經超過 35 年了。

而且，日本是全球第 1 個長期低利率與第 1 個實施量化寬鬆貨幣政策（QE）的國家。如果把日本當成現今全球量化寬鬆的典範，那麼大家對於「低利率會讓資產價格撐在高點」這個神話，是否有點破滅？

日本在股市、房市泡沫破裂後，資產大幅縮水，總額跌掉 1,500 兆日圓左右，約當日本 3 年 GDP 的總值，這慘況大概只有 1930 年代美國經濟大蕭條可比。也因為資產價格大幅下跌，導致了通貨緊縮（簡稱通縮）的惡性循環。

通縮的第一步是資產下跌，接著影響到金融業。金融業不良債權上升，會影響到金融業本身的資本結構強度與獲利能力，再影響到金融業的放款能力。金融業是經濟的中介產業，金融業功能不彰，等於經濟活水停止流動，進一步使得整個社會信用緊縮。

註 3：日本房地產價格從 1985 年到 1991 年最高點，漲了近 200%。

圖2 1989年底，日本股市和房市來到最高點

日本房產指數走勢

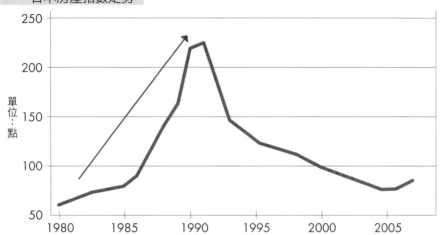

日經225指數走勢

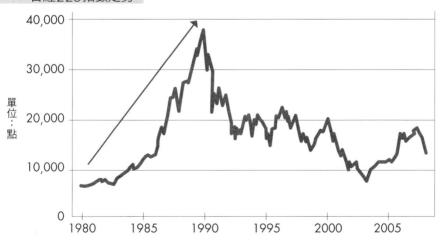

註：1. 統計時間為 1980 年～ 2005 年；2. 日本房產指數為城市住宅的地價指數　　資料來源：S&P；日本不動產研究所

圖3 通縮使消費、投資不振，導致民間需求疲弱
——通縮惡性循環

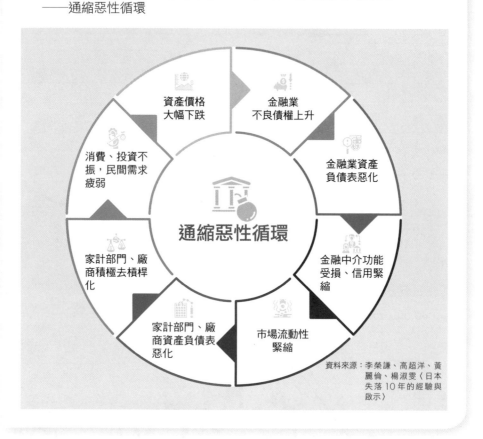

資料來源：李榮謙、高超洋、黃麗倫、楊淑雯〈日本失落 10 年的經驗與啟示〉

　　資產下跌導致金融業受到影響後，市場流動性會跟著下降，企業、家庭借不到錢，使得社會整體需求下降，形成民間需求疲弱，國內生產毛額（GDP）組成中的「民間消費支出」與「投資」不足（註4），再引發資產價格下跌（詳見圖3）。

圖4 日本CPI在通縮年代持續下降
—— 日本核心CPI年增率變化

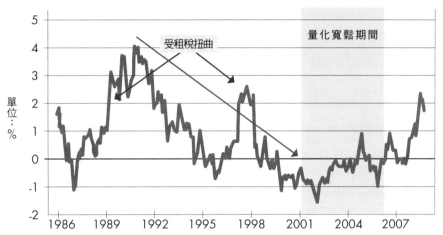

單位：%

註：日本政府於 1989 年 4 月起，開徵加值型消費稅，稅率 3%；1997 年 4 月，日本政府又將加值型消費稅由 3% 提高為 5%。　資料來源：Humpage and Shenk

　　通縮的惡性循環（物價下跌→消費縮水→需求不足→物價繼續跌）如果沒打破，就會持續惡性通縮循環下去，日本的消費者物價指數（CPI）就經歷了很長一段時間的下跌（詳見圖 4）。因為通縮比通膨更為難對付，所以各國央行在政策上寧願把經濟搞到通膨，也不想看到通縮。世界上很多地方都遇過泡沫與經濟衰退，可是為啥日本會衰退這麼久？從失落的 10 年（1990 年～2000 年），一直到失落的 20 年（1990 年～ 2010 年），現在感覺都失落

註 4：GDP ＝民間消費支出（C）＋投資（I）＋政府消費支出（G）＋出口（X）－進口（M）。

30 年（1990 年～ 2020 年）了，卻始終沒看到日本經濟有比較大的起色。
一般的市場看法，之所以會如此，可能是因為這幾項原因：

原因1》金融業問題仍在，呆帳剝離太慢

日本在通縮之後，沒有快點把不良債權自銀行體系剝離，而是採取拖延政策，
結果最後不良債權還是爛在銀行手裡，造成了巨大損失。後續日本的低利率環
境又破壞銀行的獲利能力與體質，銀行的中介功能大幅減低，經濟更無起色。

原因2》日圓升值

日圓升值讓日本的出口產業競爭力大幅下滑，而且升值的時間太快，留給企
業轉型的時間不夠多，這樣也損失了不少經濟成長。

原因3》政府政策效率下降

日本的基礎建設，如高速公路與橋梁等，早在泡沫發生前就已經蓋好。泡沫
發生後，政府即使想靠蓋基礎建設來提升經濟，也只能往農村發展。但在農村
發展基礎建設，效果並不好，公共投資乘數從 2.5 降到 1，這意味著這些公共
投資只是增加財政赤字，沒辦法帶動經濟復甦。

原因4》企業終身僱用制，導致人才流動緩慢

日本企業有全球少見的終身僱用制，這制度導致人才流動緩慢，員工競爭力
降低，也大幅影響了企業的創新能力。當員工只求穩，不求好時，企業怎麼因
應多變的競爭環境？以現在的環境，你常常看到日本企業動作慢慢的，倒是中

國企業進化與反應速度非常快，從智慧手機產業就可以看到這現象，經濟成長此消彼漲根本理所當然。

原因5》企業競爭力劣化

1980 年代，日本曾經靠著汽車和家用電器稱霸市場。但隨著時代演進，日本的白色家電（註 5）已經被中國所取代，其他電子設備如錄影機、隨身聽等，也已隨著產業沒落而沒落。此外，日本的汽車產業也面臨全球競爭，目前看起來，日本汽車廠在走向電動車的路上，已經是有點落後了。

你現在從生活周邊的產品來看日本產業，你會發現日本企業好像愈來愈無聲了，反倒是中國製造大幅崛起，從簡單的小東西到複雜的智慧型手機，到處可見中國企業的身影。

原因6》人口老化

日本是全世界最早遇到人口老化問題的國家，老年化意味著可以工作的人減少，且老人的消費比較少，加劇了國內消費的緊縮。

原因7》政府無所不管

日本無所不管的政府部會，扭曲了企業的自主性及投資意向，造成生產成本

註 5：白色家電指生活及家事用的家庭用電器，例如洗衣機、洗碗機、電冰箱、空調、微波爐等。

增加、彈性減少、競爭力受損。

原因8》泡沫時期企業海外置產過多，蒸發不少資產

　　日本企業在日圓大升值時，在海外花高價買了一堆房地產。泡沫破裂後，只好低價賣出，平白蒸發了不少資產。

原因9》政府負債過高

　　一份最近的研究指出，如果政府負債上升，則成長率下降、就業復甦弱。若利用 1951 年～ 2000 年的資料來計算，當政府負債占 GDP 比重超過 100% 時，則年實質成長降到只有 1.6%，且非住宅固定投資會降低、非農就業會走弱（註 6）。現在日本政府的負債占 GDP 比重已高達 224.9%（2020 年第 4 季，全球第 1），這麼高額的負債肯定更會造成許多負面影響（詳見圖 5）。

　　日本在泡沫經濟破裂後，一直用財政支出來想辦法提升經濟成長，結果經濟成長持續疲弱，債務卻不斷累積。像是歐豬 5 國（PIIGS，註 7）在政府負債占 GDP 比重達 100% 時，就發生歐債危機了。會出現國債危機通常是因為國債是外國人持有，且遇到經濟走弱、貨幣貶值等就會爆發，但日本這多 1 倍出來的數字卻沒發生國債危機，是因為日本的國債多數是日本人自己持有，這算是不幸中的大幸。

註 6：詳見〈這次也不例外。更多的債務，更少的增長〉（This Time Is Not Different. More Debt, Less Growth，暫譯）。

圖5 **日本政府負債占GDP比重逐年增加**
——日本政府負債占GDP比重變化

註：統計時間為 1996 年～ 2020 年　　資料來源：CEIC Data

　　但是負債理論上是遲早要還的，日本政府就讓它掛在那邊也是滿無奈的，本來希望藉由財政刺激讓經濟復甦，經濟復甦後就有錢還債，結果這個夢想遲遲沒實現。目前日本人口老化、政府行政效率低落、企業競爭力劣化，根本不知道何時日本可以再站起來？

　　現在全球都學日本一直舉債上去，按照日本的前例與研究報告，如果美國、

註7：歐豬 5 國是指葡萄牙（Portugal）、義大利（Italy）、愛爾蘭（Ireland）、希臘（Greece）、西班牙（Spain）。

歐洲的經濟也「日本化」的話,全球未來可能也會陷入經濟長期低成長的窘境,因此我們可能也要習慣低經濟成長的常態。

台灣》台股在 8 個月內暴跌 1 萬多點

台灣 1990 年的經濟泡沫和日本有不少相似的地方。《廣場協議》後,不只日圓被迫升值,新台幣也是,從 1 美元兌新台幣 40 元,升到 1989 年的 1:25,最強的點是 1992 年 7 月的 1:24.5。

台灣 1986 年最初採取緩幅升值的策略,1 美元兌新台幣由 1985 年的 39.8 元,小幅升值到 1986 年的 35.5 元。但是緩升策略刺激了市場更強的升值預期心理,不僅台灣民眾拋售美元,國際熱錢也大量湧入台灣。

1985 年～ 1987 年,台灣國際收支帳戶中短期資本淨流入,由 2 億 8,000 萬美元暴增至 40 億美元。雖然台灣利率不斷下調,以降低新台幣的吸引力,但仍無法阻止熱錢湧入,新台幣升值壓力持續。

1987 年 7 月,台灣政府宣布新台幣不再盯住美元,新台幣迅速升值到 1 美元兌 28.5 元的價位。

1989 年 4 月,台灣主管機關正式放棄以美元為中心的機動匯率制度,實行由外匯市場決定的浮動匯率制度。此後到 1990 年代中期,美元兌新台幣匯率

基本穩定在 1 美元兌 25 元～ 28 元的水平。

除了新台幣不斷升值以外，台灣的股市與房市也和日本一樣大幅上漲。股市方面，台股從 1985 年 7 月 30 日的 636 點，來到 1990 年 2 月 12 日的 1 萬 2,682 點（註 8）；房地產方面，台灣政府的公告地價在 1987 年上漲 9.74%，1988 年上漲 11.54%，1989 年大幅上漲 47.31%，到 1990 年更上漲 103.05%。

雖然當時股市與房市前景一片看好，但政府也做了一些調整。1988 年，政府出面整頓地下金融，並於 1989 年短短 1 年間，大幅調高重貼現率 13 碼（註 9，詳見圖 6），同時調高銀行存款準備率，大力吸收民間氾濫的游資，也因此結束了房市的長線主升段。

目前看台灣 1990 年出現股市泡沫還有 2 項籌碼面原因：

原因1》上市公司家數少

1985 年台灣只有 127 家上市公司，到了泡沫末期的 1989 年，也只有

註 8：在這之中還出現了一段小插曲。1988 年 9 月，財政部長宣布自 1989 年起，開徵證券交易所得稅，儘管稅率只有 0.3%，但仍重創台股信心，指數從 8,813 點連跌 19 天，跌到 4,645 點。當時台股的日成交額也從 700 億元跌至 10 億元，連續 18 個交易日幾乎沒人買賣！
註 9：利率 1 碼是 0.25%，13 碼就是 3.25%。

181 家上市公司。上市公司家數少，意味著投資人的選擇不多，你就只能買那些公司，即使公司漲了、變貴了，還是那些公司，你只能選擇買貴的公司，或者不買。

1990 年台股高點時，台股市值約 2 兆 6,800 億元，和目前（2021 年 5 月高點時）台股上市股票的市值約 50 兆元相比，大約只占了 5%。若加上目前上櫃股票的市值，占比就更小了。

當一個市場總市值不夠大時，波動性就會大。以往大家總說台股是淺碟型市場，想像一個大碗與小盤子，一樣裝水，後者是不是更容易把水灑出來？

原因2》散戶比重高

1990 年，散戶投資的成交額占了市場的 96.7%。1989 年，整體市場周轉率高達 530%（註 10），如果考量很多上市公司有 70% 持股是大股東持有，那麼散戶周轉率更是恐怖。由於散戶喜歡追高殺低，也容易貪婪與恐懼，所以散戶的籌碼就是不穩定的籌碼。散戶參與愈多的市場，市場愈容易出現波動。

台股崩盤前的 1989 年，台股本益比高達到 100 倍，而當時全球其他多數國家股市本益比都在 20 倍以下。在泡沫破裂前，台灣加權指數於 1990 年 2 月 12 日漲到 1 萬 2,682 點，然後一路向下狂跌，到了 1990 年 10 月 12 日，

註 10：美股 1987 年後幾年的周轉率約 40%。

圖6 1989年，台灣央行調高重貼現率13碼
——台灣重貼現率變化

註：統計時間為 1980 年～ 1992 年　　資料來源：台灣中央銀行

跌到只剩下 2,485 點。

　　這次的經濟泡沫讓台股在 8 個月內跌掉了 1 萬多點，也讓許多股民受到重創。台灣多數的投資人，在後來的好幾年還是無法跳脫當時的夢魘，經常勸誡小孩不要接觸股市（我還沒接觸理財書籍前，也把股市當成賭場），因為他們害怕再次遇到崩盤。但是就和美股 1930 年代的崩盤後一樣，崩盤的慘痛經驗讓後面整整一代人不買股票，但是當多數投資人都老了，市場迎來一批新的投資人，市場也開始回復生機，繼續迎來下一波的榮景。嗯，目前的情況看起來，韭菜生長良好。

其實現在發生的美股、台股散戶開戶熱，台股當初也有。在 1987 年之前，台股帳戶數只有 50 萬戶～ 75 萬戶左右；等股市開始變熱，1988 年帳戶數就增加到 170 萬戶左右；1989 年突破 400 萬戶；1990 年達 500 萬戶。同時，上市公司也增加不少，不過，在增加幅度上沒有台股帳戶數那麼誇張，上市公司在 1986 年時約有 135 家左右，高點的 1990 年大約增加到 180 家左右。

緊接著 1990 年，股市自 1 萬 2,682 高點崩盤，然後一路狂跌。到 1990 年 10 月 12 日，只剩 2,485 點。房地產也在 1990 年高點出現之後，開始一路下跌。

2000年》網路泡沫
約9成以上的網路公司破產

4-7

　　亞洲金融風暴之後沒多久，美國就迎來了網路泡沫。1990 年代中，瀏覽器及互聯網（Internet，即網際網路）出現，世界進入了網路的世界。很快地，網際網路開始流行，企業也開始在網路上找商機，完全不同於實體經濟的線上經濟開始發展。

　　我記得我大一時（1996 年），有一陣子很迷網路。那個時候是玩 BBS 為主（註 1），不像現在網路直接點網址就連線，玩 BBS 還要先撥接，然後點專用軟體介面如 Telnet 進入。連上去之後，其實版面很單純，主要就是文字為主，沒有圖形、照片、音樂等現在那麼多豐富的資訊，但是 BBS 上面有大量的文章，各式各樣的社團跟版面，讓你不管是什麼興趣的人，都可以在 BBS 找到你的一片天地。

　　那時候我的寢室共有 6 個人住，卻只有 1 台電腦，所以有一陣子我每天跑計

註 1：BBS 是電子布告欄系統（Bulletin Board System）的縮寫，台大 PTT 站就是那時最大的 BBS 站（term.ptt.cc），有興趣的人可以上去看看。我大學念東海，我上的是我們學校的大度山之戀。

算機中心，就是為了每天去 BBS 上看色情文學。再來一個重點是社交活動，我跟我的很多學伴交換了聯絡資訊，不好意思直接見面或打電話，就可以透過網路聯絡。因為心儀了幾個學伴，我也浪費了不少時間在上面寫情書跟傳訊息，但最後還是一場空，投報率零，不過因為常練習打字，我後來打字有因此變快。

當時還有一點讓我印象深刻的是，我同學每天就在網路上抓 A 圖，那時候沒有串流，也沒有影片，頻寬還很小，抓個圖大概就是可以用的上限了。我同學每天努力的抓圖，幾年下來也不知道抓了、存了多少圖片。從現在的角度去想，真的是在浪費時間，你現在上個 P 站、X 站，滿滿的高清無碼影片，誰還在那邊看圖啊？我同學現在想起這件事，也覺得這根本時代的眼淚（註 2）。不過，當你在那個年代，你就會做那樣的事情，所以不能用現在的角度去看待。

好了，上面扯一堆我的往事與「網事」，現在拉回正題。因為網路泡沫是我親身經歷過的，當時也有玩股票，不像前面幾個歷史泡沫跟我無關，所以我對網路泡沫比較有感。很多年紀跟我差不多的讀者大概也有經歷過，就算不炒股，也知道從那個時候開始，網路開始對人類的生活產生翻天覆地的影響。

網路這種如此大的科技進步，在資本市場上，就是一個非常大的題材。如果你用現在的 5G、電動車題材來參考，可能要再乘上幾倍熱度，才是那時候大

註 2：其實現在也有類似的悲劇，有人在色情網站努力存了很多最愛的片子，結果該網站有一陣子刪除片子，就有人損失慘重。

家對網路的狂熱程度。

網路泡沫初期，只要是跟網路相關的股票 IPO（首次公開發行）就大漲，很多公司實際上沒有獲利，甚至很多公司連營收都沒有，市場跟分析師只靠點擊率來推算價值。當時有 3 個主要行業受惠於此浪潮：1. 網際網路基礎建設，如世界通訊（WorldCom）；2. 網際網路工具軟體，如網景（Netscape）公司；3. 入口網站，如雅虎（Yahoo!，現為 Yahoo! 奇摩）。

那時候最重要的網站是入口網站，上面除了搜尋、電子郵件這類最常用功能，也有新聞、天氣、電影、股市等日常資訊，所以入口網站是你每天都會去的地方。當時大家上網，首先會先去入口網站，再從入口網站去到其他網站，所以入口網站的點擊率最高，也擁有最高市值（註 3）。

網路泡沫在 Y2K（2000 年問題，又稱千禧蟲問題）熱潮時達到最高點。Y2K 是大家擔心之前的電腦設計沒有容錯，當年份「99」（註 4）進 1 年到「00」，可能會有不少程式把 2000 年誤認為是 1900 年，如此可能會導致出現大規模的電腦出問題，於是當時很多企業在 2000 年前大幅採購投資新設備，科技類股營收大幅提升。不過雖然多數政府和企業對 Y2K 如臨大敵，但實

註 3：2000 年網路最熱時，雅虎市值超過千億美元。但在 2016 年，美國通訊公司威訊（Verizon）收購雅虎時，雅虎市值只剩 48 億 3,000 萬美元。

註 4：當時的電腦程式中，通常是使用 2 位數字表示年份，例如 1998 年就是「98」，1999 年就是「99」。

際上，2000 年 1 月 1 日千禧年來臨時，全球幾乎沒有聽說有任何災情，股市繼續走升。

2000 年 3 月，美國以科技股網路股為主的那斯達克（NASDAQ）指數，達到最高點 5,048 點。在 1999 年時，那斯達克指數也不過 2,000 點左右，短短 1 年多，漲幅逾 150%（詳見圖 1）。

雖然 Y2K 沒有帶來災情，但還有其他原因，讓網路泡沫出現反轉：

1. 網路公司多在 1999 年下半年上市，有約半年的凍結期，在這期間不能賣出持股。但是凍結期到期之後（2000 年上半年），大股東可以開始賣股票。

2. 微軟（Microsoft）壟斷案在 2000 年 4 月宣告，微軟面臨拆分。同時間，微軟的股價一跌，分析師也開始看空。

3. 科技股評價遠超過基本面，又有多數網路公司持續大燒錢，最後這種短期的狂熱終究無法持續。

市場資金追逐熱門題材，加速科技的普及

網路泡沫後，約有 9 成以上的網路公司破產。聽起來是不是很可怕？但實際上，這種情況其實並不罕見，從歷史上我們可以看到很多這種經驗。像是

圖1 那斯達克指數1999年～2000年漲幅逾150%
——那斯達克指數走勢

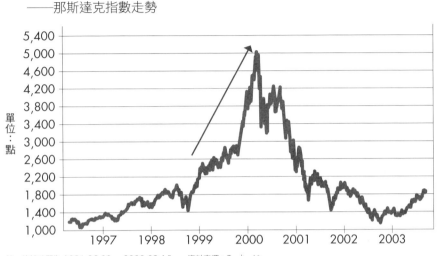

註：統計時間為 1996.05.03～2003.09.15   資料來源：TradingView

1840 年美國的鐵路建設熱潮後，鐵路公司倒閉；1920 年美國汽車產業大熱潮後，也很多汽車公司倒閉；1980 年代早期的家用電腦熱，當時最大的 IBM，現在早就被併入聯想（Lenovo）了。雖然每次科技熱潮過後，許多公司會倒閉，但是從消費者的角度看，這些資本投資與科技的進步在後來都確實提高了人們的生活品質。

資本市場引導了這麼多資金去熱門題材，加快了科技的普及，也讓市場競爭放大，消費者永遠是最後受惠者。例如，手機產業從本來又大、又重的黑金剛手機，到後來又輕、又耐久的 Nokia 經典 3310 手機，再到中國極端便宜又

251

有各種變化的山寨機。手機功能愈來愈強，價格卻愈來愈便宜。但是你回頭看，現在的智慧手機廠商，有幾家是當初那些手機大廠？主要品牌裡面，是不是只剩三星（Samsung）還存在？手機是人類的未來沒有錯，但是如果你當時買的是 Nokia 股票，損失會很大。現在幾大主要中國智慧手機品牌，如華為、小米、OPPO、vivo 等，也是那時沒有的品牌。

所以看過這麼多科技進化歷史的人就會知道，科技進步到最後，消費者都是最大受惠者，但是當初一窩蜂進去的廠商，卻不見得可以賺到錢，存活到最後。這也讓看過投資歷史的人在題材來的時候可以比較冷靜，比如說現在的電動車跟再生能源熱潮，我相信，電動車跟再生能源就是人類的未來，但是這可不表示現在進去的廠商最後會是存活且賺到錢的那個。

網路泡沫反轉後，那斯達克指數開始走跌，從 2000 年 3 月的高點 5,048 點來到 2002 年 9 月的 1,200 點左右，跌幅 76%。之後經過了 15 年，在 2015 年 4 月，那斯達克才回到 2000 年的高點。

在網路泡沫期間，有 2 件事情值得特別探討：1. 亞馬遜（Amazon）的崛起；2. 股神巴菲特（Warren Buffett）在這段期間的表現。

亞馬遜不斷拉升產業門檻，獨占網路零售市場

網路的出現，確實也在後面 20 年改變了人類的生活，但是當初參與網路泡

沫的公司，多數沒有好下場。有非常多「.COM（念成 DOT COM）」公司已經破產，只剩下亞馬遜等幾個寡占巨頭存活。

網路剛興起時，各種不同的網站專賣不同的產品，例如亞馬遜只賣書、eToys 賣玩具、Pet.com 主打寵物相關，不像現在亞馬遜幾乎所有品種的產品全都包。當初的 5,000 個以上各式不同銷售品項的網站，可能就只能抵現在一個亞馬遜的業務內容，所以這些網站多數都蒸發了，剩下一個亞馬遜存活，且一家就獨占了多數網路購物的市場。

雖然亞馬遜在網路泡沫中順利存活，但股價也在網路泡沫破裂後受到嚴重打擊，剩不到 10 美元。以現在的眼光來看，這股價超級便宜，但當時很多人卻因為當初買網路股慘賠的經驗有了陰影，不太敢買。結果亞馬遜股價從 2001 年 10 月 1 日低點 5.51 美元，到現在漲了近 600 倍（註 5），很多人錯過了，我也錯過了。對價值投資人來講，買一家沒獲利的公司是一件心理門檻很高，也很難評價的事情，且歷史上沒獲利的公司獨占市場後還維持那麼久不獲利，真的沒見過。

如果我們從現在馬後砲的角度看亞馬遜，它之前很長一段時間沒有獲利，是因為它一直超前鉅額投資，不斷地拉升產業門檻。也因為亞馬遜長年鉅額投資又不獲利，根本沒競爭對手敢進來產業陪它一起燒錢，使得亞馬遜可以獨占市

註 5：亞馬遜 2021.06.14 收盤價 3,383.87 美元。

場，營收長期高成長。時間拉長之後，在網路零售這塊，亞馬遜已經是壟斷美國網路銷售了。終於這幾年，亞馬遜創辦人傑夫‧貝佐斯（Jeff Bezos）願意讓亞馬遜出現獲利，這才慢慢展現亞馬遜真正的獲利能力（現在亞馬遜其實也還沒完全展現出其真正獲利能力）。

現在不要覺得這一切看起來理所當然，你在那個年代可以想到這點嗎？多數投資人投資了對的產業，但是只有少數投資人投到對的公司，如亞馬遜。然後，就算你可以投到亞馬遜，你也不見得能抱得住，畢竟亞馬遜曾經很長一段時間內是沒有獲利的。

有了亞馬遜這個先例，這幾年，新創產業的公司又開始流行先不獲利，拚命投資搶占市占，等到壟斷產業後再來割消費者羊毛，市場也開始有信心投資沒獲利的公司。但是跟以往不一樣的是，市場會重視營收成長性，也會重視現金流，之前特斯拉（Tesla）現金流有疑慮也是差點掛掉。

不過我認為大家在投資新創公司這方面也不用過於著急。參考目前主要網路巨頭的上市年份，網飛（Netflix）2002 年、臉書（Facebook）2012 年、Google 2004 年、PayPal 2015 年，現在還存活的網路巨頭，很多是在2000 年後才上市，這表示你在網路泡沫時根本買不到很多後面網路時代的勝出者。

或是往另一個方向想，你根本也不需要急著在當下就買對股票，因為對的公

司與股票可能根本就還沒出來。所以現在怕電動車狂潮沒上到車的，可以不用急，參考歷史，你未來肯定還有很多機會慢慢想、慢慢挑。

解析巴菲特在網路泡沫期間的投資表現

除了亞馬遜的崛起之外，我也想和大家聊聊股神巴菲特在這段期間的表現。1999 年，美國新上市的 457 家公司裡面，有 308 家為科技業；市值前 10 大的公司中，科技公司占了 6 家。那個年代，不碰科技股的巴菲特，被認為是落後時代潮流的，大家認為價值投資不再是投資的好方法。

網路泡沫那 2 年，巴菲特的波克夏（Berkshire Hathway）公司股價與那斯達克指數呈反向走勢。1999 年下半年，那斯達克指數噴出，波克夏股價反而下跌（詳見圖 2）。1999 年 12 月，巴菲特上了《霸榮》（Barron's）周刊封面，標題為「華倫，怎麼回事？」，文章寫道，巴菲特可能失去他的投資魔力。

在當時，新的科技股多數沒有營收、沒有獲利，價值投資根本無從著手。如果你堅持價值投資，你會錯過科技股，所以很多人也順應潮流，跟著加減買些網路股。等到 2000 年 3 月網路泡沫破裂後，那斯達克指數開始崩盤，波克夏股價反而有點小漲，大家發現巴菲特才是對的，市場對巴菲特的推崇又再上升一個等級。

目前市場感覺在這部分和 1999 年有點像，價值投資大概已經逆風了好幾

圖2　網路泡沫期間，波克夏股價與那斯達克指數成反比
——波克夏A股股價vs.那斯達克指數漲跌幅變化

註：統計時間為 1997.07.21 ～ 2002.05.03　　資料來源：TradingView

年。價值投資往往在市場過熱的時段表現不好，但是之後市場回檔，成長股大跌時，價值股反而會表現優異。不過，大家也得注意轉折點不好抓，如果你在這幾年太早布局價值股，那麼你的績效應該會輸指數不少，輸到最後，應該沒幾個人有辦法繼續拗價值投資。

如果你是投資法人，比績效都短到看日績效的，你根本不可能拗到價值順風的時候，老早就被開除了。所以其實以我個人的經驗，會建議不要把投資組合搞成純價值，這樣有時候會和市場差異非常大，操作起來也會很不順手，不如考慮多配置一點指數，或是比較符合價值投資的科技股，這種分散也是一種平

滑波動與分散風險的策略。

就結論來看，2000 年網路泡沫其實是 1980 年以來大多頭的最後一棒，整個 20 年，美國標普 500 指數（S&P 500）的年均複合報酬率是 15%，這筆長期投資在人類股票歷史上已經是非常高報酬率了，在最後 1 年的科技股更是噴出。所以從這個經驗來看，股市泡沫的波段往往是最後一段噴出段的報酬率最高，錯過噴出段你可能就錯過 1 倍、2 倍的報酬率。個股角度也類似，常常個股大漲的末段是噴出段。

不過大家也要注意的是，噴出段的反轉通常是向下噴、急跌，若你稍微有點猶豫，股價就又下去 30% 了，不像緩跌可以讓你有時間思考、有機會賣。所以歷史經驗告訴大家，愈是末段噴出，市場愈是瘋狂，大家愈不在乎股價是否很貴，那就愈得小心，這末段泡沫也常是機會與風險並存的。

2008年》金融海嘯
美國次貸風暴重創全球經濟

4-8

2000 年網路泡沫後沒過多久,下一個重大泡沫是由美國次貸風暴引起的全球金融海嘯。

網路泡沫後,美國聯準會(Fed)為了避免出現通貨緊縮,從 2001 年開始降息,連續 13 次,聯邦基準利率從 6.5%(2001 年 1 月)調降至 1%(2003 年 6 月)。在資金成本變低的情況下,熱錢開始在市場上流動,美國房地產市場也開始變得火熱。

美國房地產價格指數從 2000 年的低點 100,漲到 2006 年的高點 206 左右,漲了 1 倍多(詳見圖 1)。當時就有很多「聰明」的投資人持續加槓桿,不只持有 1 戶房地產,而是持有好幾戶。他們心想,既然房地產只漲不跌,為何不多買一些呢?同時政府也在鼓勵人民買房,透過「房利美(Fannie Mae)」與「房地美(Freddie Mac)」等放貸機構來向金融機構收購房貸,以間接支持人民買房。

那時候在美國買房非常容易,如果大家有看過電影《大賣空》(The Big Short)就知道,2007 年之前,不但房貸機構隨意放款給不夠格的購買人(信

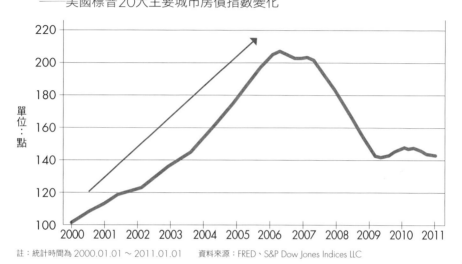

圖1 2000年～2006年美國房價指數漲逾1倍
──美國標普20大主要城市房價指數變化

註：統計時間為 2000.01.01 ～ 2011.01.01　　資料來源：FRED、S&P Dow Jones Indices LLC

用評等較低的投資人），有些放款機構還造假，導致購買房產的人，可能沒拿多少首付款，就可以輕易買房（詳見補充知識）。

美國把這種發放給信用評分不高的房屋貸款人的風險貸款叫做「次級房貸（簡稱次貸）」。當時有一些金融機構為了能夠獲得多一點資金，還將次貸重新包裝成次貸相關衍生性金融商品賣出去。

由於這些次貸相關衍生性金融商品利率高、信評又好，在市場上超好賣，於是市場希望有更多次貸可以拿出來包裝後賣，也讓更多的資金流入了房貸市

場。這些舉動一環一環都在放大金融風險，但是這些金融機構都只看到眼前的獲利，沒人看到次貸的風險、結構型金融商品的風險。

房貸證券化加速房市火熱程度

此外，房利美和房地美也把手上的房貸包裝成證券後賣出（即房貸證券化），不只分散了風險，手上還又有了新資金，於是就可以繼續發放貸款。

這過程是正向地滾雪球，房貸證券化的金額也愈來愈高，由 2001 年的 1,900 億美元，提高到 2006 年的 6,400 億美元。有了這些熱錢的幫忙，大家可以繼續用低成本的資金便宜的買房，房地產當然就更加火熱。

也因為景氣與房地產過於火熱，聯準會決心替市場降降溫，從 2004 年年中開始升息 17 次，聯邦資金利率由 1%（2004 年 6 月）升至 5.25%（2006 年 6 月）。

房貸利率跟著升息向上走，房價開始下跌，本來就沒有能力支應負面波動的次級房貸戶便開始停繳貸款，房貸違約率逐步攀升。當房價開始下跌，次貸

註 1：一般來講，首付款是房價的 3 成，如果房價跌 3 成，投資人就算是虧光本金了。這同時也表示投資人用 3 元資本，玩 10 元的資產，槓桿 330%；股票讓你融資玩，槓桿也不過 250%（股票融資是 4 元本金，玩 10 元股票）。

補充知識　**荒謬的次級貸款**

參考電影《大賣空》裡面的橋段，投資人艾斯曼在賭城拉斯維加斯參加國際會議時，晚上跑到脫衣舞酒吧玩。艾斯曼在跟脫衣舞女郎聊天時發現，這位脫衣舞女郎居然有能力去大幅貸款，她總共買了5間套房、1間公寓。可是以脫衣舞女郎的工作來講，所得多數靠小費，收入不那麼穩定，居然還可以向貸款機構申請到一間又一間的房貸，真是太不可思議了！

但是在那當下，美國房貸機構認為，反正房地產只漲不跌，沒啥風險的，所以審核非常寬鬆，沒人在乎你的信用，沒人管你是否可以按時還貸款。那個脫衣舞女郎在貸款時，職業欄填「治療師」，房貸機構也沒有認真審核。然後當脫衣舞女郎拿到貸款後，又能去買更多的房子。

戶的房產價格慢慢開始低於欠的房貸，於是貸款人乾脆放棄房子，把房子跟貸款丟回去給放貸機構。這樣開始惡性循環，房價於是繼續下跌，美國房市也自2006年4月起開始降溫。

2006年之後，美國房地產價格慢慢反轉向下，房貸市場開始崩壞，法拍屋大幅增加。到了2008年9月，美國政府以高達2,000億美元的代價，接管瀕臨破產的房地美及房利美。同時，房地產價格指數也是一路走跌，從2007年3月的203.95，來到2009年5月的140.84，一共跌掉了30%以上。

房地產跌30%這件事比股市跌50%還恐怖。因為股市如果沒融資，跌50%就是虧50%，但誰買房地產不融資？誰沒跟銀行借錢就全額買房？而且房地產投資總額高，是多數一般人人生最大的一筆投資，這也讓房地產崩跌對經濟造成的影響大於預期（註1）。

　　次貸風暴爆發後，聯準會一直到 2007 年 9 月才開始調降利率，為 4 年來的首次降息。但還是有人批評降息行動過晚，而且開始降息並沒有挽救股市，美股一直跌到 2009 年年初（詳見圖 2）。

　　除了美股受到次貸風暴的波及以外，美國金融機構對全球大量賣出的次貸相關衍生性金融商品，在當時也把美國房地產崩壞的影響性傳到全世界。導致明明是美國的房地產泡沫，破裂時卻讓全球都遭殃，各國經濟都遭受重創，台灣也不例外。由於次貸相關衍生性金融商品標榜高利率，又具有高信評，連台灣的法人機構也沒搞清楚其風險，如壽險，自己都買很多了，更何況是散戶，當時很多投資人透過壽險或銀行大買特買。結果等到次貸風暴爆發以後，許多人也因此受創（註 2）。

　　我那時候是負責金融股的研究員，整天就是算壽險與銀行那天量的房貸證券商品損失，像是 CDO（擔保債務憑證）、CBO（擔保債券憑證）的損失（註 3）。而且情況持續惡化，從開始爆發到事件持續發展，損失率愈算愈多。2007 年次貸風暴開始延燒時，台灣金融機構與政府出來說影響很輕微，金融體系只損失約 25 億元，不過最後到 2008 年結算的時候，卻變成 400 多億元。

註 2：根據台灣銀行季刊的資料，至 2008 年 7 月，台灣金融機構投資次貸相關商品的部位餘額約 800 多億元，且約莫損失了一半（不確定後面有沒有回沖），其中很多是壽險公司買的。

註 3：當時除了 CDO、CBO 損失慘重外，那時銀行授信的面板廠、DRAM 廠借款，呆帳也很大。

圖2 美股自2008年一路跌到2009年年初
—— 標普500指數走勢

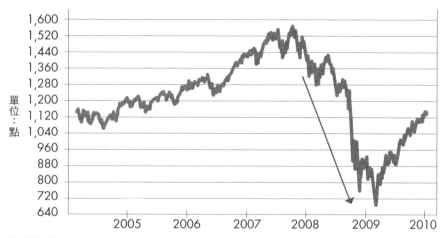

單位：點

2005　2006　2007　2008　2009　2010

註：統計時間為 2004.02.26 ～ 2010.01.20　　資料來源：Trading View

這真的是一個很重要的歷史經驗，如果你在 2007 年 8 月台灣官方說次貸相關衍生性金融商品沒大事的時候賣股票，你還可以賣在台股 9,000 點，但如果你是在 1 年後才賣，台股低點見到 4,000 點以下，就會賠很慘。

政府通常不會希望市場與經濟太過波動，絕對希望市場平靜，也常在初期低估了泡沫的破壞力，即使不是真的有心要騙大家（註 4）。

註 4：就經驗上來講，投資人不能完全依賴政府官員的判斷，之前美國財政部長葉倫（Janet Yellen）才在說市場穩了，未來不會有崩盤，結果 2020 年的疫情崩盤就馬上打臉。

就結果來看，次貸相關衍生性金融商品讓全球金融機構損失 1 兆美元，其中美國占了 68%，歐洲占 29%，其他國家占 3%。而這次的全球金融危機，也被人稱為「金融海嘯」。

引發金融海嘯的 3 項原因

事後來看，金融海嘯發生的原因大致可整合出下列幾項：

原因1》次貸機構財務出現危機

多家次貸機構本身財務出現危機，2007 年 4 月，全美第 2 大次貸放款業者新世紀金融公司（New Century Financial Corp.）宣布破產；7 月 26 日，全國金融公司（Countrywide Financial Corp.）爆發財務危機；8 月 2 日，美國房屋貸款投資公司（American Home Mortgage Investment Corp.）倒閉，金融機構似乎引起了骨牌效應，也像得了傳染病，一家一家倒下。金融機構是現代金融裡面很重要的中介角色，金融系統出問題，整個經濟就會出問題。

原因2》投資銀行高度財務槓桿操作（Excessive leverage）

2003 年～ 2007 年，金融業在低利率與低通膨下，取得資金容易，金融法規鬆綁、金融現代化，與衍生性金融商品大量發行，投資銀行的資產槓桿大幅提升。例如美林證券的槓桿率從 2003 年的 15 倍，提升到 2007 年的 28 倍，摩根士丹利（Morgan Stanley）與高盛（Goldman Sachs）則分別提升至 33 倍與 28 倍，遠高於商業銀行的 10 倍～ 12 倍。

高槓桿在情況好時可以放大獲利，但在情況不好時損失也會加倍。次貸風暴時，有許多投資銀行就因為槓桿開太大，導致損失慘重，例如美國第 4 大投資銀行雷曼兄弟。2008 年 9 月，雷曼兄弟倒閉，導致市場對金融機構的信心危機，大家不知道再來是哪家金融機構要倒閉，於是股市在雷曼兄弟倒閉後，再度恐慌大跌。

有了這次雷曼兄弟的經驗，我猜下次政府不太會讓幾個大到不能倒的銀行倒閉，所以各國紛紛控管大銀行，也限制投資銀行的槓桿跟業務（註 5）。

原因3》市面上有大量衍生性金融商品

大量衍生性金融商品也導致市場在危機出現時更混亂。一來是這些商品槓桿率高，二來是這些商品都是很多產品包裝起來的，當出現問題的時候，根本很難細部去了解這些商品內的哪些東西出問題了，也很難拆開來分解解決問題。

同時，市場出現流動性問題，當市場大量拋售這些衍生性金融商品，價格也會開始快速大幅的滑落，甚至因為金融機構可能倒閉，還出現交易對手風險。像是當時美國國際產險（AIG）賣出了很多信用違約交換（CDS），CDS 買方可以在次貸商品大跌時得到賠償。但是當 CDS 買方發現 AIG 可能會倒閉，而這些原本買的保險無法保險時，這恐慌會有多大？

註 5：台灣現在也有列大到不能倒的銀行名單，目前名單包含中信銀、國泰世華、台北富邦、兆豐、合庫、一銀等 6 家。

4-9 釐清12項觀念 正確理解泡沫的特性

前面介紹了那麼多歷史泡沫,這裡整合起來說明資產泡沫的一些觀念:

觀念1》泡沫沒有明確定義

每個資產有不同的評價法,例如可以用現金流估算股、債、房地產等的合理價格、利用油金比(現貨價格比)、銅金比來判斷原油、銅等大宗商品的合理價格,或者依據大宗商品的供需來判斷(註1)合理價格等。不過,對於不孳息的資產與商品,如黃金、比特幣等來說,判斷方式會比較難,有興趣的人可以自行研究。

多數資產有歷史評價數字可以參考,所以我們可以參考這些資產的歷史評價。如果目前價格高於歷史評價很多,那這個資產就有泡沫的風險。現在(2021 年)比較困難的地方是,全球貨幣之寬鬆狀況是史無前例的,所以目

註 1:依據大宗商品的價值來判斷合理價格沒有那麼容易,有可能因為供需小幅波動就引發價格的大幅波動,你看看各大宗商品的歷史價格就知道。

前多數風險資產（股、債、房）都漲到前所未有的高點，而且這個上漲看似沒有終點。

當目前價格比歷史評價高出許多時，有些人會覺得參考歷史評價沒有意義。但我個人相信歷史是值得參考的，我會在風險資產評價高的時候降低持有比重，或至少買進相對低風險、低報酬的資產。價值投資在目前市場還是可以有很好的發揮，不像過去的股市走法，股市高點時多數股票都高評價，現在的股市即使在高點，你仍然可以找到不少低評價的價值股。但是如果你只買 ETF 投資整體市場，就無法享受到這個好處（註 2）。

如果從個股或類股角度來看，當這個股票的價格已經高到用去年或今年獲利都無法自圓其說時，市場就會用更後面年度的預估獲利來合理化目前股價。

一般而言，分析師會在年底時用隔年獲利來給股票設定目標價。但是在泡沫的價格時，常常以隔年的獲利也難以說服投資人支持目前評價，此時，分析師就會用再隔 1 年的獲利來合理化目前評價。當然，成長股的隔年獲利已經成長了不少，再隔 1 年肯定再成長一些。不過當用到後年獲利也無法解釋時，就會用到 5 年後獲利了，你現在就可以看到，市面上有許多分析師已經是用 5 年後

註 2：主被動投資對泡沫的態度也有差。主動投資就是想打敗指數、打敗市場。市場現在風險很高了，以價值投資人來講，我不想冒這個風險，同樣的，後面的泡沫溢價，我也放棄不要了；而被動投資不同，不用管資產是否泡沫，他們始終維持固定的投資比重。

獲利來合理化電動車股票目前股價。

　　我覺得這樣評估是有風險的，我們連今年獲利都估不準了，你給我預估 5 年獲利？而且這 5 年獲利還是都沒波動、沒任何負面消息的穩定大成長？什麼時候經營企業變這麼低風險，又簡單輕鬆了？所以愈是要用到未來獲利才能說服市場目前的價格合理，通常這水分很大。從價值投資角度來看，我都會把這種獲利機會讓給別人，這風險太大了。

觀念 2》泡沫衡量難在評價會不停變動

　　評價不是一成不變的，會隨著市場漲跌、企業獲利漲跌、總經狀況等而變動，所以實際上評價是會不停變動的。拿房地產跟股市這 2 種資產來講，歷史上長期價格都是一直往上走的狀況，雖然短期有波動，也常常崩盤，但是你把線圖拉長，就是一直往上的感覺。不管是房地產或是股市，都會隨著經濟成長而持續成長。有時候短期會有泡沫，但是長期的現金流成長就可以持續提高資產的價值，讓原本可能偏高的價格合理化。

　　舉例來說，假設現在價格有輕微泡沫，但只要資產價格持平幾年，然後現金流持續成長，那麼評價就又會恢復合理。例如某檔個股本益比 20 倍，股價 20 元，EPS 1 元，離歷史評價 15 倍有點偏高，你現在覺得貴，但是如果幾年後，公司獲利提升，EPS 從 1 元提升到 1.3 元，那麼本益比就又回到 15 倍（＝ 20 元 ÷1.3 元），你就不能說股價 20 元貴或有泡沫了。

但這有個陷阱，股市長期確實是持續往上，但是長期我們都死了，我們活著的時間才是最重要的期間。你去抓美股的歷史，當股市到達高點之後，有可能在此高點崩盤後，你又花了 10 年、20 年才回到原本高點。假設你就那麼衰，那 10 年、20 年就是你投資的黃金時間，你還沒等到指數漲回來且創新高就死了，後來的數字就算繼續創新高，對你有意義嗎？你不覺得避開泡沫，還是有一定重要性嗎？你怎麼不覺得，你就有可能那麼衰呢？

觀念 3》泡沫崩盤前不容易判斷

2000 年網路泡沫和 2008 年金融海嘯，你現在判斷起來輕而易舉，但是當下是非常難判斷的。市場永遠有多、空 2 種聲音，你只有沒經歷過當下、沒看歷史的馬後砲判斷，才會說簡單。現在（2021 年）的股市也是遇到這樣的情況，有人說是泡沫，有人說不是泡沫，如果那麼容易判斷，也不會有泡沫了啊！假設大家都知道那是泡沫，然後不買，還賣出，這樣資產價格就消風了，哪裡還有泡沫？

比特幣也是同樣情況，比特幣已經經歷過多次價格波動，每次價格創新高，大家就會認為比特幣是未來；之後比特幣又會崩盤，大家又開始說比特幣是泡沫。2021 年 3 月時，比特幣又創新高，大家又說比特幣是未來，而且這次連法人都開始投資比特幣，甚至一些大師，如全球最大對沖基金橋水基金創辦人雷·達利歐（Ray Dalio）、橡樹資本共同創辦人霍華·馬克思（Howard Marks）等，開始認錯說自己可能看錯比特幣。

泡沫最難判斷的地方是泡沫有其部分真實性，你在看歷史泡沫，是用馬後砲的角度，很容易看得出泡沫，因為這些泡沫都已經暴跌回原點。但是在泡沫當下，你根本不會認為那是泡沫，比如網路泡沫從現在角度看，網路確實大幅改變了現在人的生活，如果沒有網路，現在人遇到疫情會更難熬，所以其實2000 年時的投資人並沒有看錯，就只是買貴了。

觀念4》一旦出現泡沫，遲早會爆

有人說：「XXX 不是泡沫，不然怎麼還不爆？」這句話是邏輯問題了，歷史上有泡沫就一定遲早會爆，但是泡沫還沒爆，也不表示它不是泡沫，泡沫有可能持續好幾年。例如日本 1990 年代的泡沫榮景持續了幾年、2000 年網路泡沫持續 3 年、2008 年金融海嘯前美國房地產泡沫也持續 1 年、2 年以上。

泡沫之所以可以成為泡沫，當然是需要吹氣吹很久啊，不然怎麼吹大？這個時間性又造成了泡沫很難判斷跟避開。通常能不被泡沫破裂影響的人，都是從頭到尾不參與的人，有參與的多數人都會「跟著它樓起，跟著它樓塌」（詳見補充知識）。能夠賣在高點，然後全身而退、沒有再進場的人非常少，有不少人是賣在高點後，看到下跌又衝進去的。

觀念5》「擦鞋童理論」實際上根本不好用

因為理財的推廣，現在愈來愈多人知道「擦鞋童理論」，連擦鞋童自己也知

補充知識　空頭時最恐怖的一個想法

為什麼說空頭抱住股票很難？依據我的經驗，2008年金融海嘯時，我覺得心理上讓人絕望，幾乎放棄投資的一個想法是「市場還會再下去1,000點、2,000點。」金融海嘯從1萬點開始下滑，跌到7,000點時還覺得好便宜，到處建議狂搶股票，買到滿手。

如果你像我這樣搞的話，你就好笑了。你在7,000點滿倉，但台股最後一直下跌到3,000點。剛開始時，你滿滿的不相信，股價這麼便宜，怎麼可能再跌多少。然後，6,000點看到了，5,000點看到了，4,000點看到了，這時候市場跟你說後面會見到2,000點、3,000點，你信不信？你信死了，市場講什麼你都信了。

那如果你這麼信，你就會有一個想法，「既然市場還會再下去2,000點，為何我那麼蠢，要抱著股票讓它跌2,000點下去咧？我可以先賣掉觀望，等指數2,000點再回補啊。」這是非常魔鬼的想法，你有這想法就死定了。

大崩盤對心理的壓力也會讓人想逃避，賣光股票就是一個逃避的好方法。也許你在4,000點、5,000點時賣光手中持股，然後之後每跌1,000點，你都慶幸還好賣掉了，你的決定是正確的。然後最低點3,000點出現了，你這時其實很投機地想，我想等更低點再買回來好了。

後面的故事大家都知道，依據我當下產業的資訊，2009年從4,000點幾乎反彈到7,000點，市場才開始相信這不是漲假的。低點賣掉的人，如果你不機械式地追股票（也就是不想太多，反正漲就是追），最後多數都是高點才回補。

這件事告訴我們，投資其實非常難，你沒有好的IQ和EQ、沒看過非常多書，幾乎沒勝率，但就算你3個條件都具備了，也不表示可以打敗市場。

道了。但實務上無論是價格的高點或低點，永遠都存在多、空兩方的說法。

如果你像我一樣長期累積市場數據你就會知道，這5年以來，股市已經上下波動了好幾次，我幾乎在任何時候都可以看到多、空兩方的看法，從來沒有很極端的偏向一邊，只剩一方的聲音，所以你很難用擦鞋童理論來猜測泡沫高點。這個市場的多空聲音永遠都在，而且多空的極端氣氛難精確衡量，你不知道何

時才算極端。

擦鞋童理論可不是擦鞋童開始看多市場了那麼簡單，擦鞋童有分程度的。假如市場上有 10 位擦鞋童，10 位擦鞋童有 1 位開始談論股市，到 10 位擦鞋童有 10 位都在談論股市，這是有程度差異的。你看到 1 位擦鞋童談論股市就賣出，你可能會錯過後面很大的漲幅；你想等到 10 位擦鞋童都談論股市再賣，結果 10 位裡面有 6 位談論股市時就見高點了，而你還沒賣。

我常看到很多散戶在努力找尋擦鞋童指標，但是從經驗上來看，泡沫破裂的反轉點幾乎抓不到，有抓到的肯定是巧合。我們可以知道市場有泡沫，但我們抓不到市場最高點。同樣地，我們也可以知道市場何時已經超跌了，但是我們也很難抓到市場最低點。

觀念6》泡沫洩氣會比充氣快很多

參考本章所介紹的各個泡沫股市走勢圖，大家可以注意到，股市泡沫後，平均下跌的時間是上漲時的 1/2 ～ 1/3，甚至更短。所以泡沫的一個特點是很像在吹氣球，價格泡沫上升過程就像是氣球充氣，你吹一口，氣球就大一點。如果你是人工充氣，不是用機器充氣，那麼這速度就快不到哪裡去。

當你不吹氣球的時候，還得把氣球吹口堵住，不然漏氣也會讓氣球消風。但是如果你把氣球的吹口放開，氣球消氣的速度會非常快，你吹了老半天的氣球，

也許幾秒鐘就回到原本沒吹氣的狀態了。

吹氣球還有一點也跟泡沫很像，當你把氣球吹到很大的時候，你知道再吹下去就有爆破的風險了，但是你很難評估再吹多少氣它才會爆。也許這顆氣球彈性比你想的要好，你吹了更大之後，氣球也還是沒爆。但如果你一直吹下去，氣球終究有一天會爆。

這時候你一定想說，不吹最後一口氣就好，氣球就不會爆。但是就像雪崩一樣，「雪崩時，沒有一片雪花是無辜的。」不是最後一片雪花最該被究責；氣球爆破前，也不是最後一口氣的錯，或是最後一口氣最錯。

所以我們解釋泡沫，千萬不要被最後的觸發事件影響了。比如說，金融海嘯的最高潮是雷曼兄弟倒閉，但是整個金融海嘯最大的問題是房地產泡沫跟衍生性金融商品氾濫，即使雷曼兄弟不倒，還是有其他金融機構會倒。即使沒有任何金融機構倒，房地產資產泡沫還是一樣會爆破，後續連鎖反應一樣會發生。

觀念7》末升段常常是往上噴完之後就往下噴

泡沫通常不是愈漲愈少，而是愈漲愈多，且愈後段漲愈多。因此我們常把泡沫末段的價格說是「噴出」，就像是火山噴出般，價格漲到最後會變成向上90%；高點反轉後，價格怎麼上來就會怎麼下去，往下也是向下噴出。所以有不少人說，即使知道現在泡沫，如果錯失了噴出段的獲利也很可惜，但是如果

你抓不到轉折點，你也可能吃到往下噴出段的損失啊！

觀念8》等到泡沫破裂才説那是泡沫等於沒有意義

泡沫就是要提前發現，並且避開，才有意義。等到泡沫破裂，影響性都已經造成，且也很難補救。你就算跟大家一樣，事後睿智地説，「這是泡沫」，但是意義不大了。你一定會想説，早知道我就不要這麼貪心，想賺到最後 1 元。但是沒用，風險的控制如果一開始沒做好，事後是沒救的。

觀念9》個別泡沫容易躲，整體泡沫很難避開

網路股泡沫，你不買網路股就可以躲掉大部分風險，即使你的股票在網路股泡沫影響下也有點泡沫，但是你受傷不會太大。網路股可能 9 成都下市了，你的股票還在，幾年後也都創新高了，如巴菲特的波克夏（Berkshire Hathaway）。

前幾年，原油、黃金也都有泡沫，油價衝上 150 美元、黃金衝上每盎司 1,900 美元，最後泡沫破裂都很凶狠，油價跌回 30 美元以下，黃金低點來到每盎司 1,000 美元。但那幾年你不買油、不買金，就影響不到你。

個別泡沫好躲，但如果是很大的資產品項，如整體股市、整體房市，出現泡沫時，你就很難躲，除非你都不投資股市、房市了。現在泡沫之所以難躲，是

因為股、債、房這 3 類全球最大資產類別都出現泡沫，如果你的資產配置是只做多，那你根本沒有任何地方可去。請問，你股、債、房都不買，還可以買啥？避險基金可以彈性的放空，有多空對沖的策略，還比較可以找出機會趨吉避凶，但多數散戶不太可能有能力操作對沖策略。

如果翻開投資歷史，我還很少見到泡沫是長期可以軟著陸的，參考本章的所有案例，最後都是以崩盤結束。所以只要資產有泡沫，最後就會崩盤且很難躲，只要有參與市場的都會中獎。多數人對泡沫的想法是「我就跟著參與上漲，然後下跌跑掉」，但實務上，有參與的人很難跑得掉。

觀念10》泡沫破裂時，政府干預不一定有用

台灣政府在 2000 年與 2008 年的崩盤都玩過「跌幅減半」的招式，因為怕市場暴跌，所以乾脆強制市場跌停板減半（詳見圖 1）。那時候跌停板的限制是 7%，所以減半就表示當日最多可以跌到 3.5%，但是這樣沒有解決市場的恐慌，只是讓市場流動性降低，導致波動更大，恐慌更大。此外，各國政府也常常在崩盤的時候禁止放空，但是不管是跌幅減半還是禁止放空，經驗上都沒什麼效果，甚至反而讓市場更不理性，波動更大。

觀念11》景氣永遠會有循環

為何大家看過這麼多泡沫歷史，最後又會死在當次泡沫？因為每個泡沫都有

不同的變化，歷史上的泡沫有很多地方一樣，比如評價高、市場氣氛樂觀、資金熱錢亂竄等，但是也會有很多不一樣，比如不一樣的新技術、新科技。

2000 年網路泡沫時，網路是新技術；現在，比特幣是新技術、電動車是新技術、雲端是新技術。你在 1999 年時，很難說服市場網路是泡沫，實際上網路確實也在後面 20 年大幅改變人民生活。同樣地，價格沒跌之前，你幾乎也很難說服所有人，虛擬貨幣、電動車、雲端是個泡沫。我也相信現在這些投資，會在未來 20 年改變人民的生活。但是從歷史的經驗來看，現在我對投資這些新東西的投資報酬率，不是那麼看好。

這次的貨幣寬鬆程度也是歷史上沒見過的，所以你也很難在歷史找到可以對應的案例，所以大家會說：「這次不一樣。」就像過去每個歷史泡沫一樣，當下都會認為這次不一樣，只是過去的每個泡沫下場都一樣。

景氣循環也是存在的，但本波多頭與景氣每次要往下的時候，都會被央行、政府用貨幣政策、財政政策，硬是拉起來，這使得這次的景氣多頭，破歷史紀錄的長，所以大家又開始說：「這次不一樣。」我個人則是覺得人性是一樣的，歷史肯定會重複，歷史上最貴的一句話是「這次不一樣」。

觀念12》泡沫會造成貧富差距擴大、經濟由實向虛

資產泡沫對經濟是有危害的，但諷刺的是，資產泡沫在放大的過程中，對經

圖1 2008年政府強制台股「跌幅減半」，效果不彰
——台灣加權指數走勢

註：1. 統計時間為 2008.01.02 ～ 2008.12.31；2. 台灣政府於 2008.10.13 ～ 2008.10.24 實施「跌幅減半」政策
資料來源：XQ 全球贏家

濟數據卻是好的，我們可以從經濟學中的「財富效果」（註 3）來理解。假設所有人手上持有的資產價格同時翻倍，我們的消費力也會同時因為財富效果而增加。消費增加後，經濟更熱，資產價格更高，這會持續正向循環。如果資產價格可以一直上升，那麼這個正向循環便會持續。

但是可惜的是，如同樹不會長到天上，資產泡沫的價格也有其天花板。我們雖然抓不準天花板到底在哪裡，但是資產泡沫總會在漲到一定程度後，就開始

註 3：財富效果是指財富變動，會使消費向同一方向變動。

拉回。等到資產價格往下跌，前面的正向循環會轉變成惡性循環，資產價格大跌，大家財富縮水。財富縮水後，消費也會跟著縮水，然後再導致資產價格進一步下跌。

　　而且泡沫下跌的速度比泡沫上升的速度快，這也會進一步造成問題，就像是銀行系統，你錢慢慢存進去時不會有問題，但是當所有人都想領出來就會出事了。資金緊縮也會有連鎖反應，當一家企業還不起錢，在骨牌效應下，本來還得起錢的也因為被拖欠帳款而還不起了（註 4）。

　　此外，資產泡沫會造成貧富差距擴大、經濟由實向虛，也會讓社會資源往錯誤方向配置，殭屍企業（註 5）就是其一。殭屍企業會讓經濟的效率下降、社會資源浪費，正常時，資源不該流向殭屍企業的，但近年來，殭屍企業卻不斷增加，原因在於現在的企業經營獲利不好，財務操作賺錢輕鬆簡單，企業就常常走歪路，去賺取業外，不投資未來與本業了。

　　試想，如果電動車大廠特斯拉（Tesla）投資比特幣，輕鬆就能賺幾億美元，比它實際獲利還多，它幹嘛那麼辛苦地做電動車？到這裡，有關泡沫的一些資訊，我都已經說得差不多了，下面來聊一下目前（2021 年）的現況。

註 4：這某個程度也可以解釋，為何央行及政府必須在金融海嘯發生時下重藥，因為這就像是人心臟停了，血液不流動了，無論如何馬上要做的事，就是先讓心跳恢復。

註 5：殭屍企業是一種需要救助以維持經營的公司，或是能夠償還其債務利息，但不能償還本金的負債中的公司。

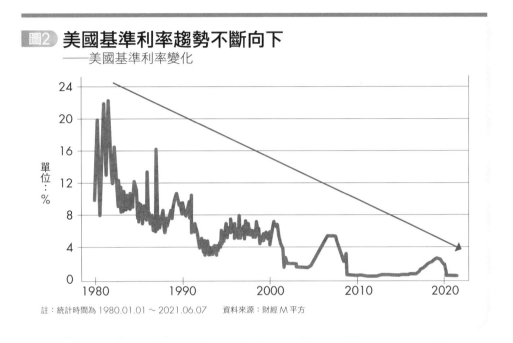

圖2 美國基準利率趨勢不斷向下
──美國基準利率變化

單位：%

註：統計時間為 1980.01.01 ～ 2021.06.07　　資料來源：財經 M 平方

　　有一個說法是這樣的，1980 年代，美國基準利率從高達 15% ～ 20%，降低到 2000 年前幾年的 4% ～ 8%，低利率的資金熱潮催生了第一個網路泡沫（詳見圖 2）。2000 年網路泡沫崩盤後，基準利率再降到 1% 出頭，又催生了房地產跟金融泡沫。房地產泡沫在 2008 年破裂後，利率再降到趨近 0%，又催生了更大的泡沫。從事後角度來看，這 40 年來政府就是不斷地用一個新的泡沫來覆蓋上一個破裂的泡沫。

　　現在這次的泡沫叫做「所有資產都泡沫」，股市、房市、債市都是泡沫，而且是在全球都如此的基礎下的泡沫。網路泡沫時，泡沫集中在美國科技股；房

地產泡沫時，泡沫集中在美國金融與房地產。在之前的泡沫下，你還可以買比較沒泡沫的資產度過，但這次所有資產，多數國家都在泡沫之列，你可以躲去哪裡？以往政府的「龐氏騙局」（註 6），該怎麼繼續下去？

美國聯準會（Fed）在 2000 年與 2008 年後，都曾經因為經濟好轉而短暫升息，但是隨後的 2008 年股災與 2020 年新冠肺炎（COVID-19）疫情，又快速把利率降到 0%。當利率變成 0%，央行在利率上已經沒有空間，所以最近 10 年，央行進一步地在進行量化寬鬆貨幣政策（QE），透過買下資產以提高資產價格來降低資產的殖利率。

去年（2020 年）疫情爆發後，美國聯準會已經完全沒下限，買了投資等級債，甚至高收益債也買了，政府干涉市場價格這麼嚴重的情況下，這還叫市場經濟嗎？日本央行是最誇張的，已經大量購買日本股市的股票指數 ETF。

在政府大力干涉市場的情況下，會扭曲市場的價格發現功能。現在殭屍企業一堆，市場效率也大幅滑落，未來的經濟成長率也不會樂觀，如果日本是量化寬鬆的始祖，當全球都走日本化路線，參考日本狀況，這前景看起來也不樂觀。

我是看空市場的，所以雖然我推廣被動工具，但是我這時點不太推廣被動配

註 6：龐氏騙局是利用後入者的本金偽裝成先入者的收益的方式，不斷滾雪球的一種金融詐騙手法。此處是指用一個更大的泡沫蓋住前一個泡沫這件事情。

置，如把股票固定在 50% 的資產比重（請了解被動工具與被動配置這 2 個的差異，用被動工具也可以主動配置到 100% 比重）。你們現在就只有 2 種選擇：一種是你可以選報酬很低，但風險也很低的資產；另一種是你可以選報酬稍高，但風險很高的資產。

2 種方式的差別在於，若你聽我的建議，配置較少風險資產，萬一崩盤，整體資產不會損失過多；但萬一沒崩盤，會讓你少賺了泡沫財。反過來說，你選擇高配置風險資產，萬一崩盤，若投資太多風險資產，那就慘了。

第5章

建立投資觀念

風險控管
永遠是投資的第一順位

聊完泡沫之後，接下來我們來聊聊投資與投機。我以前在大學上投資學時，曾經問過老師（註1）：「投資與投機，到底哪個比較賺錢？」老師那時候沒給出明確回答，他說他自己的股票買賣常常是很投機的，比如說，買電子股每年參加一波除權息行情大概可以賺個3成。他認為既然投機有賺錢的機會，何必要求自己一定要是長期投資呢？

投資與投機的主要差異在於心態

我當初是剛開始接觸投資理財的階段，所以也不是很理解其中的差異；但如果是現在的我，當然就比較清楚了，投資與投機的主要差異在心態。如果你可以控制好風險，並可以持續獲利，能賺錢的方法就是好方法。我自己是屬於價值投資者，我看股票其實都看比較長，也比較以基本面為主，但是操作上有時也會做個價差就跑了，也就是說我心態上是投資，但是操作上卻可能有時候是投機。

註1：我的投資學老師是自己真的有投資，且賺到錢的校外人士，所以上課不是正規教教科書的投資學，而是在講實務。

投資或投機沒有對錯，不用扯道德觀，也不需要美化投資，醜化投機。我們價值投資人之所以願意用比較長期的投資角度看標的，是因為這樣比較穩健，長期勝率也比較高，不然投機只要不違法，你可以 1 年賺 10 倍，那是你厲害，而我們還是只願意乖乖地、慢慢地長期投資，是因為我們就做不到那種操作。我當然也不建議投資人太投機，一來多數散戶做不到、學不來，很多投機其實也有違法的風險，比如可能有人會去操作市場，炒作股票。

那究竟什麼是投資？什麼是投機？我們可以看看歷史上一些投資大師對這兩者所下的定義。證券分析之父葛拉漢（Benjamin Graham）在 1934 年的《證券分析》（Security Analysis）一書中提到：「投資行動就是一種經過分析、確認證券價格有安全邊際原則、這筆投資未來可以有令人滿意的報酬率的行為，如果不符合上述要求的，就是投機。」

此外，美國著名投資家菲利普‧凱瑞特（Philip Carret）在 1930 年寫的《投機的藝術》一書中提到，他相信「動機」就是用來判斷投資或投機的標準。投機是指「投資人買賣證券只想賺價差」，追高就是最明顯的投機，如果是想買折價股票，那這心態相比之下還比較不投機。

這邊再舉一個例子，讓大家更清楚投資與投機的差異。假設現在有 1 戶價值 1,000 萬元的房子，每年可以讓你收租 50 萬元，換算起來就是每年租金收益率 5%。5% 算是目前來講還不錯的資金投報率，如果我們願意以長期獲得這個投報率的心態而去買這房子，這樣就算是投資。

　　但是實際上，現在台北的租金收益率都超低，1,000 萬元的房子可能 1 年只能讓你收租 15 萬元，租金收益率只有 1.5%。如果你再考量要管理、要修繕、要繳稅、要繳房貸利息，那麼如果要你付出這麼多有形、無形成本，長期得到這個租金收益率，應該沒多少人會有興趣吧？可能還不如乾脆把錢丟定存或買債券來得省事。

　　既然目前（2021 年）的資金收益率那麼低，那為什麼現在房市那麼熱？還是很多人願意買房呢？這是因為多數人買房看上的不是租金收益，而是資本利得，白話講就是賺價差。大家現在買 1,000 萬元的房子，預期 1 年、2 年後可以用 1,100 萬元賣掉，這樣不就賺了 100 萬元了嗎？

　　所以用這個例子讓大家了解，如果你是為了這資產的長期現金流，那就比較偏投資；如果你只是想賺價差，那麼這就是比較投機的心態。目前市場上幾乎所有資產評價都很貴，如果你真的用長期投資心態來判斷，你最後大概什麼也不會買。

用 2 要件建立穩健的投資組合

　　如果你認同我的說法，想要開始投資的話，那麼我給你的第一個忠告就是做好「風險控制（簡稱風控）」。只有做好風控，你才不會在投資上吃大虧，也才有資金拚下去。就像吃藥一樣，不管藥效好不好，先講求不傷身體才是最重要的。股神巴菲特（Warren Buffett）就曾經說過：「世上只有 2 條投資法則，

第 1 條是不要賠錢；第 2 條是不要忘記第 1 條（註 2）。」

實務上的風控怎麼做？有些數字化的管理馬上可做。首先，「把個股持股上限降到 15% 以下、類股上限降到 30% 以下」，所以存股的人馬上就違反了這項規則。

要件1》個股持股上限15%

個股持股上限 15% 這個數字怎麼來的？一般來說，散戶在投資時是沒有持股限制的，但是投資法人在操作時，都會有法規或公司內規在控制風險上限。例如「個股持股上限 10%」就是公募基金的限制，這表示，不管你再怎麼愛某一檔個股，你的持有比率最多就是只能到你投資組合的 10%。

我個人管理公募基金投資組合約 9 年時間，慢慢地，我也滿認同單一個股上限這項風控規則。基金經理人每天都看績效，如果你可以控制個股上限在 10% 內，你也幾乎要買到 20 檔以上的股票才能湊滿整個投資組合（註 3）。如此一來，你投資組合的日波動就不會太大。

註 2：這邊補充一點小知識，投資有風險，就有虧蝕本金的可能，所以我們不可能要求投資完全不虧錢。但是我們如果合理的投資，不搞槓桿、不多冒風險、了解投資標的、買在合理價位，那麼我們就可以把虧錢的風險降低，把虧大錢的可能性降低。

註 3：假如你每檔都持有 10%，你需要持有 10 檔股票湊滿一個投資組合（公募股票基金多數時候會接近滿持股 100%），但是因為有些持股不到 10%，所以基本上你大概要買到 20 檔甚至更多，才可以買滿一個投資組合。公募基金有個股上限 10% 的限制，我之前操盤公募基金大概就買到 30 檔。

　　此外，就經驗來說，1 檔公募基金每 1 季最多就是贏中位數 5 個百分點左右，輸也可能類似此數字。然後，因為散戶可以比公募基金有點彈性，所以我認為放寬個股上限到 15% 是可以接受的。

要件2》類股持股上限30%

　　除了個股需要有持股上限以外，資金太集中投資某些類股也有風險，所以我同時建議類股比重的上限控制在 30% 以內。

　　為什麼我會那麼強調個股和類股的投資上限？除了公募基金的經驗，我自己以前太集中投資的經驗也不好。我曾經把個股買到超過投資組合的 50%，還非常集中在金融股，這種的投資組合遇到金融海嘯，你就可以體會學到的教訓有多大。幾次經驗下來，集中時看對賺很大，看錯則逆風很大，我感覺這樣波動太大，而且很可能看錯 1 次、2 次就陣亡，不是一個長久的操作策略。所以慢慢地，我愈來愈貼近與認同公募基金的分散邏輯。

　　我相信當你達到「個股上限 15% 以下、類股上限 30% 以下」這 2 要件時，這會是一個相對波動穩健的投資組合了。

　　財務管理課本也有介紹到底一個股票投資組合要持有多少檔股票，才有足夠的分散。一般來講，10 檔到 20 檔個股就已經足夠分散。

　　從圖 1 可以看出，當你持股愈多，可分散風險就愈來愈低，剩下的是你分

圖1 持股愈多，可分散風險就愈來愈低
—— 投資組合持股數量與風險的關係

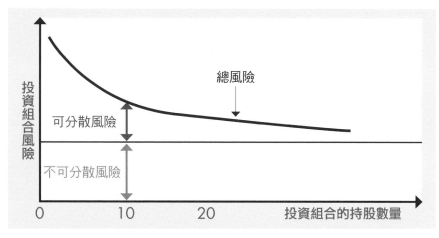

註：可分散風險又稱非系統性風險；不可分散風險又稱系統性風險、市場風險　　資料來源：財務管理課本

散也沒辦法去除的不可分散風險（也稱系統性風險）。因為持股愈多檔，你得要花愈多時間去做研究，所以一般小投資人也不太可能無上限的買一堆，所以持股 10 檔～ 20 檔是適合的。但是要注意這邊的檔數是分散的檔數，如果你買 20 檔，但是每一檔都是金融類股，其實也不分散（類股也超過上限的30%）。

一定要分散投資的 6 大理由

雖然我建議大家將個股上限設為 15%、類股上限 30%，但一定會有人反駁

説，他過去 10 年投資某檔股票漲了 5 倍，目前單一個股占投資組合 50%，不也活得好好的？對於這種情況，我只能説這是機率問題，但不是每個人運氣都可以那麼好，所以我還是建議大家要分散投資，理由如下：

理由1》存續者偏差

設想有 100 人都將資產集中在單一個股上，最後只有 3 個人下場還不差，其他 97 人在泡沫破裂後資產歸零了。這時候你不能單看那 3 個人成功，就説這招好像不錯，也許他本身只是存續偏差導致的好結果。這就好像 500 萬人買樂透也可能出一個樂透得主拿走 2 億元一樣，你不能因為看到一個樂透得主就認為買樂透是個好的投資方法。

理由2》分散投資組合的風險較小

以數學的角度來看，如果你採用分散的投資組合，可能有 9 成 5 的結局不錯，最好的案例可能是退休時資產 5,000 萬元，平均值則有 1,500 萬元。如果你是賭最看好的單一個股，可能剩 7 成不到是結局不錯，有 3 成多會賠很慘，但是最好案例可以在退休時資產高達 10 億元，平均還是 1,500 萬元。

這 2 個選擇的重點差異在哪？重點在人生只有一次啊！如果你選擇分散投資組合，你這輩子除非是最衰的那最後 5%，不然也是不差的了。但如果你是單壓一檔個股，有 3 成是不好的結局，假如剛好那麼衰，那你這輩子就辛苦了。

所以從這個案例來看，集中投資反而讓資產的結果分布分散了，分散投資

反而讓結果分布集中了，分散投資的多數人都成功，集中投資的投資人則有不少的人失敗了。你賭得更大，你就有更高機率陷入不好的結局。你願意選一個 95% 機率不失敗，還是選 30% 機率會失敗，但是成功時會非常好的情境？

理由3》風控務必優先於報酬率

我自己在投資時，風控會優先於報酬率，但是散戶好像是反過來，報酬率優先於風控，最後，常常吃到高風險，沒吃到高報酬。為什麼我會那麼強調風控呢？因為如果你沒做風控，不管你報酬率多高，最後都是死。

設想你玩俄羅斯輪盤，6 個裝彈裡面裝了 1 發，你的賠率是你 1 槍沒死拿 1 億元。就算每次都重來一次機率（每次都有 1/6 機率擊發），而非一直開槍轉輪下去（這機率就是一定 6 發內擊發），你敢開到 10 槍嗎？如果有人強迫你一直玩下去，這種遊戲你是不是一開始就不敢玩了？但是如果換成投資，大家都敢玩喔！甚至你就算後面大虧，你還會一直很想再賭一把賭回本，而且會愈輸、賭愈大。

假設你賭個股，賭對賺 1 倍，賭錯虧光（註 4），如果這個賭局一直玩下去，想也知道這賭徒一定沒好下場。不要覺得賭對你會離場，這是不太可能的。通常你在那邊幻想說「如果我有 500 萬元，我就不玩了」的時候，你的資產應該是連 100 萬元都沒有，等你真的賺到 100 萬元，我保證你停不下來。因為

註 4：這不要覺得我這樣算不合理喔！散戶用了融資，勝率就會變成類似這樣的數學式喔。

人有了錢會希望更有錢，當你有了 100 萬元以後，會希望自己有 1,000 萬元；當你有 1,000 萬元以後，又會想有 1 億元。一直到你變全世界最有錢的人了，你還是會希望繼續往上賺的，所以這遊戲停不下來。

理由4》很多個股風險是完全不可預料的

個股風險很多是完全不可預料的，我以前買華碩（2357），結果它忽然宣告要分割和碩（4938）出來，吃了 2 根跌停板。我買味全（1201），覺得它土地題材有搞頭，結果一個食安事件，1 週股價跌掉 5 成。這種風險怎麼預防？沒有其他方法，只有分散投資。

理由5》心情上比較輕鬆

會搞集中投資的人，我也懷疑投資資歷還是不很夠。你只要在股市待得夠久，一定會吃到集中投資的苦頭。最後會發現只有控制好風險，才能讓你在市場上存活，並且每天生活得很輕鬆。

你每天單壓個股，整天雲霄飛車衝上衝下，你如果沒被股票搞瘋，搞到壓力很大，我看也是不容易。再好的股票總有逆風時，單壓個股會搞爛你的生活品質。從生活品質角度來看，分散並控制風險的投資人會快樂多了。

理由6》不要為了貪念去選擇高風險策略

有人會說，臉書（Facebook）創辦人馬克·祖克柏（Mark Zuckerberg）、亞馬遜（Amazon）創辦人傑夫·貝佐斯（Jeff Bezos），他們都是單壓事業成

功的個案。問題是人家是創業家啊，沒得選擇；但你是投資人，有得選擇！而且多數公司大股東也會有其他資產，人家公司倒了也還有其他資產可依賴，但很多人投資組合掛了就慘了。

這裡再舉個例子，假設某人 40 歲退休，手上已經有 5,000 萬元，他有必要去弄個雖然有機會讓資產變 10 億元，但也有可能會虧光，讓他又會開始「為五斗米折腰」，去整天講些「投資長英明」這種話的策略嗎？是我的話，我不選這樣的策略，但是真的會有很多人，因為貪念去選了更高風險的策略，最後下場都不太好。

投資上我們需要的是投資紀律（詳見補充知識），這某種程度就體現在風控上，如果風控做不好，你最後一定死。投資紀律我是覺得沒有運動員的紀律艱難（註 5），但是我覺得你應該時時刻刻記在心裡，隨時思考，我目前的配置跟投資組合會遇到什麼風險？有沒有可能遇到極端情況？

我現在覺得再怎麼小心、再怎麼風控，都沒有過度這回事。過度風控，你頂多少賺；風控失控，你會爆。

註 5：美國 NBA 傳奇球員勒布朗・詹姆士（LeBron James，LBJ）曾經說過，他 10 幾年沒吃過巧克力，光這點飲食紀律，我就覺得他是神了。此外，日本知名退役職棒選手鈴木一朗，也是以有紀律出名的，他從小學 3 年級開始，幾乎每天用指尖夾著本壘板（增強握球的力量）前往棒球場練習，且吃完晚飯後，他會到打擊中心練習 150 球以上，這點也很令人佩服。

當沒崩盤前，多數人不會把風控當一回事，大家只追求高報酬，但是當崩盤後，你後悔風控沒做好也沒鳥用。再來，多冒這種風險，因此多賺錢的幸福感邊際效用低（註6），每天精神壓力卻大很多，整個評估起來也不划算。

此外，當我們在考量風控時，我們不應該想好事發生會怎樣，重點是在壞事發生時，是否過得去？而且根據我的經驗，如果有什麼事件發生，那麼壞事機率幾乎高達 8 成以上。我一直不認為我過去的操作歷史有在運氣上占到任何便宜，所以我還滿怕我持有的個股上新聞，因為幾乎每次都是負面事件（註7），不但會對我的短期績效帶來負面影響，我還得像滅火隊一樣想方法解決。

因為有這些經驗，我前年發現我金融股部位太大是個風險。然後，就如大家看到的，2020 年初新冠肺炎（COVID-19）疫情帶來全球又一波降息潮，我預測的衰小事又發生了。不過這次風險有在預期內，我也提早準備了，降息前我的金融股部位就已經降了不少，降息時我也快速把部位再降低，所以對我的

註6：除非你是目標成為 10 億元的人，不然依我看書的案例來講，資產帶來的幸福感有邊際效果遞減的效應。當你的資產不到 100 萬元時，假設當下的幸福感只有 50 分（滿分 100）。但當你的資產從 100 萬元增加到 5,000 萬元時，你的幸福感可能會從 50 分來到 85 分，增加了 35 分。不過當你資產從 5,000 萬元到上億元時，幸福感可能只從 85 分提高到 88 分，只提高了 3 分。當然，實際上很可能你資產累積到上億元後，幸福感也只是 85 分，因為當你適應你現在的狀況以後，就沒有超額幸福感了。你用一個這麼大賭注的策略，最後用機率算完的幸福感期望值卻下降了，這是你理性的策略嗎？

註7：榮化是高雄氣爆案、華碩是華碩切割和碩事件、味全是味全地溝油事件，3 個負面新聞都讓這 3 檔股票出現很大的跌幅，這些事件也幾乎都是之前投資時想都想不到的風險。

投資紀律的重要性

提到投資紀律，請先了解一個觀念，那就是「事前紀律比事後補救要重要很多」。當你因為策略失誤而需要事後補救時，通常已經是狀況有點慘了，但也不能因此不管它，讓它爛到底。事後補救當然還是需要，可避免危害繼續擴大到無法挽回的地步，但是通常搞成這樣，是事前的紀律沒控管好。

舉例來說，做多某持股，結果太貪心，買到超標。原本個股上限15％，因為貪念無法控制，居然買到30％了。之後若個股表現不如預期，可能會因此虧損3成，也就是約當整個投資組合的9％（＝30％×30％）。如果該持股基本面還是持續有疑慮，該減碼就還是要減碼，因為很可能虧損會繼續擴大到5成，甚至更多。

事後要停損通常是很難下決定的，你會很怕就砍在最低點。不過我經驗上，停損的股票回頭看，當下停損有7、8成是對的。以這邊的案例來看，如果你有紀律，只買10％，甚至5％，虧3成，真的還算可以輕鬆面對，因為只影響3％～1.5％而已，不管是要停損還是要加碼，都還可以輕鬆決策。

我操盤基金時曾經1檔踩雷虧了快5成（現在講應該沒差了，就是榮化氣爆案的榮化（已下市）），但影響不大，因為只持股0.5％，所以我還是維持以往一再強調的，那就是「事前紀律非常重要」。你操作有紀律，真的可以省下很多麻煩；如果你有紀律，相信你的投資組合也是穩健的那種。

影響不是太大。

對很多投資配置來講，你去設想未來就可以了解，有哪些東西需要提早防範，很多極端配置可能遇到一點衰事就會爆炸。所以我建議你們現在就想清楚，現在就下決心調整你們的資產組合。再強調一次，風控只有事前有效，事後都只有收屍，我經驗談一下也許對大家有幫助。

我投資 20 年來的經驗就是我愈來愈重視風控，而不是想追求最大報酬／風險比的投資策略，風控做好才不容易陣亡。投資不是短跑，而是馬拉松，想辦

法持續留在場內，你才可以繼續玩。新手大概不容易理解待在場內有啥困難的？如果你經歷過一次空頭，你就會知道你可能一次空頭就虧光，一次空頭就把你踢出市場，讓你再也沒錢進來或不敢再進來。

多數人的投資策略都太衝、太禁不起考驗，不管是景氣下滑或趨勢改變，都可能讓他們遇到一波逆勢就掛點，大家如果有看過我之前的長期績效，我開始玩股票的前 8 年績效超好，我有個同學那 8 年績效可以跟我差不多，但他不玩股票很久了，為何？因為他提前畢業了。他是怎麼出場的？死在放空，2008年空到 2009 年，一開始放空還賺錢，結果 2009 年股市谷底翻升，從 4,000點漲到 7,000 點，我同學在這波陣亡。

了解常見投資觀念 建立操作策略

(5-2)

5-1 已經講述投資和投機的區別，這裡我要再來和大家說一下常見的投資觀念，像是複利效果、均值回歸（Mean Reversion）、動能效應（Momentum Effect）、逆向操作等。

複利效果》會隨著時間放大

複利的概念應該是投資理財最重要的觀念之一。複利概念有個很重要的因子——時間，一個不算多高的投資報酬率，在長時間的累積後，透過複利的效果，最終會變成一個很驚人的財富數字。因為人的腦袋只能處理單利，無法處理複利，所以當我們第一次接觸此概念時，我們常會覺得震撼。

網路上有一個有趣的問題，1 張紙對摺幾次，厚度可以達到地球與月球的距離？也許很多人腦子會認為大概得對摺幾百萬次吧？但實際上，只需要對摺不到 50 次，就可以達到相同的長度，這用數學就可以算得出來。假設 1 張紙的厚度是0.01公分，對摺到第 10 次時還只有 10.24公分，但對摺到第 50 次時，會達到驚人的 112,589 萬公里（＝ 0.01 公分 ×2^50），這其實就是一個複利效果的展現，地球到月球的距離相比之下也才 40 萬公里左右，這厚度又

是地球月球距離的近 3,000 倍。

上述摺紙的個案是每摺 1 次厚度增加 1 倍,但在投資上,我們不太可能每年資產增加 1 倍,我們舉個比較可以做得到的數字 10%。以下我帶大家分別看看單利和複利在 10 年後和 30 年後的表現(同樣假設期初 1 元、每年報酬率 10%):

案例1》10年後

單利:1 元變成 2 元(= 1 元+ 1 元 ×10%×10 年)。

複利:1 元變成 2.59 元(= 1 元 ×(1 + 10%)^10 年),比單利計算多了 0.59 元。

案例2》30年後

單利:1 元變成 4 元(= 1 元+ 1 元 ×10%×30 年)。

複利:1 元變成 17.45 元(= 1 元 ×(1 + 10%)^30 年),比單利計算多了 13.45 元。

從上述 2 個案例可看出,複利效果會隨著時間放大(詳見圖 1),這也是為什麼股神巴菲特(Warren Buffett)的傳記名字叫做《雪球》的原因。巴菲特很小的時候就開始賺錢與投資,當他到現在 80 多歲時,光靠投資就賺得幾百億美元的資產,這就像雪球一樣,從很小的小雪球開始,隨著時間愈滾愈大,如果中間一直沒有被阻擋變大,最後會變成一個很驚人的大小。

圖1 複利的增長速度遠超過單利
——複利vs.單利

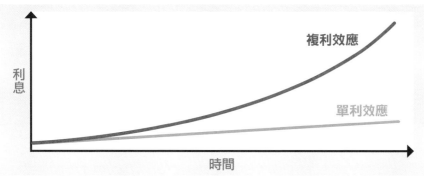

資料來源：陸家嘴國泰

因為複利效果的指數走勢，愈是後面的時間，滾出來的效果愈大。巴菲特有99%的財富都是50歲以後賺來的，90%財富是60歲以後賺來的。對於一般投資人而言，這說明了理財的萬事起頭難。

當你要存到第一個100萬元資產時，可能得花你10年，但是如果你投資開始上了軌道，第2個100萬元可能只需要3年，時間再拉長，你30年後也許每年資產增加就會超過幾個100萬元（詳見補充知識）。

所以這也是為何投資理財要趁早的原因，你愈早開始投資理財，你往後複利的時間就愈長。巴菲特很小的時候就開始送報賺錢了，現在大家往往念書念到研究所畢業後才開始工作，你投資理財光起步就輸巴菲特10年以上。

補充知識　72法則

介紹一個簡單好用的公式「72法則」，只要把72除以每年年化報酬率的數字，就能快速算出「資產翻倍所需要投資的年數」。例如每年年化報酬率為9%，那麼資產翻倍所需投資時間為8年（＝72÷9）。假如每年年化報酬率為6%，那麼資產翻倍所需投資時間為12年（＝72÷6）。

當然，現實上，複利效果是有限的，比如說你摺紙大概摺了幾次後，就會遇到很多物理學瓶頸，摺不下去了。自然界中，細菌的生長曲線也是類似邏輯。

當細菌開始進到一個新環境，如果是一個適合的環境，細菌的數目就會開始指數增加，但是到達一定程度，因為營養減少、代謝毒物增加，細菌數目就會停止增長甚至開始減少（詳見圖2）。

樹木生長也符合自然規律，我們說樹不會長到天上，樹長高有利於競爭陽光，但是當樹長到一定高度後，長高的好處就會邊際效用遞減，之後再高就壞處大於好處，然後樹的高度極限就到了。

我們也用這句話來形容企業的獲利與股價成長，企業最終會遇到競爭、產業變動，甚至反壟斷法，會讓一家企業最終停止獲利成長，同時股價也開始反轉。

財富累積也是，當你錢比較少的時候，你稅率也比較低；當你財產變多後，稅的影響就變大了。而且一個小的投資組合沒有流動性問題，當你投資規模變大後，就會遇到這問題了。所以當你資產愈來愈多，你想要維持原本的複利效

圖2 細菌增加到一定數目後就會開始減少
—— 細菌數量變化與時間的關係

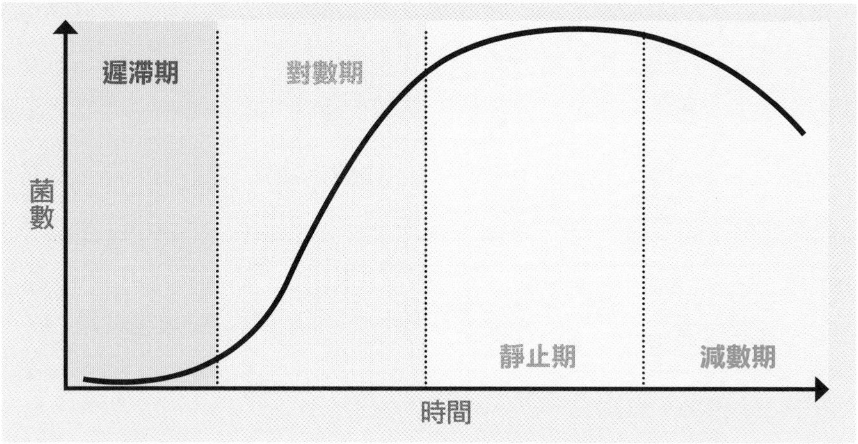

資料來源：美國萊斯大學

果就會變難，巴菲特在資產少的前 30 年、40 年，還可以每年打敗指數 10% 以上，但是這幾年巴菲特的控股公司波克夏（Berkshire Hathaway），不只很難打敗指數，甚至還持續輸給指數了（這不只是因為規模因子，這幾年剛好也是價值投資逆風）。

但是，你不是巴菲特，你真的不用思考到他傷腦筋的問題。對一般人而言，經歷個 10 年、20 年的資產持續增加是有機會的，我們不需要賺到巴菲特的 1,000 億美元身價，我們不需要在富比世富豪榜排到名，我們一般人只需要累積個新台幣幾千萬元的資產就很夠用了。

均值回歸》漲久了就會跌，跌久了就會漲

要理解什麼是均值回歸，我們先從案例來理解，生物學上我們可以發現有均值回歸的現象。1886 年，英國遺傳學家高爾頓爵士（Sir Francis Galton）研究人類身高的遺傳，他發現身高遺傳雖然有相關性，但是有均值回歸的現象。也就是說，身高高的父母，生下來的小孩身高雖也會比同齡小孩高，但是子女的平均身高會不如父母。

自然界會有這種規律很合理，試想，如果身高高的父母生下來的小孩更高，矮的父母生下來的小孩更矮，幾代以後，人類身高差異不就變得很離譜？

此外，如果粉絲常常看 NBA、MLB（美國職業棒球大聯盟）等職業比賽，我們也可以看到均值回歸的效應。如史蒂芬・柯瑞（Stephen Curry）的 3 分球，這場也許很準，命中率超過 5 成、6 成，可能下一場就不準了，命中率剩不到 4 成。但是等比賽場次更多後，比了更多場、也投了更多球之後，命中率就會愈來愈貼近他的長期命中率。除非有受傷或其他重大影響因子的干擾，不然投籃命中率也會有均值回歸的效應。

另外還有一個例子，在地球上，我們會遇到地心引力，你往上跳，最後就一定會回到地球表面。飛人喬丹（Michael Jordan）是全世界最會跳的人，他大概最多就是離開地球表面 1 秒，最後仍是要回到地表。地心引力讓你回歸地球表面，類似均值回歸讓你回歸中數。

同樣地，資產價格也有均值回歸的現象，當資產價格太貴，長期就會向下跌，往歷史平均值靠攏；當資產股票太便宜，長期就會往上漲，往歷史平均價靠攏。投資界比較喜歡舉的案例是老人與狗，老人牽條狗散步，狗一下往前跑，一下往後跑，但是不管這條狗跑多遠，跑在老人多前面或多後面，最終，狗離老人的距離也就是那狗繩的幾公尺而已。那條狗就像是股價，老人則是公司的合理價值，也就是說，股價雖然有時候會偏離價值高些或低些，但是終究會回歸。

不同類股間的輪動也是一種均值回歸的效應，現在表現較好的類股，往往後面表現會變差；現在表現比較差的類股，往往後面表現會變好。用企業管理來解釋，我們可以用產業的景氣循環來看。

一個產業開始走多頭，市場需求變大，公司獲利變好，於是公司會有動機擴產，新廠商也會想進來賺錢。可是當最後新產能開出來後，供給增加，市場又變得競爭，產品價格下跌，公司獲利縮水。除非有公司壟斷市場，不然一個競爭的市場會讓各家公司的獲利維持在合理的水位。長期而言，產業不可能好到每家公司都大賺錢，也不可能差到每家公司都大虧錢。

均值回歸簡單的講就是「物極必反」，也可以講說是「漲久了就會跌，跌久了就會漲。」在股票投資上也有人做過類似研究：

研究 1》希格爾研究 1970 年～ 2001 年這 32 年的全球股市，各市場的回報率差異不大，英國、美國、日本、德國都約在 11% ～ 12% 左右。其中日本

在 1980 ～ 1990 年代報酬率很高，但是時間拉長，也跟其他市場差異沒很大了，這就算是一種均值回歸。

研究 2》 1985 年，諾貝爾得獎者理查・賽勒（Richard Thaler）與他的同事德邦特（Werner DeBondt）研究顯示，以 3 年～ 5 年為一個週期，原本表現不好的股票擺脫困境，而原本的贏家股票開始走下坡，這就算是股票有均值回歸傾向的一個證明。

如果是以我自己操盤台股基金的經驗來看，以往電子股跟傳產股會輪動。電子走強時，傳產走弱；傳產走強時，電子走弱。我都是死抱著傳產股等到順風的，我可能衰 2 季～ 3 季，績效排名都不好看，然後 1 季逆轉。

不過，均值回歸的現象想應用在實務操作上面也非常困難，難在時間點的轉折很難抓。最近 2 年，如果我們光看電子與傳產的強弱，就可以很明顯看到電子明顯強於傳產，也沒有以前傳產隔 2 季、3 季就會走強 1 季的型態，如果還是一直拗傳產股票的人，就會很尷尬。

投資人想等到「物極必反」現象出現，就像是你猜股市最高點與最低點一樣是非常難的。市場評價已經偏高很久了，但是它就是不反轉；你就看到市場一直往上、愈走愈極端，卻一直不反轉。也許終有一天會反轉，但是有多少人的操作策略可以拗長期逆勢？把投資當成工作的業界人士更不可能拗，所以反向操作是非常難的，我一般會建議散戶操作時偏順向點。

動能效應》順應盤勢操作

資產的價格上漲就類似物理學，一個物體有質量、有速度，它就會有一個動能，有這個能量在，就不易短期反轉方向，至少會持續原方向一陣子。依據此邏輯來投資操作也稱為順勢交易、趨勢投資，當盤勢走多頭時，就順勢做多；當盤勢走空時，就順勢做空。

針對大盤的順勢操作就是簡單的先判斷多空，再決定操作方向。你也可以簡單用價格走勢的技術分析來判斷大盤多空，先設定 1 條均線，例如季線，當目前價格都在季線之上就做多，當價格跌破季線，確定走空後，才做空。

除了大盤以外，也可以針對類股跟趨勢來順勢操作，比如說近 2 年半導體很強勢，你就可以針對半導體類股持續做多；前年與去年傳產股偏弱勢，你也可以考慮針對逆風的產業（如金融股）做空，或是做多時不考慮金融股。

順勢操作也可以用在利率、匯率、商品等的交易，但是首先要先判斷出一個趨勢出來。例如我這幾年認為央行持續貨幣寬鬆下，黃金長期易漲難跌，就可依此決定操作黃金的大方向。然後 2008 年金融海嘯後，全球央行持續寬鬆，利率也持續下降，造就債券的大多頭，順勢操作持續做多債券的人應該也做得滿順的。

順勢交易難的地方在於，你很容易被短期波動洗出去，賺不到整段的趨勢。

如果是看價格技術面來順勢交易，偶爾會出現短期跌破趨勢線的狀況，有紀律的人此時應該要砍掉部位暫時休息。但是之後如果趨勢又向上持續原本趨勢，你只好再追回來，這樣子頻繁交易就容易導致交易成本過高，這樣的操作導致順勢交易的投資人遇到盤整的狀況時，順勢交易會沒有明確方向，而且也會過多交易。

再來，趨勢的末段往往資產價格偏離了合理的價值很多，隨時會出現均值回歸的效應，讓價格出現反轉。經驗上，股市緩漲、緩跌時，不容易反轉；倒是大漲噴出或大跌，才容易出現 V 型反轉。如果你末段沒有跑快一點，你就可能一波下跌就虧損 2 成、3 成。

逆向操作》務必掌握長期趨勢

我以往是比較常逆向操作的，因為我身為價值投資人，喜歡在大跌的股票中挑寶藏。等開始買進後，愈跌愈買，我投資生涯幾次賺大錢就這麼弄出來的。但是經驗多了之後，我也發現這樣的操作有時候會出大問題，因為你可能會看錯趨勢或買到價值陷阱。

例如我覺得前年（2019 年）電子股的上升趨勢受惠中美貿易戰只是短期效應（原本估 1 年～ 2 年），結果電子股的利多趨勢一直沒有停止，其中原因很複雜，像是台積電（2330）的競爭力已經無敵，獨占高階製程的產業地位，在這幾年因為龍頭英特爾（Intel）卡關後，業績爆發；接著，中美貿易戰

導致中國供應鏈去美化，加重硬體品牌廠商對台灣零件廠的依賴；最後，去年（2020 年）的新冠肺炎（COVID-19）疫情，讓電子設備需求大增。一堆因素累加，讓電子股走了 2 年的多頭。也就是說，如果你逆勢操作卻看錯趨勢，你就會愈做愈錯，最後累積成龐大的損失。

再來，從個股的角度來看，我以前喜歡愈跌愈買，但是看錯與被公司騙的經驗多了之後，我會在營收或財報公告前暫停操作。如果股價在重要數字公告前莫名走弱，那往往是後面會有壞消息。內線人士就是比你更有充足資訊，他們的交易就會反映在股價的強弱上，台股技術分析非常有效，其實就在證明台灣內線交易非常嚴重。

想要逆向交易，得先搞清楚自己的長期看法沒錯，再來得確定逆勢不會太久，幅度不會太大，即使你最後看對，但是逆勢如果久一點也沒有人可以撐到最後。舉例來講，你從現在的馬後砲角度看網路泡沫，你一定覺得那個泡沫那麼明顯，如果放空的人可以撐下去，最後應該是可以賺錢的，但是實際上很少人可以一直堅持放空網路股，並拗到最後賺到大錢。

先不論你現在覺得那個泡沫明顯是馬後砲才做得到，2000 年買網路股的人可不認為那是泡沫，網路股才是未來。網路股在泡沫破裂之前漲了 1 年、2 年，最後 1 年還噴出走勢，你放空的人可以撐得住最後幾個月軋空 50% 以上嗎？如果你有經驗過，你就知道沒有幾個人可以撐得住的，這也是為什麼如果可以躲過泡沫就已經很厲害了，從泡沫中賺到錢的人更是如此的少。

投資的格言中也有一句跟順向操作有關，「留下表現好的，砍掉損失的股票。」對於研究能力與資訊不充足的散戶而言，順向操作會比逆向操作好，投資功力沒有到一定程度的人，我都建議不要太逆向操作，逆向投資如果一個看錯，又沒有控制好風控，你可能會一個波段就陣亡。

如果有遵循好技術操作，順向操作比較可以馬上賺錢，並且也不容易像逆向操作一樣踩到價值陷阱，因為價值陷阱都是逆向操作的人才會踩到的。

了解投資相關概念後，有人又會有疑問，究竟是長線投資比較好，還是短線投資比較好？我認為長期投資、短期投資沒有絕對好壞，取決於你的投資策略。

有很多人很喜歡說：「我不是那種做短線的人，我都抱長線的。」有時候我還覺得這種人和短線投資的人相比，問題還更大，原因如下：

1. 散戶如果不是買指數 ETF，而是買個股，就會跟股票產生感情，就很喜歡拗股票。跌了也不賣，前景轉差了也不賣，放任虧損繼續擴大。

2. 散戶因為每次都追高，所以容易被套，他們稱套牢為長期投資。這種長期投資還不如不要投資，或甚至短線買賣。

我自己的操作就常常短線交易，我看公司是看長的，但是有時候就很賽，買進後股價就很快大漲一波，漲到預期的滿足點，這情況下當然就可以賣掉換股。

所以雖然我看長，但是買賣點不見得需要抱很久，也就是說，看長，但是可以做短。不過，對多數散戶來說，我覺得他們會比較適合定期定額買進指數 ETF 長期投資，利用長期投資來降低自己投資的失敗率。

有數字才能佐證 有數字才能管理

(5-3)

以前長官在講其他研究員表現不好，說：「我感覺某人沒有看好汽車產業。」馬上被我嗆，我說：「管理沒有在憑感覺的，妳要講出個數字。」

上面這件事就是長官跟有些經理人，老覺得某研究員對於汽車零件產業沒有 follow（追蹤）這件事。實際上他們的感覺完全錯誤，這研究員有 call（註 1）、有 follow、有報營收、有報財報，只是因為從價值角度沒有推薦而已，就讓他們「感覺」沒有顧好這產業。

可以體會價值投資的研究員容易在這產業被黑吧？！假如研究員真的沒有顧好產業，你當長官你應該要講，你怎麼沒報營收、沒報獲利之類，有憑有據且具體的話，而不是我「感覺」你沒看好這產業。

之前我在網路有跟網友討論，85 度 C 賣咖啡遇到瑞幸咖啡（luckin coffee）競爭的問題，我回答絕對不是只講：「我『感覺』瑞幸咖啡嚴重影響 85 度 C 的銷售。」我是馬上去抓數字，我抓 85 度 C 中國區與瑞幸咖啡的營收比重、

註 1：業界講 call 公司就是有去拜訪，通常訪後要出 1 篇報告。

毛利率，有了這些具體的數字才有資格談影響性。

判斷不能憑感覺，一定要有具體數字

希望大家知道在管理上、投資上、經濟學上都要有數字、有佐證，才有管理、才能判斷。感覺是最不可靠的東西，除非你跟我一樣，有投資 20 年以上的資歷，那麼你有可能憑直覺就有不低的勝率，但這直覺也是過去看過大量資料累積來的，直覺的背後也是過去大量的數字。不過即使是我，我也不敢憑感覺，盡量能找數字證明就找，沒有數字證明就不可以重壓這個看法。

那有人會問說：「不是所有東西都有數字怎麼辦？」有些質化的東西不容易提供數字，但是你可以找其他的證據，證據愈多愈好。例如我之前投資健身房產業的柏文（8462，旗下品牌為「健身工廠」）前，我也是有疑慮的（愈資深的研究員愈多疑，只有菜鳥才會全盤接收公司說法）。健身房產業在台灣不是第一天出現，10 年前就有亞歷山大健康休閒俱樂部、加州健身中心，最後還不是倒了？這產業那麼好，怎麼之前亞歷山大和加州都沒現在柏文賺錢？

於是我參加好幾次柏文座談會問發言人產業狀況、問有在健身的朋友、問我在健身工廠工作的朋友、業務，我自己也觀察到實體零售退出商辦造成租金下降，健身房用較合理的價格租到大空間，使得客戶的月租費也下降。此外，我還發現，年輕人對重訓觀念接受度很高，職業運動員也比以前的運動員更重視重量訓練的部分。

觀察一番後，我的結論是，前幾年確實真的是健身產業在台灣天時、地利、人和都達到的最佳狀態。我當下看法是柏文未來幾年會大成長，公司獲利也絕對正面看待，因此本益比要比當下評價高很多才對，30 倍以上都不為過，15 倍～ 20 倍評價時買，勝率非常高。不過，現在健身房漸漸飽和、加上新冠肺炎（COVID-19）疫情影響，產業又變動啦！大家不要看我提到，又衝進去了。

上面這段分析雖然數字比較少，但是論證也還是很多，你還是可以藉此說服別人投資。我有時候會說，很多散戶投資人有幻想症，跟我講的投資理由都是憑感覺，沒有數字佐證，感覺在投資上是最不準確、最沒參考性的東西，更何況這是你這散戶的感覺。搞不好跟散戶反著看、反著做，勝率比較高。

散戶的感覺很多也可以驗證，當然這種事他們肯定不會做。像是朋友跟我說 MSCI 調降台股與某些個股的權重，所以那些個股股價會在調降日受到影響。以我的經驗，資訊出來，股價就馬上反映了，怎麼可能會調降日當天才反映？如果你是散戶，你至少可以去研究前幾次 MSCI 調降對股價的影響性，你就知道你的感覺是錯的，股價老早提前反映了，而調降當天反而平靜無波。

如果你跟我講話、聊天，覺得不太容易說服我，那是因為你沒給數字、沒給證據，只憑感覺。做決策一定還是有主觀部分，但是最好數字愈多愈好、證據愈強愈好，這樣決策品質才會提高。

同樣的，大家在我的 FB 粉絲團「上流哥投資理財粉絲團」回文針對意見不

同的地方討論時，請給我數字與證據，不要只是感覺。最近也有人常常來看我的粉絲團，只因為我這粉絲團偏保守，他覺得只要我這邊的人還很保守，指數就還不會跌，是有點當擦鞋童指標的意思。

　　我回覆他說，市場有這麼多量化指標可看，如放空金額比重、選擇權成交量、Put/Call ratio（看跌／看漲比率）、AAII 市場氣氛指標（美國散戶投資人情緒指數）、恐懼貪婪指標、法人現金比重、聰明錢現金比重、VIX 指數（又稱恐慌指數）、美元指數……。你不去參考這些更有意義、更客觀的數字，你偏要去看一個粉絲團找多空感覺？更何況，我都有具體說出什麼情況，我就會翻空為多了，市場評價回到合理狀況、負債比重回到合理狀況、槓桿比重回到合理狀況，難道看完我的這些看法，還沒辦法了解我不是憑感覺去看多空的嗎？

從3重點說明
了解絕對績效與相對績效的不同

曾在網路上看到一個錯誤觀念，文章中抱怨：「買基金賺不到錢，部分是因為基金評鑑用相對績效，就算基金打敗指數 5%，指數大跌 10%，他還是虧了 5%。」我認為買基金虧錢有很多原因，有可能是管理費用比率太高、交易成本太高、經理人管理太爛等，但是跟依據相對績效當標竿是無關的。

我也遇到很多散戶是抱持絕對績效的觀念，認為如果在市場走空時買基金可能會虧錢，那幹嘛要買？遇到這種投資人可以直接回問一句：「那萬一你看錯，大盤走多呢？」因為我們連多空都看不準，所以等走空再買很可能就會踏空。

法人裡面，自營商跟壽險也會偏向絕對績效。自營商會主動猜指數，所以認為如果市場走空，那就不要持股等市場走多再來持股，所以用絕對績效來衡量操盤人。

壽險資金則是用很長期的角度，基本上是配置資產的方法為主，但是投機一點的壽險公司，還是會猜市場方向而大幅變動投資配置。

以下針對「絕對績效和相對績效的差異」說明，以下有幾個重點：

重點 1》運用相對績效衡量經理人操盤、選股表現

業界一般不會用絕對績效來衡量經理人表現，例如一位經理人年績效 20%，這樣算績效好嗎？不一定，如果是 2009 年，這種績效可能會最後一名，但是如果在空頭年就會變成第一名。所以經理人的績效得跟一個標竿，如同業或大盤指數比才合理，不能光看絕對報酬。

公募基金基本上都用差不多的規定，差不多的限制條件，同業績效跟指數績效原則上不會差多少，所以可以拿來和同業一起比。此外，由於公募基金長期高持股，所以也可以跟指數 ETF 比。

私募基金則不太一樣，一般私募基金的規定相對較鬆，操作彈性可能會超大，就需要調整一下績效衡量方法，特別訂出適合的標竿。比如說是股票與債券比重各 50% 的股債平衡私募基金，你就應該拿同樣比重的市場績效來衡量。

重點 2》經理人長期相對績效好，代表絕對績效佳

優秀的基金經理人可以長期持續打敗指數，在多頭時賺得比指數多，在空頭時跌得比指數少，只要受益人長期持有，最後的報酬率肯定不錯。台灣的明星基金，如之前統一大滿貫跟德信數位時代，10 年績效都可以讓受益人賺到 200% 以上的報酬率，遠超指數。所以即使基金是用相對績效當標竿，績效也不會比較差。

重點 3》絕對績效必須猜測指數方向

絕對績效最大的問題點就是必須猜測指數方向，我自己看到的經驗就是如此。多數人在猜指數時，勝率非常低，假設亂猜的勝率是 50%，多數人（包含投資專業人士）勝率可能 3 成都不到（詳見補充知識）。

但是我超級搞不懂的是，這些人每次都猜錯，但每次都還是依據自己猜測的方向操作。所以你可以一直看到一個有趣的數字，多數的基金經理人在指數高點時，高持股，在指數低點時，低持股，甚至在做空，說是要低買高賣，實際上做起來都是高買低賣。

玩絕對績效的人常自以為聰明，以為可以躲掉空頭的殺盤，但是通常躲掉的是多頭的大漲。猜指數難的最大原因在於，多數人並沒有那個能力反市場操作，從眾的心理是卡在人類的動物基因中，當下大家的想法也會是你的想法。

在生活上，從眾通常是對的，大家都排隊的店就是會比較好吃，爬山時大家都不走的路就會是比較爛的；但如果把從眾應用在投資上，跟多數人一樣的想法通常都會錯。

再來，大家常常是用當下的情境去思考未來，但這通常會侷限你的思考，多數人會受限在當下的情緒中。我個人是會用更長期的角度在看，經濟短期可能市場波動會偏離價值，但是更長期還是得回歸價值。

補充知識　優秀的價值投資人都不猜指數

股神巴菲特（Warren Buffett）不猜指數，他永遠持股，且永遠高持股比重。除了他以外，我也看過不少知名價值投資人也是偏向不猜指數，只專注在選股。

從我的價值投資角度，我其實多數時候也這麼看，但是目前的市場狀況比較偏向極端情況，我才會建議降低持股。巴菲特雖然不猜指數，但是這1年、2年來，他的公司波克夏（Berkshire Hathaway）現金愈堆愈高，這其實也表示他很難在目前市場用合理價格買到公司，這很明顯是市場很貴的訊號了。

多數時候價值投資人不猜指數，但是目前真的是所有資產都高風險（前面幾個章節都有詳細說明了），全世界央行大用貨幣政策是史無前例的，實際資產評價數據也支持股票、債券、房地產都是歷史高點，在這種情況下用長期的投資角度，降低持股比重是合理的，不見得跟不猜指數有衝突。

　　我不否認有人有能力玩指數可以大賺，但是這絕對是極少數人，這極少數人其實也不需要選股，只要玩指數就可以大賺了。但是有無光靠指數大賺的人呢？至少依我的經驗，我在這產業有看到很多人是選股大賺的，但是靠預測指數大賺的人（我指的是我真實認識的人，而不是啥網路上、書上看到的人），零，一個都沒有。下次如果有人還要強調絕對績效，你先問問他猜指數的勝率，如果連 50% 都沒有，講絕對績效只是空談，後面談話都是多餘的。

　　講了那麼多，其實就我自己來看，絕對績效跟相對績效的爭論點最後會回歸到猜測指數，因為多數人都沒能力猜指數，所以我建議大家乖乖地回歸，用相對績效的角度看投資。

掌握4要點 學會看財經新聞

5-5

許多人在投資的時候，常常喜歡參考財經新聞的消息來操作，但這就和看分析師報告一樣（詳見 1-7），許多人只看到表象，卻未看到真相，常會在錯誤的前提下，做出錯誤的判斷。以下我會依據自己多年投資的經驗，教大家財經新聞的正確看法，以下有幾項要點：

要點 1》關注新聞數字與預期的落差

簡單講，一則財經新聞出來，我們要看的是「新聞數字與預期的落差」。例如新聞寫「XX 公司營收暴增 50%」，聽起來好像好棒棒，但是萬一市場預期應該要暴增 80%，實際上出來如果只有 50%，股價可能會跌停。一則財經新聞要判斷成正面或負面數字，就得跟市場預期比較。如果你不知道市場預期，看看股價對新聞的反應也可以猜出一點。

要點 2》重點在內文而非標題

有些財經記者程度不夠，標題常常誤導，有時候連主詞都很亂，「XX 公司營收暴增 50%」這種標題很常見，但對我而言就是資訊不清楚，因為根本沒講是

月增率 50% 還是年增率 50%，這 2 個根本差超多的。

要點 3》不用看結論，看內容跟推論就好

財經新聞跟分析師報告一樣，不用看結論，看內容跟推論就好，從內容去找找看有哪些新資訊。我一樣建議你這樣看我的文章，除非你覺得我就是投資神，那就可以直接參考我的結論。

通常分析師都不會打敗指數，所以不用管他們建議買還是賣，我們看新聞和個股報告就是要了解「什麼是新資訊」。當然，你必須對公司有一定了解，看過最近的資訊，你知道哪些是已知的舊資訊後，才會知道哪些是新資訊。例如現在買傳產股，你會知道原物料漲價是舊資訊，但是公司低價庫存還剩多少，這個可能是新資訊，必須隨時更新這個資料。

要點 4》了解市場預期

你在看財經新聞時，可以看看內文有沒有提到分析師預期。通常分析師報告會寫的比記者的新聞準確，主詞會寫清楚，你可以看到是公司預期、市場預期（市場上的多數人看法），還是分析師自己的預期，這是有差異的。

假設資訊公開，則「公司預期、市場預期和分析師預期」多數時候差別不大，但有時候會有比較大差異，比如個別分析師大幅高估或低估，或是公司忽然又

給出一個差異很大的說法。前者看人，如果評論推論有道理也可以參考，搞不好該分析師是對的；後者當然以最新修正後的看法為看法，依據新資訊調整市場預期。

不過一般來說，法人看新聞跟散戶看新聞角度是有差的，法人不見得操盤贏指數，但是新聞判斷不會出問題，這是非常基本的投資能力。

5-6 抓對關鍵資訊 投資研究不須鑽牛角尖

投資界有些人有種錯誤觀念是，你一定要搞到懂才能投資。我以前在公司晨會說金融業很多東西，其實我也沒搞懂，比如說壽險 RBC（資本適足率）怎麼算我就是不會，但是我發現居然有同業券商分析師會算，部門長官說你不懂就要去搞懂。

但是會不會精算 RBC 有意義嗎？意義不大，因為就算你會算，你沒有壽險細部投資部位、保單資料，你根本算不出來。但是 RBC 上升、下降的趨勢不用了解怎麼算也可以大致判斷，方向隨意推估應該也不至於差太多。例如 2018 年股市大回檔，就可以知道會有壽險公司 RBC 大降，可能需要增資了。

之前我看鋼鐵產業，長官問我中國寶鋼的鋼鐵價格，我回答說：「寶鋼價格跟中鋼（2002）一樣價格趨勢往上。」她覺得不夠，她要實際寶鋼盤價數字，然後我就得再浪費時間上網搜尋資料並抓給她，這有意義嗎？沒有。

我跟她講：「價格趨勢是上漲。」這資訊就已經足夠，除非她腦袋裡有上次盤價價格，或是她可能根本不知道光看絕對價格數字沒意義，否則故意問絕對數字根本像是在找麻煩。鋼類品項好幾類，細項搞不好上百種，搞不好她還以

為鋼價只有我給她的那一個數字？！

　　你有好奇心，想要多研究財報、新技術，想要鑽很深，那 OK，但是你不能、也不該對所有資料都這樣搞，因為你 1 天只有 24 小時，你不可能搞到所有東西都懂。甚至，很多東西光憑你自己也不可能搞懂，更別說，多數散戶根本有自己的工作，自己一堆事情，哪來那麼多時間研究股票？

　　如果公司不給你資料，你很多東西都不會懂，你想破頭也不可能把數字幻想出來。沒有原始資料，你想消化、判斷都沒辦法。有些技術的東西門檻很高，你也不可能會懂，例如科技業、軟體相關的東西。硬體可能有些還比較好懂，看得到、摸得到，軟體真的門檻就很高，有多少投資人會寫程式？如果你不會寫，你怎麼知道推出一款新軟體難在哪裡？問題在哪裡？

　　生技醫療中的醫藥也是門檻超高，多數人如果可以知道新藥上市的幾個流程就不簡單了，更別說是猜測這個藥是否可以取證。就算是台積電（2330）創辦人張忠謀超懂半導體，投資資歷久一點的人都知道，以前張忠謀講景氣，講燕子走了、燕子來了，連錯 2 次。連他這麼懂半導體景氣的人都會估錯，你怎麼可能超過他？

　　但對於公司、產業懂很深，這很重要嗎？不見得。如果你長期投資台積電，信任公司競爭力、知道台積電競爭力來源，你也知道台積電會繼續維持技術優勢，根本不需要去猜景氣反轉點。

投資不須凡事追根究柢的 3 原因

以下整理幾項關於投資不須凡事追根究柢的原因：

原因1》時間有限

你要把時間花在看一家公司最重要的東西，不要鑽牛角尖去研究無聊的地方，你不是在讀博士，是找股票投資。

當然，你時間很多的話，多研究是沒壞處，純粹多浪費了時間，但是這樣又不如把時間放在研究更多公司，廣比精有用。與其把每股盈餘（EPS）估到小數點後面第 2 位，不如單純了解其 EPS 方向趨勢與大致的 EPS 區間就夠了。

原因2》能力、資訊有限

你再怎麼想努力也不見得找得到你要的資訊，網路上找不到公司內部的資料，也許某些有公開，但是多數肯定沒有。有些產業知識的技術門檻很高，你非那個專業領域，根本不可能搞懂。

如果你還以為不懂的就可以搞到懂，我就會覺得你投資專業很差，而且我覺得你只出一張嘴在講而已。你只要真的有下去研究過一些公司就會知道，很多東西就是一大堆專業，你不可能搞到懂，怎麼還會幻想所有東西都可以弄懂？所以大家可以發現，會講「你給我搞到懂」這種幹話的，都是主管！而且可能本身能力不行。

原因3》80/20法則抓重點

　　有時候聽到同業在問公司一些白癡問題就會想翻白眼，你問這些問題根本沒意義好嗎？一家公司有沒有競爭力、潛力怎麼看，或是目前價值如何，常常是最重要的 3 個～ 5 個問題內問完，應該就可以掌握到是否該投資這家公司或產業的關鍵了，也就是利用 80/20 法則抓重點。如果問了老半天問題，你卻還不知道應該注意的重點，我就懷疑你根本不懂得怎麼看及評價一家公司。

　　你知道嗎？我買很多股票其實很多根本就沒搞懂，我照買。例如我聽朋友建議某檔股票不錯，我信任他，我稍微看看本益比、產業、過去幾年財務數字，就可以買了。但因為是朋友推薦而不是自己研究的，所以這檔股票我就會在買賣時完全參考我朋友的意見，不把自己主觀看法放進去了。

　　當然，這種持股我不會買太多，一定要我有信心的股票才會大買。但是這種聽別人推薦、我不熟的股票，買來分散投組也會有其好處的，主要功能就是用來分散。你買 35 檔持股，5 檔～ 10 檔參考別人意見，只要分散投資就 OK，不見得會因為你沒搞懂就高風險，我之前有建議單一檔持股上限 15%，這種你沒有很懂的股票，可以控制在每檔 5% 內，用比重也可以控制部分風險。

解讀行為經濟學

6-1 羊群效應》跟隨群眾判斷 盲追熱門股容易追高殺低

行為經濟學（Behavioral economics）是經濟學的一個分支，兼容了心理學與經濟學、財金理論等不同學科，更多的發掘人不理性的一面，以及個人和團體決策的背後原因，從而了解市場運作與人類決策的方式。

經濟學會假設「人是理性的，每件事情都是自己獨立決策」，但是實務上我們常常可以看到人不理性的一面。投資要判斷正確已經不容易，再受到心理、生理影響而判斷失誤的可能性還會很高。追求提高投資勝率不容易，但我們至少可以先減少犯錯，才不會讓不該輸的賭局也輸掉。了解行為經濟學可以讓我們注意到我們是否即將犯錯，或是處在可能犯錯的心理情境。

也許大家看完第 6 章以後，可以認命地不要想打敗指數了，因為你不是機器人，你就是一個擁有七情六慾、情感深厚、易情緒化的人。有多少人可以在投資生涯中從頭到尾保持理性地投資，不受情緒影響？光是賺錢的快樂、虧錢的痛苦，這 2 種反覆出現的情緒就會持續存在了。

而且投資 IQ 可以隨著時間而持續提升，投資 EQ 卻不見得可以跟上。有些比較情緒化的人，或許就是比較不適合投資。

以下，我將依序為大家分節介紹一些常見的心理效應，像是羊群效應（Herding Effect）、過度自信（Overconfidence）、套牢成本（Sunk Cost）、錨定效應（Anchoring Effect）、後見之明（Hindsight Bias）、存續偏差（Survivorship Bias）、自我歸因（Self Attribution）、確認偏誤（Confirmation Bias）、損失規避（Loss Aversion）、迷信制約等，希望能夠幫助大家多了解行為經濟學，起碼可以注意到自己是否在情緒上有犯錯的風險。

2005年，土耳其發生「綿羊集體跳崖」事件。一位牧羊人看著自己的綿羊一隻隻往懸崖下跳，當時的情況完全失控，想擋都擋不住。總數1,500隻的綿羊，最後有450隻綿羊死亡，後面倖存的綿羊，很多是因為先跳下來的綿羊堆起了厚厚的保護墊，才逃過一劫。

這種類似的事件很多，原因是啥？綿羊有個領頭羊機制，只要領頭羊做了什麼，後面的羊群就會跟隨，不管是出入羊圈、過橋、過河、通過狹窄處都是如此。當領頭的綿羊不小心掉落懸崖後，其他的羊仍舊會盲目跟從。

有人會覺得羊群這樣做有點蠢，但其實羊群這樣做是有其理性的一面。倫敦大學皇家獸醫學院（the Royal Veterinary College, University of London）研究員金恩（Andrew King）博士在綿羊身上裝上全球定位系統（GPS），觀察綿羊被牧羊犬驅趕時的反應。金恩發現，當個別的羊隻受到牧羊犬威脅時，會不斷地走向羊群的中心，以免受到攻擊。所以其實綿羊這個行為是有理性的成分在，只是之前只觀察群體行為時，會誤以為只是群聚跟從眾。

海裡的小魚也有聚集在一起嚇阻獵食者的群聚現象。單一小魚如果落單，肯定會成為大魚的食物，但是如果聚集起來，整體看起來就會比大魚還大很多，也增加大魚獵食的難度，這時群聚就有其好處。

人類也有類似的從眾行為，例如排隊。如果看到有店家前面在排隊，大家都會好奇，甚至也跟著排隊起來，有商家甚至會故意去找人來排隊，製造人氣旺盛的假象。不過，排除掉這種作假行為，跟著排隊常常是理性的行為，如果是排隊的餐廳，常常是人氣美食餐廳，如果是飲料店排隊，有時候可以發現是買一送一的促銷活動。

我以前去書局買書，第一件事也是先去看暢銷書排行榜，從排行榜中撈書，比在整個書局漫無目的的找來得有效率多了。我會假定進去排行榜的書，就是已經受到多數人肯定的書籍。

我如果出國去日本，也常常用這個方法找餐廳，不見得需要當下跟著排，你可以先在 Google Maps 上先看看餐廳評價做雙重確認，然後再找個人比較少的時間過來，或是先標記起來，下次來日本時可以作為用餐的參考。

我在香港走路時，也常常遇到一個習慣問題，香港車子是右駕，行駛靠左，行人過馬路時，你要先看右，再看左，剛好跟台灣相反，我就一直不太習慣。後來，我想出 2 個方法：一個是不管怎樣，要過馬路時左右都看；另一個是跟著眾人過馬路，大家都過時，你跟著過起碼比較安全，一堆人一起走不見得會

先撞到你（類似魚群效應）。不過日本也是右駕，但是我在日本過馬路就沒啥不適，可能是因為日本駕駛都會禮讓行人。

不過，大家要注意一點，排隊會平白的浪費你的時間，如果你是為了買一送一的活動，假設 1 杯飲料價值 50 元，先不管你一次買 2 杯，有沒有第 2 個人可以分攤，你可能光排隊就花掉半小時。難道你半小時的時間成本不值得 50 元嗎？每個人時間成本不一樣，我就對排隊興趣不大，但是我常發現很多人花費時間排隊，成本效益考量起來卻是划不來的，這樣是否又是不理性了呢？

股市中也有類似的現象，例如熱門又大漲的股票，常常就有一堆散戶參與，造成股市的超漲與超跌。理論上，理性的投資人應該是低檔想要買、高檔想要賣，但因為從眾的關係，投資人的行為實際上是相反的。大家都買的時候，你也跟著買；大家都賣的時候，你也跟著賣，常常就變成了高買低賣。同時，股票的供需也變得波動很大，大家都想買時就超漲，大家都想賣時就超跌。

例如 2021 年上半年，散戶最熱愛的族群是航運股，結果 5 月中，台灣新冠肺炎（COVID-19）疫情突然加劇升溫，加權指數瞬間大幅回檔，造成散戶融資多殺多，航運股 1 週內從高點暴跌了 4 成（詳見圖 1）。

這就是買熱門股的缺點——散戶籌碼亂，就像是在人群聚集的舞廳裡忽然失火了，群眾恐慌出場，最後造成了踩踏事件，結果隔 1 週後又漲回了跌幅的 6 成回來，這種波動肯定讓不少投資人受傷。

基金經理人的從眾行為是理性思考後的決策

其實不只是散戶有從眾行為，投信基金也常會針對多數經理人買進的股票加碼，這通常不是盲目、非理性的表現，恰恰相反，這是理性思考後的決策。

例如 2018 年被動元件大漲，當你的同業都買了被動元件的股票之後，如果被動元件繼續漲，你手上沒持股，你績效壓力就大了，你會開始加碼，只因為不想輸太多。如果大家都沒有持有被動元件，那麼你可能還沒有被逼著加碼的壓力，但是如果大家都有，你還不買，那就會開始拉開你和其他經理人的績效差異。如果被動元件股價下跌是沒差，但若是股價持續上漲，不想一直輸，你就只好買一些。這時候，就有可能是你明明不看好被動元件，卻得被迫買一點。

通常多數經理人是很難迴避這從眾效應的，我那時候是完全沒買的，但是我懷疑整個投信像我這種人非常少，只有幾個而已，數得出來。當然，2018 年中之後，被動元件股票崩盤了，大家反過來開始倒股票，持有愈少被動元件股票的基金，績效愈好，大家就又開始爭著賣出被動元件股票，這時候反而持有愈少被動元件的經理人，顯得愈有智慧了。

2020 年，羊群股是台積電（2330），你可以發現幾乎每一檔公募基金的第一大持股都是台積電。台積電跟被動元件股票更不能比了，你沒有持有台積電就會輸指數，不是輸同業而已。被動元件股票占指數比重不大，你不買被動元件股票不會輸指數，但是台積電現在占台股指數超過 3 成，台積電每天大漲，

圖1 受疫情升溫影響，長榮股價1週內暴跌近4成
——長榮（2603）股價走勢

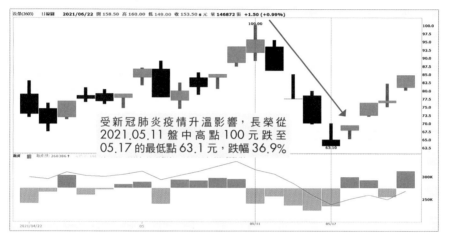

受新冠肺炎疫情升溫影響，長榮從2021.05.11盤中高點100元跌至05.17的最低點63.1元，跌幅36.9%

註：統計時間為 2021.04.22～2021.05.21　　資料來源：XQ 全球贏家

你沒持有台積電的話，不只輸指數還輸同業，這壓力更大。

　　此外，也可以用「賽局理論」來解釋經理人的行為。如果你（指基金經理人）跟隨大家買了一樣的股票，虧錢後，你可以輕易地推說，我跟大家一樣都看錯了這檔股票，受益人或公司長官也知道這樣的事情，也許會較少的怪罪於你。就算你績效爛，同業也不會好到哪去，大家都輸指數時就沒差了。你跟同事都爛，能換掉誰呢？但是如果事情反過來，全部經理人都買了，而且大賺了，然後你居然不買，這種離經叛道的行為後果就嚴重了，你應該會下基金（不能再繼續當基金經理人）。

每次追主流股如果看單一事件，其實很理性，但是如果再把時間拉長，永遠在追主流股、永遠在追高殺低，長期勝率就會低、就會虧錢，最後輸指數就也變成理所當然了。最後造成短期的理性決策，長期變成一定會失敗的決策。所以在做投資決策時，投資人請自己思考一下，你想追熱門股是不是一種羊群效應？你自己分析過這檔股票了嗎？你是因為相信自己的分析而買，還是因為別人都買了所以你也跟著買？

散戶可用技術分析應對資訊不對稱的情況

假如你是一隻獨行羊，在非洲草原看到一群同類往你這邊跑，你會傻傻地繼續往前走，不管同類為何往你反方向跑嗎？應該不會吧！通常大家都會跟著同類一起跑，因為不跑的話，也許你再走一下就會發現有一隻獅子或一隻豹在羊群後面追著羊，這種動物性行為是可以迴避一些災難的。

我也看過日本搞笑節目有類似橋段，一個被戲弄的藝人在巷子走著，忽然衝出一堆人往他的方向跑，藝人也常常會反射性地開始往後跑了，因為不知道前方是否有啥危險？所以人類天性也有從眾的基因，原始的古人為了躲避天然災害，把這基因留在人的腦袋裡，因為當初不怕危險的人遇到災難後都掛了，所以不怕死的基因沒有留下來，有一點風吹草動就跑掉的人存活了下來，並且留下了基因。

中國古代有「三人成虎」、「曾參殺人」等成語，也是在敘述這個資訊不對

稱的影響，當你處在資訊不對稱的狀態，先相信眾人的判斷可能才是最佳決策。股市更是常會遇到資訊不對稱的情況，技術分析就是散戶應對資訊不對稱的一個還不錯的方法，技術分析只相信價格訊號，當價格明顯往上就先買再說，當價格往下就砍。通常，基本面的利多消息跟利空消息，都是晚於價格訊號才出現的。

6-2 過度自信》參考多方資訊 以免一意孤行招致錯誤

　　人往往會過度高估自己的能力，這稱為「過度自信（Overconfidence）」。1980 年代，瑞典斯德哥爾摩大學的歐拉‧斯文森（Ola Svenson）教授做過一項知名的實驗，研究發現，69% 的瑞典受測者認為，自己的駕駛技術高於中值水準；而在美國受測者中，高達 93% 的人認為自己的車技比平均水準高。同一實驗中，88% 的美國組和 77% 的瑞典組受測者認為，自己駕駛比一般人更安全。

　　如果大家理解統計學的中位數概念就該知道，要符合統計學的中位數，那麼應該只有一半的人會認為自己優於中位數。如果大家都覺得自己優於中位數，那肯定是不少人的自我認知有問題。如果有駕駛專家針對每位受測者實際駕駛能力評分，那麼最後就會發現，不少自以為駕駛技術不錯的，會被駕駛專家評鑑為不如中位數。

　　最誇張的「過度自信」調查，是調查自己死後是否可以上天堂？有 6 成的美國人認為自己死後會上天堂，只有不到 1 成的人認為自己會下地獄。另外，某些專家認為，只有憂鬱症患者不會過度自信，因為疾病讓他們無法自己欺騙自己，他們可以準確地評估自己。

過度自信還會有延伸的病態，有句成語叫「自欺欺人」，先得自欺才有辦法欺人。以前我們某長官整天吹自己操盤能力強，問題是那個公募基金經理人績效都是有紀錄的，績效好壞不是吹就可以的。但是我個人有注意到，我們長官不是真的想糊弄我們，他是真的自己也信了自己講的話，他是連自己都騙倒了，這才是最高明的騙術啊！你如果對著別人說謊總還有點心虛，但你講的是你自己都相信的事情，這話講起來一點都不會覺得有啥奇怪的。

遇到失敗才可能修正過度自信

人的過度自信和資訊累積有關，例如，當你一開始接觸投資，肯定是沒有信心的，可是當你開始累積知識，並且賺到錢之後，你的自信心就會開始提高。持續正向循環，累積知識，提高自信心。但是能力提升是有上限的，當你能力達上限，自信心卻還是持續提高，這時候就可能會開始過度自信了，要到你真的遇到第一次投資失敗，才有可能修正你的過度自信。

一筆交易的出現肯定是有人買、有人賣才會成交，買的人覺得股價便宜、賣的人覺得股價偏高，因為大家都過度自信才會有許多交易的發生。如果大家都非常理性，沒有過度自信，那麼成交量肯定會比目前少很多，市場也更不容易超漲、超跌。

在投資上也常有類似過度自信的問題發生，以我自己最常看到的例子，散戶常常自以為聽到內線。實際上，最內的內線可能是公司高層或業務先得到公司

的好消息，接著基層員工也聽到消息。投資界一般而言消息也很靈通，至少會有少部分人已經得知消息了。接著記者也得知消息，等到消息上報，散戶看到、聽到，這個消息應該在股價上都已經反映了。下次，當你也聽到類似的內線，請先去看看股價，可能股價早就已經先漲上去了。

　　散戶的過度自信還反映在信任自己的想法，散戶對股票有時候會有自己的邏輯，因為自己不知道別人怎麼想的，往往認為自己這套邏輯是對的，在沒有經過驗證的情況下，就會依據自己這套邏輯來操作股票。有些散戶的投資邏輯常讓我哭笑不得，甚至比較極端的案例，我會不客氣地回答他：「你這是幻想症……。」

　　再來，散戶在分析股票也常常看得太單純，沒辦法像研究員一樣全方面的去研究個股，或是至少像研究員一樣看到更多的變數。例如，我買過的 1 檔股票，散戶說這公司未來 3 年、5 年內會擴點 1 倍，現在股價回檔應該是買點才對。但是在我看來，散戶的資訊太侷限了，擴點這個資訊沒錯，也是公司公布過的資訊，後面會不會下修不知道，但是目前此公司面臨到更激烈的市場競爭，會計上調整也不利損益表，光是這 2 點就有可能讓未來獲利不如預期。從我的角度看，我就會覺得散戶光是憑藉自己的分析就敢買股票，風險真的很高，不知道自己有很多資訊不清楚，也不知道自己面對怎樣的風險。

　　我自己以前在操作比較不成熟時，也有過度自信的經驗，對於自己買的股票莫名有信心，相信它推出的是好產品，未來肯定會大賣。後來發現那看法大錯

特錯，好像只有我自己這麼想。之後，我就比較保守了，會保持懷疑態度，多方地找數字來證明自己看法正確，或是可能錯誤。

資產分散可有效降低過度自信產生的風險

最後，最有效的降低過度自信的方法還是資產分散，投資組合一定要持有很多股票，你才可以忍受看錯股票。20 檔股票看錯 10 檔，還有可能績效持平指數。然後，資產配置也不能全部股票，持有現金與其他資產也可以分散風險。

我覺得我以前過度自信的經驗還算是小 case，因為我有個朋友老是覺得自己買的公司會被購併，然後公司的股價就可以漲個 30% 以上。我聽到後真的是覺得他有點異想天開了。也不能說機率零，但是 1 年裡的購併案除以上市公司家數，這機率總的來看還是非常低的。即使你覺得這家公司股價有投資價值，跟被購併的條件比較起來，這又是兩碼事了，購併有時候還得看產業狀況，不是單單從公司個別角度就可以看得懂的。

另外補充一個可能是過度自信的例子，之前某家藥廠的發言人一直跟法人說，這個藥已經到了拿證的最後幾個階段，一定會過。法人也都統統相信了，大家都大買。結果，最終這個藥沒過，股價大跌。我當時就看，參考過去的市場資訊，藥證到了第 3 階段，確實相比第 1 階段、第 2 階段，過到最後拿證的機率很高了，但是再參考過去新藥資料第 3 階段到最後成功，機率就是 5 成左右，這表示還可能有一半機率會失敗。但是法人卻忽視過去歷史數字，全盤

相信公司說法，這事件可能就是因為過度自信導致了大風險。

　　我自己在價值投資順風時，就覺得打敗指數很容易，結果近幾年遇到價值投資逆風，就又反過來，怎樣也贏不了指數。當大家怎麼操作怎麼做都順的時候，是否也常覺得自己真的是投資天才？以我的經驗來看，也許你只是遇到市場順風而已，當大風一來，連豬都會飛天，有可能時間拉長，市場趨勢改變，你就會發現怎麼做怎麼不順了。

　　我的心得是，順風時還是得敬畏市場，做好風險控制，你不知道好日子何時到頭，你隨時做好陰天準備，雨天備案，你最後一定會遇到下雨，多頭 10 年可能被空頭 1 年就把累積的財富都吃光。對投資理財而言，重要的不是只有多頭多賺錢，空頭時更是要少虧錢。

　　我因為經驗多了，自己一天到晚看錯，所以我在過度自信上會比較節制，反而會愈來愈不相信自己的判斷。前幾年時，你跟我講蘋果（Apple）會上 500 美元（分割前價位），我一定不相信，因為那時評估目標價上限連 300 美元都沒有，可是現在蘋果價格已經是分割前的 500 多美元了。

　　然後如果你 1 年前跟我講說特斯拉（Tesla）會是現在這價位（2021 年 6 月 17 日特斯拉收盤價 616.6 美元），我也肯定不信，所以特斯拉這漲法我也傻眼很久了，還好沒去放空特斯拉。特斯拉的空頭大概是這幾年最慘的空頭，完美證明了放空報酬率有限，風險無限。

2020 年 3 月新冠肺炎（COVID-19）疫情引發股災，美股就熔斷了好幾次；虛擬貨幣的比特幣近期（2020 年～ 2021 年）漲幅完全無視任何定律地往上漲，就像之前投顧老師在電視上發瘋地講：「一直噴、一直噴、一直噴、一直噴……。」經過這一年（2020 年），我想大家嘴巴會放軟點，不會再嘴硬了。

有一句話叫「活久見」，巴菲特活這麼久才看到美股熔斷這麼多次，但是去年（2020）才進去市場的散戶也只比他少見了一次。當我們看過更多投資歷史，理當會降低一點過度自信。市場極端時是不可理喻的，這也是累積市場經驗很重要的原因之一。

要避免過度自信，我們可以跟更資深的前輩請教，問問他們對你現在操作策略的看法，也許就可以看到你策略中的盲點。多看投資書籍也是在參考別人的經驗，別人對於你的負面意見更是寶貴，也許你是錯的，針對你的操作策略的負面看法才是對的。但是多數人往往會待在同溫層，像是存股的人都去參加存股的社團，你就只能聽到支持存股的聲音，在社團裡反對的聲音甚至可能被批評，這導致你沒有一個很好的機制來撥亂反正。

我建議，不管反對意見多麼荒謬，你絕對不能完全不去聽其他不同的想法，你可以持續找證據來支持你自己的看法，確認自己不是過度自信，這個確認過程會是一直持續的，因為經濟一直變動，公司經營環境一直變動，隨時就可能什麼東西發生了實質上的變化，這時候你就得依據新的資訊來調整操作了。

6-3 套牢成本》學會停損 是主動投資最重要的事

套牢成本或稱沉沒成本（Sunk Cost），就是一個成本你過去已經付出去了，這個成本跟你現在的決策無關。也就是說，你的理性決策不必，也不應該考量這個成本。比如說，你股票買 10 元，但是未來你是否該繼續持有這檔股票，跟你買 10 元這件事無關。如果之後股票的基本面走弱，你應該賣掉，即使現在股價剩 5 元，你也該賣；但是如果這股票很好，即使現在股價 100 元，你也該追。但是實務上，很多散戶都很介意自己的買賣成本，股價比自己的成本價低就不想賣，比自己的成本價高就不想買。

每個人身邊是不是會有那 1、2 位女生朋友遇到渣男，但是無論親朋好友好說歹說，女方卻像中邪似地無法離開渣男，這種情況就很可能是套牢成本效應在發威。因為女方已經花了自己的幾年青春在那個渣男上面，如果要她離開渣男，不就承認這些年的時間白白浪費了？可是，如果你因為這種想法而想繼續這段關係，未來只會持續受傷，損失更大，你應該勇於承認自己之前腦子進了水，快刀斬亂麻，果斷結束。

我自己則是看美劇的時候會有這效應。美劇常常如此，第 1 季時精彩絕倫、第 2 季時不如預期、第 3 季時開始感覺虎頭蛇尾，然後你逼著自己看完第 4

季完結季，你感覺你被騙了，你浪費了後面 3 季的時間看了一部爛劇。

在投資上，散戶最常犯套牢成本的毛病，當投資失利，原本的短期投資自動轉成長期投資，可是因為這筆投資就是有問題的投資，於是投資得愈久，損失愈大。

以下講述我以前在公司的案例，因為有同事發生套牢成本的理財錯誤一直沒有救，我有一陣子每天去他桌子前面碎念。同事買了好幾檔爛基金（我的標準是，沒辦法打敗大盤的主動型基金就是爛基金），我每天都去說換成我的基金比較好。但是同事也明明知道我的基金比較好，卻一直都不想換，主要原因是因為那些基金過去幾年讓他大虧錢，他被慘套在裡面，只要沒有漲回到他原本的買點，他的心理就是會很抗拒賣出，因為一賣出就是認賠了，不賣的話還有機會等到不賠錢再來賣。偏偏爛基金就是跌下去就爬不太回來，於是愈套愈深。

投資失利再硬拗，恐怕只會擴大虧損

對投資而言，你買到爛東西又硬拗，那麼這筆投資只會繼續虧損下去。我一直跟我同事解釋說，你過去買基金的價位是沉沒成本，你要不要換基金，跟你買的價格及是否有賺錢完全無關，要換的基金應該是以後可以讓你有更低風險、更高報酬率的基金。如果你目前的基金無法達到這目標，那麼無論你已經虧掉多少，或是多少價格買的，都應該馬上賣出，換另外一檔更好的基金。現在就馬上換到好的基金，才會更有機會把之前虧掉的賺回來。

341

假設買 A 基金虧掉 10%，但目前 B 基金是更好的基金，因為心理關卡過不去，繼續硬拗，後續可能的劇情是之後 A 基金漲了 11%，終於漲回來了，回到票面，但是 B 基金卻漲了 30%（這 30% 稱為機會成本，也就是因為買進 A 基金而沒賺到的 B 基金的報酬率，這觀念跟沉沒成本有點不同）。

投資套牢的決策常牽扯到心理學。人的行為受心理影響很大，所以很多錯誤投資行為才會不容易糾正過來。大家在理財會失敗很重要的一個原因，也常常是套牢成本的影響。知道這觀念後，千萬小心自己不要掉入這陷阱。

我覺得我很幸運的有法人投資經驗，法人很常遇到停損，只要虧 2 成幾乎都會無條件砍掉，因為內控會控管這部分的持股，沒有強迫你一定賣出，但是你會很麻煩，常要寫報告，被長官跟監管單位拿放大鏡看你的停損股票，所以法人不會拗股票，大多都是機械化的停損。長久習慣停損之後，就不會有啥心理關卡，猶豫該砍不砍的，反正我就是現在先砍了，大不了之後買回來。

然後我的停損經驗是第 1 筆停損最難下手，你只要第 1 步一直不下，你就不會有後續。所以假設你有 10% 這種部位需要停損，你先賣個 1%，甚至更少的部位也好，你就會發現你好像心理上比較可以接受了。然後你第 2 筆、第 3 筆賣單就可以不那麼困難地減碼了。最後，我經驗上回頭看，多數停損的決策都是對的。

我自己以前也常遇到停損的問題，不管你再怎麼會選股，只要你選股勝率不

是 100%，你就是會遇到要砍股票的情況。如果你死不停損，甚至還拗單加碼，想把虧損的賺回來，這種情況風險很大。你可能投資錯誤一次，就造成很大的損失。我覺得停損應該是散戶在主動投資時的第一件要學會的事，我好像很少見到散戶可以心情輕鬆的面對停損這件事。

6-4 錨定效應》股市中 相對價格比絕對價格重要

錨定效應（Anchoring Effect）是指，人類在進行決策時，會偏重近期與先取得的資訊（稱為「錨點」），且常會利用此片段資訊來做後續決策。但是人類也容易過度利用錨點，來對其他資訊與決定做出不正確的詮釋。

蘋果（Apple）已故創辦人史蒂夫·賈伯斯（Steve Jobs）第 1 次發表 iPad 時，先秀出一張價格表 999 美元，表示公司一開始想把價格訂在 1,000 美元左右，但是之後他再秀出一張價格表顯示 499 美元，表示實際售價會是 499 美元。價格一下子便宜一半，消費者還不買爆？這就是錨定效應。

一開始看到 999 美元時，你腦袋裡大概還在想到底 999 美元是便宜還是貴時，下一個價格 499 美元就出現了。那就不用想了啊，499 美元就肯定是比 999 美元便宜的啊。

不知道這招對多少人有用？對我是沒用的，我自己小筆電才買 8,000 元，我自己的錨定結果就會覺得，花 1 萬 5,000 元（註 1）才買到平板電腦是很

註 1：499 美元約合新台幣 1 萬 5,000 元。

貴的啊！

如果你去賣場就會發現，目前價格是折扣後價格，但是它原價通常也會標上去，並畫一條線，說明這個價格目前已經被新價格取代。我們如果拿折扣價跟原價比，就會有變便宜的感覺，但實際上有沒有真的便宜？那可不一定。我有時候會上網查價格，再次確認是否價格真的有比較便宜才會買，這種資訊不對稱的手法現在遇到網路比較容易被破解。

若只看價格的錨定，可能會有該追而不敢追的股票

錨定效應對股市也有影響。我記得幾年前台股還在 8,000 點、9,000 點以下，散戶其實對股市熱度還不高，甚至覺得台股一直漲很貴（2016 年～2017 年漲 2 年以後，2018 年出現回檔，之後 2019 年又一直漲）。但是到 2019 年底、2020 年初時，台股上 1 萬 2,000 點，那時候散戶熱度有開始變高了（這邊是追漲的心態）。之後，台股在 2020 年 3 月因為新冠肺炎（COVID-19）疫情爆發，股市崩到 9,000 點以下後，反而引爆了散戶的買氣。

當崩盤前的價位為 1 萬 2,000 點，崩盤後指數跌破萬點，大家會覺得很便宜，因為大家心理已經錨定在 1 萬 2,000 點了，根本也忘記之前 8,000 點、9,000 點時，還嫌台股貴了。

同樣的，目前台股已經漲破 1 萬 7,000 點（2021 年第 2 季），如果讓台

股回檔到 1 萬 2,000 點，也肯定會讓人覺得 1 萬 2,000 點是便宜的價位，完全忘記之前幾年 1 萬點時還覺得貴。

　　如果你受錨定效應影響，可能該追的股票你會不敢追。台積電（2330）前幾年股價還在 200 元以下，2019 年開始出現比較大的漲勢，一直漲到目前的 600 元以上（2021 年第 1 季）。如果你只看價格的錨定，你就可能會一直買不下去；但是如果你改看本益比，可能就沒那麼難。因為獲利提升，所以本益比增加的沒有股價增加快。

　　我大概在台積電 370 元～ 420 元才進場，那時候台積電本益比已經達到快 20 倍了，比之前維持一陣子的 17 倍～ 18 倍高。從本益比角度看，會沒有光看股價那麼恐怖，但是它評價還是有提升。那我當時為何買得下手？因為我拿蘋果來比。

　　我一直有注意蘋果和台積電這 2 檔股票的評價。2018 年時，蘋果與台積電都維持在 17 倍～ 18 倍好一陣子，結果去年（2020 年）蘋果在新冠肺炎疫情後噴出，本益比飆到 35 倍，這時候台積電也只從 17 倍～ 18 倍漲到 20 倍本益比，我覺得台積電在半導體業的產業競爭力，絕對不輸蘋果在消費電子產業的地位，所以這樣一比，台積電就顯得便宜了。

　　通常股市中的相對價格比絕對價格重要。反過來，一直下跌的股票，散戶也會誤以為股價變便宜了，但這可能是因為公司獲利縮水或遇到利空導致，如果

你在這情況往下一直買，你就會陷入價值陷阱，這點要小心。

本節的錨定效應跟 6-3 的沉沒成本，都讓人對價格產生不理性的扭曲。關於剛剛說的，用相對價格而不用絕對價格，看本益比不看股價，讓你可以有一個調整回比較理性評價的空間。但是對股價的評估還是一種藝術，沒有絕對的方法可用，除了你自己的評價外，我們還得了解並考量市場的看法。

就像是知名經濟學家凱因斯（John Maynard Keynes）說的，股市就像選美，我們不是要選出我們心中最美的那個，而是要選出其他人覺得最美的那個。對股價的看法也是如此，我們要了解為何市場目前這麼看，我們看法與市場的看法差距在哪裡？用更多角度去看，你有機會更正確的預測股價走向跟目標價。

後見之明》製作投資筆記避免馬後砲導致記憶失真

6-5

後見之明（Hindsight bias）是指當人們得知某一事件結果後，會誇大原先對這一事件的猜測的傾向，進而導致記憶失真。就好像許多人在知道一個不可預見事件的結果後，常會相信自己早就知道結果會這樣。

例如 2020 年新冠肺炎（COVID-19）疫情後，股市出現反轉大漲，到目前全球股市都持續創新高。是不是有人也說，這很簡單就猜得到？因為全球央行在疫情後大撒幣，後面股市就理所當然的大漲了。但是真的是這樣簡單的邏輯嗎？其實要看有沒有看對也很簡單，就看你 2020 年 4 月、5 月是否重壓股票，以及後面有沒有繼續抱住。如果有一個回答沒有，那就是馬後砲的後見之明而已，你當下並沒有馬後砲時那麼的有信心。

此外，2020 年美國總統大選，拜登（Joe Biden）當選後，是不是也很多人信誓旦旦地說：「我早就知道他會當選。」實際上是這樣嗎？選前的各種民調、賭盤都還有點膠著，雖然拜登領先，但因為上次美國總統大選希拉蕊（Hillary Clinton）也是各種調查領先卻被逆轉，川普（Donald Trump）有很多隱性選民沒出現在民調中，所以選前根本大家都還是五五波，沒人可以篤定誰一定當選。等到選後，大家心中的那種篤定就是一種後見之明。

當我在 1998 年看理財書的時候，看股市泡沫歷史，覺得以前的人真的很蠢，怎麼不在泡沫的當下跑掉，甚至反轉時趕快跑就好，還跟著泡沫上去直到它爆掉。事後看都是那麼理所當然，對於泡沫發生的原因與泡沫破裂的狀況如此一目了然，然後等我自己真的開始玩股票，在 2000 年網路泡沫、2008 年金融海嘯都沒躲過，自己在當下遇過一次才會知道，為何以前的人都沒辦法做到反轉時跑掉。

以前我們公司某主管會在一檔股票大漲後講：「太可惜了，這檔股票我本來要買的，結果因為太忙了，就沒買了，不然我買單都開好了。」我們聽了之後面面相覷，無言以對，大家都認為這是在馬後砲、講幹話。而且就你很忙？其他有買到的經理人就整天閒閒沒事幹，所以可以買到？

釐清決策過程中的錯誤，以免下次再犯錯

因為有後見之明的問題干擾你原本的記憶，利用投資筆記寫下買進、賣出的原因與當下對市場的看法就很重要。你回頭看就知道，當下不買進或不賣出的真實原因，這樣才有辦法做檢討，並且比對出當初哪邊的想法有問題，下次才有改善的可能。如果你不記錄下來，就滿腦子後見之明，無法釐清為何當初沒有做出正確的決策，之後也就會繼續犯以前犯過的錯。

6-6 存續偏差》僅看部分樣本 恐得到偏離事實的結論

存續偏差（Survivorship Bias）又叫做倖存者偏差。用統計學的用語來說，當在選擇樣本的時候，忽略樣本的隨機性和總體性，沒有採用隨機樣本和總體樣本，而是採用小樣本、部分樣本，導致最後統計的結果是偏離事實和錯誤的，從而得出錯誤結論，反而無法看清事實。

1941 年第二次世界大戰期間，哥倫比亞大學統計學教授沃德‧亞伯拉罕（Wald Abraham）接受軍方委託，研究飛機如何強化防護以降低被擊落的機率。從相關數據發現，機翼是彈孔最多的地方，而發動機則是最少被攻擊的地方（詳見圖 1）。

依此，軍方認為應該要加強機翼的防護，因為彈孔多表示容易被擊中。但是亞伯拉罕教授卻給出相反結論，認為應該加強防護發動機。原因是本次的統計樣本是「有被射擊且能安全返航的飛機」。

能夠安全返航，表示這些中彈的地方，即使被擊中也不會導致飛機墜毀；而安全返航的飛機中，發動機彈孔少或沒有彈孔就表示，一旦發動機中彈，可以安全返航的機率就降低了，後來亞伯拉罕的推論被證實是正確的。

圖1 沒有彈孔的地方，反而是飛機要強化之處
—— 飛機結構示意圖

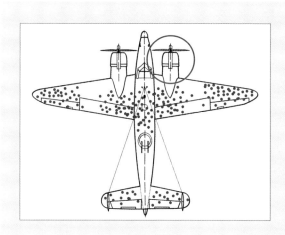

註：圓圈處為發動機位置
資料來源：取材自維基百科（網址：https://zh.wikipedia.org/wiki/%E5%80%96%E5%AD%98%E8%80%85%E5%81%8F%E8%AA%A4），由 Martin Grandjean (vector), McGeddon (picture), Cameron Moll (concept), CC BY-SA 4.0 (https://creativecommons.org/licenses/by/4.0/deed.zh_TW)

　　網路上還有個很好笑的例子來解釋存續偏差，過年車票異常難買，記者到火車站台上調查大家是否有買到票。記者隨機問了好幾個人，每個人都回答他買到了，記者最後對著鏡頭說，隨便問問，每個人都有買到票，好像票也沒有想像中那麼難買啊！記者忘記了，買到車票的人才會出現在車站候車，所以他採訪到的人都是買到票的少數人，他取樣到錯誤的樣本。

　　存續偏差會讓我們只看到偏誤的統計數字，而搞錯了原本應有的統計關係。有時候我們不會有存續偏差的謬誤，比如我們知道 500 萬個人去買樂透，應該會有 1 個人會中樂透，那個是機率性的，我們就不會去跟樂透得主請教說怎

麼樣中樂透？但是，當事情發生在你身邊，有人靠炒股賺了大錢，你是不是會很好奇，那個人到底怎麼做的？甚至你也想去學一下他的方法，這就有存續偏差的疑慮了。

以我投信的經驗來看，大家目前看到的基金的績效就有存續偏差的問題。當一檔基金績效很差，規模就會下滑，也難以找到新的投資人繼續投入，於是這些績效不好的基金就會被清算掉。你在看績效比較表時，就不會看到這些爛基金，存活下來的基金基本上績效會比已經清算的基金好。如果你只計算存活基金的平均績效，你就會高估投信基金的績效。

依我自己操盤 9 年的基金績效排行數字來看，在我剛開始操盤時（2009年），還有 175 檔左右，可是等我第 9 年操盤時（2018 年），原有的基金已經剩下 125 檔不到了，差不多少掉了 3 成的基金。然後這剩下 120 多檔基金的平均績效又輸了元大台灣 50（0050）績效約 20%，只有排在前面 30名左右的基金有在 9 年的期間打敗元大台灣 50。

只算現有基金，你會得出「前 25% 基金績效打敗指數」的結論，但是如果把清算的基金都加回來，有 83% 的基金績效輸給指數。

以前在學校念財務管理時，有念到基金經理人是無法打敗指數的。進入業界後，實際上的資料也顯示就是如此。而且我相信隨著時間再拉長，這些可以打敗指數的基金比率會再下降。

你現在檯面上可以看到一堆理財達人、存股專家，可是會不會這些人的成功也是一種存續偏差呢？有多少理財達人有經歷過 2000 年網路泡沫、2008 年金融海嘯呢？如果是 2009 後面開始玩股票的人，一路到底都是資金行情、大多頭，只要股市一跌，央行媽媽就會出來支撐市場，他們要做的只有拉回買進，可能讓很多人覺得股票投資很簡單了吧？！

以目前數字推算未來表現很容易過於高估

這 10 年的長期報酬率也高到不像話，概算元大台灣 50 在 2008 年低點 20 元左右到 2020 年底的 120 元左右，大概漲了 518%，換算 12 年報酬率，約年均複合報酬率 16% 多。然後你再去比較這 10 年的經濟成長率，這肯定是在這種低迷經濟成長率之下，可以見到的最好的股票報酬率了。

我懷疑大家以後的人生，再也看不到這麼長期間有這麼高的年均複合投報率了，如果有人拿這 10 年的報酬率當成未來投資台灣股市的投資報酬率，那也是一種用錯樣本的偏差。

我在 2000 年前開始投資理財，1980 年～ 2000 年是美股歷史上投資報酬率最好的 20 年，那 20 年的年均複合報酬率是 15%，你現在看到也是台股過去 12 年來最好的長期投資報酬率。如果你跟我一樣運氣好，在 2000 年開始投入股市，或是你在 2021 年開始投入股市，你就會發現，怎麼後面跟前面的歷史不一樣了？

　　當我 2000 年玩股票玩到 2018 年，中間經過了網路泡沫、SARS、金融海嘯、比較小的歐債風暴，那 19 年的台股只有年均複合報酬率 5%，所以我在 2000 年看到的股市投報率，跟你現在看到的股市投報率一樣，都是一種存續偏差的數字。如果你依據這個數字去推估未來，你肯定會高估未來的股市投報率。然後如果又有人依此來做退休規畫，或是提早變成專業投資人，我猜這些計畫最後都會出包。

6-7 自我歸因》分散持股 降低投資盲點的影響

人常把成功歸因為自己，把失敗歸因為外在因子，所以有一句老話：「寬以律己，嚴以待人。」大家對自己的標準就很低，要求別人的標準就很高。人為什麼會有自我歸因（Self Attribution）的行為呢？產生這種歸因是因為情感上的需要。

成功和良好的行為總是與愉快、自豪的情緒相聯繫的，而失敗和不良行為總是與痛苦、悲哀相聯繫的。處於情感上的需要，人們傾向於把成功留給自己，讓情境或他人把失敗帶走。再來，是維護自尊心和良好形象的需要，因為成功能體現並維護自身的價值，可以維護自己的自尊心，也可以給別人留下良好的印象。最後則是卸責，長官的自我歸因常常是來自這點，功勞都他的，過錯的都屬下的，就像日劇《半澤直樹》的大和田常務說過：「下屬的功勞歸給上司，但上司的過錯卻是下屬的責任。」

你去看看企管雜誌，記者拜訪執行長、記錄豐功偉績時，是不是都會提執行長是如何把公司管理好，公司的好都是執行長的功勞。但是如果中途有遇到些挫折，那就是大環境的問題、產業的問題、政府政策的問題、屬下扯他後腿的問題。比如說，當年美國奇異（GE）公司如日中天，一堆書籍讚揚當時的執行

長（CEO）傑克・威爾許（Jack Welch）。但現在的奇異經營每下愈況，甚至還被抖出許多做假帳的醜聞，這是否表示當初市場對於當時的執行長有點過譽了呢？

　　如果你去看理財雜誌，這類的採訪更多，每位受訪者都會說他的操作策略多好又多棒，所以他去年大賺。一來，這可能是存續偏差問題，雜誌不會採訪失敗者；二來，理財達人也可能是一頭豬而已，只不過遇到大多頭，加上運氣好了一點，當大風來了，連豬都可以吹上天。

　　有些投信的高層每次在績效檢討的時候，都會檢討基金經理人，績效不好都是經理人的錯。可是你再仔細想想，這經理人不是都他升任的嗎？怎麼績效不好都是經理人的錯？負責管理與選拔經理人的人都沒錯嗎？然後日常就是，部門績效好就是長官的功勞，績效爛就是個別研究員跟經理人的錯。

　　最後，最好笑的是，後來長官全部都升官了，原因是因為別家基金公司幫忙代操的基金取得大成功（還不是自家操好的喔，是委託外面投信的操作成功）。然後我這就想問問了，過去 5 年管理的表現都那麼爛，怎麼沒懲處？反而是 1 年成績好了就有獎勵？這獎懲機制是否有點問題？

　　好笑的是，自家的績效鳥到爆，還是別人幫忙代操基金表現優異，這得歸功當初長官選代操的眼光好嗎？如果是這樣，之前也有過代操表現不好的啊，上次推說是代操公司操爛，這次代操操好就說是公司選代操公司選對？

分散投資組合就是散戶最好的保險

　　散戶也常有這種假象，買股票賺錢了，甚至還打敗了指數，開始覺得自己也是巴菲特（Warren Buffett）之類的投資神，覺得自己操盤能力好、自己的投資策略超棒、選股超精準，卻不認為自己是否只是運氣比較好。可是當遇到崩盤，錢又虧光，這些人就會抱怨這個股市有問題，開始埋怨空頭，都是空頭讓自己虧錢，而不會說是自己選股有問題，風險控制有問題。每次只要績效好就是自己的功勞，虧錢了就是市場的關係、政府的關係、疫情的關係。有多少散戶可以正確的評價自己的操作？我想應該很少吧。

　　投資人要規避自我歸因也是一樣老方法，做投資紀錄、數字管理，你就會發現，你就有時候看錯結果賺錢，有時候看對結果虧錢。投資理財很多時候是機率性的，不是說對的決策一定有對的結果。再來，如果你的投資組合夠分散，那麼就可以把運氣的比重降低，如果你有辦法跟經理人操盤一樣買到 30 檔～50 檔以上，那麼如果你長期還可以打敗指數，那就比你重壓一檔打敗指數來得有說服力。最後，時間還可以拉更長一點，如果你可以長期 10 年、20 年打敗指數，那才是真的統計上的打敗。

　　人的自我歸因也是讓你找不到投資盲點的原因，如果你老是把失敗都歸為運氣不好、大盤的問題，你就可能一直沒法發現自己的問題。

確認偏誤》小心同溫層效應
更該去傾聽你不認同的意見

6-8

　　確認偏誤（Confirmation Bias）是指，人們都會傾向於尋找能支持自己看法的資料，而對於不能支持自己看法的資料，則會被忽略。這種選擇性的收集資料，同時按照支持自己想法的角度解讀獲取的訊息，會不斷使人強化自己的看法，從而產生認知偏誤。

　　算命跟星座是不是常常聽起來覺得滿準的呢？這是因為算命跟星座說中你的部分，你特別印象強化了，進而出現確認偏誤。

　　例如星座書上寫，金牛座的個性優點：「耐性十足、一往情深、有藝術天分、腳踏實地、做事有計畫、能堅持到底、擇善固執、追求和平、生活有規律、值得信賴、有主見、意志堅定、熱情、友善、有耐心及責任感、可以信賴、實際、可靠、具有商業頭腦和牢靠的價值觀、富美感。」看完上面一輪，你回想一下你自己的行為，起碼也符合其中 5 點、6 點吧！？但你是金牛座嗎？每個星座都可以講出長長一列的優點，大部分人都可以在自己的星座優點中找到符合自己的特點，然後覺得星座很準。

　　或者算命的攔住你說：「你去年命運不好，需要改運。」你想了一下，好像

去年還真的不太順耶。不過，等等，你再認真想一下，你會發現你每年都不太順，不是只有去年而已，你差點被算命的糊弄了……。

報紙常常也會寫「某某預言師預言某年出現大災難」，然後大災難就出現了。這其實是在講幹話，人類歷史上哪一年沒戰爭？同樣的，全人類都算的話，哪一年沒有在地球上某些地方出現某些災難？如果我是預言師，我就每年都預言災難，今年台灣疫情爆發你會說我對，去年疫情爆發也對，福島核災那年你會說我對，神戶地震、SARS、911 事件、台灣水災那些年你都會說我對。這已經是講得出大家都有記憶的超大事件了，你真的去查資料，你會發現每年全球一直都有發生重大災難，預言家要講出「今年沒災難」這種機率非常小的事件，然後還說對，這才是真的厲害。

用數字佐證，打破確認偏誤

雙重標準也是一種確認偏誤。1979 年，史丹佛的心理學研究虛構了 2 份關於死刑的調查報告，一份報告的結論支持死刑，另一份反對死刑。研究者想知道不同立場的人，會如何評論這 2 份報告。結果支持死刑的人對支持死刑結論的報告表示贊同，對不支持死刑的報告表示批評；同樣的，反對死刑的人對支持死刑的報告表示批評，對反對死刑的報告表示贊同。這種雙標，我們不是每天在政治新聞上看到嗎？有多少人可以非常客觀又不雙標的？

大家再去想一下，2020 年的美國總統選舉，是否比較認同川普（Donald

Trump）的人，會覺得川普會選上；反過來，討厭川普的人，似乎比較相信拜登會選上。這就是一種確認偏誤，你希望選上的人，你會認為他選上的機率比較高。這就好像有人懷疑鄰居偷了斧頭，怎麼看怎麼像賊，結果在找到了斧頭後，發現是自己搞錯，再看鄰居卻怎麼也不像賊了，想必這經驗大家都曾有過。

投資上也是一樣，你買了一檔股票後，你就只會接受它的利多，忽視它的利空，選擇性地只看你想看的資訊。明明利多利空的消息都有，你卻把小利多當成大利多，把利空當成無所謂的事情。

我曾經犯過這種錯，這個也叫「情人眼中出西施」。我選到標的後，就不客觀了，我覺得我買的股票就是好股票，它推出的產品就是好產品，那次的投資經驗就是大失敗。那次之後，我就很小心不要再踏入確認偏誤的陷阱，會反過來，找資訊來反駁自己，或是設想當不利的情況出現，這股票是否會有很大的風險。當我這樣做之後，對這檔股票的利多、利空判斷會更清楚，尤其是其潛在風險會更早評估到，我可能就不會持股太多或甚至不買了。

拿數字來證明也是一個破除確認偏誤的方法，你覺得某檔股票很棒，應該要去找數字佐證，例如產品銷售數字、營收成長率、市場調查等。有數字的東西，絕對比你自己憑感覺來判斷來得客觀。

之前某公司主管說「研究員沒看好某產業」，就有很強的確認偏誤。因為，從數字上，研究員寫了報告、報告新聞、也有報營收與季報，但是長官還是覺

得研究員沒看好，只因為研究員沒有推，然後那個產業的股票股價漲翻天了。有人就直接幫研究員講話，說你不能憑感覺評論研究員，要有數字，投資這行最容易有數字來評鑑研究員的。

不過這個部門主管還不是最好笑的，某公司的人曾經丟一個長期研究員績效給總經理，結果總經理說，這個沒用。這就讓人傻眼了，我們這行，如果績效這麼明確的數字還不用，你到底怎麼評價研究員？用跟你的關係好壞來評鑑嗎？最後，該總經理還真的這樣搞。這種個案就表示確認偏誤很大的時候，再怎麼明確客觀的數字給你看，都不能改變你的偏誤了。

同溫層效應跟這個偏誤有類似地方，現在的網路世界資訊量無限多，但是大家卻更無法客觀的看事情，尤其是政治上的問題，平常在社交平台都是只訂閱自己想看的資訊，這個做法會讓大家把自己認同的資訊來源更集中，而討厭的來源就看不到了，我覺得應該打破這個架構。

就投資上來講更該如此，我如果看空，就應該看更多看多的資訊，也許是我有盲點沒看到。如果我看好某檔股票，你可以看看認同的影片，是否大家看到的點跟市場看法一樣？但是不看好的影片可能更該看，因為這也許就提到你沒注意到的負面因子或風險因子。如果你多方意見都看完，對於正面論點都認同，負面論點在研究後也確定沒問題，那麼這初步分析至少可以降低一些你的潛在風險，減少你沒注意到的問題點。

損失規避》堅持交易紀律克服心理偏誤

(6-9)

損失規避（Loss Aversion）是指，人們面對同樣金額的收益和損失時，影響程度並不是相等的，損失帶來的負效用為獲利時正效用的 2 倍至 2.5 倍。也就是說，你賺 100 萬元跟你虧 100 萬元，虧 100 萬元的痛苦程度是賺 100 萬元的喜悅的 2 倍。

此外，人們的風險偏好並不是一致的。如果人是理性的，那麼人應該要針對報酬與風險計算期望值，選取期望值有利的選項。但是實務上，人卻會因為風險偏好不一致，而選擇了非期望值有利的方案。當面對的是收益時，人們表現為風險厭惡，當面對的是損失時，人們則表現為風險追求，也就是說，面對賺錢的機會，人們會保守一點，但是面對虧錢的風險，人們卻會賭大的。

心理學教授卡尼曼（Daniel Kahneman）與特沃斯基（Amos Tversky）曾針對同一批受測者做過 2 組相關實驗，內容如下：

第 1 組實驗》

受測者先行持有 1,000 單位的現金，並在此基礎上做出選擇：

A.50% 的機率將持有的現金增加為 2,000 單位。

B.100% 的機率將持有的現金增加為 1,500 單位。

此實驗中，受測者有 16% 選擇了 A，84% 選擇了 B。

第 2 組實驗》

受測者先行持有 2,000 單位的現金，並在此基礎上做出選擇：

C.50% 的機率損失 1,000 單位現金。

D.100% 的機率損失 500 單位現金。

此實驗中，受測者的 69% 選擇了 C，31% 選擇了 D。

假如人是理性的，那麼面對同樣期望值（註 1）時，應該是同樣偏好，實際上不是；再來，對於獲利與虧損，人的偏好也不同。在第 1 組實驗中，面對獲利時，大家討厭風險，選個 100% 會增加的 B 方案；在第 2 組實驗中，面對損失時，大家卻想賭更大，不想面對 100% 肯定損失的方案，賭一個可能不損失的方案 C。

這個邏輯用在投資實務上，因為前者的關係，大家喜歡股票獲利一點就賣掉，結果錯失了後面更大的波段；後者則是讓大家在虧損時賭了更大，等到事情持續往不利狀況發展，又愈賭愈大後，常會導致一次投資失利就是大失敗。

註 1：A 和 B 的期望值都是 + 500，C 和 D 的期望值都是 -500。算法如下：A 期望值 ＝（50%×2,000 ＋ 50%×1,000）–1,000 ＝ ＋ 500；B 期望值 ＝ 100%×1,500–1,000 ＝ ＋ 500；C 期望值 ＝（50%×1,000 ＋ 50%×2,000）–2,000 ＝ -500；D 期望值＝ 100%×1,500–2,000 ＝ -500。

人在長期的投資操作中，也可能因為損失規避，而做出短期正確但長期錯誤的決策。我們知道，短期債券風險比股票低，但是如果你看更長期，股票報酬率高於債券報酬率。因此，從長期角度來看，我們應該多投資在股票上才對。

但是如果大家過度短視，過度重視短期風險，每個短期都配置多數債券，那麼長期這個配置反而會有更低的投資報酬率，資產配置抵抗通貨膨脹的效果也更差。這種情境也有個名詞來形容，即「短視損失厭惡（Myopic Loss Aversion）」。

從損失規避的角度看投資，你就會發現，投資對心理上是划不來的。如果是心理素質不夠強的人，就算是投資報酬率等同指數，在心理上也可能是負面大於正面影響。我們先假設投資成功與失敗機率一樣，賺虧金額一樣，那麼就肯定期望值為負。實務上，如果投資指數短期成功率可能是 6：4，如果考量損失的負面效應是收益的 2 倍，那麼算起來還是負的期望值機率高。

不要把報酬極大化當成長期目標

怎麼樣解決這個問題？我覺得還是得把資產配置做好，讓整體投資報酬率的波動小一點，不要把報酬極大化當成長期目標，而是在波動穩定，且最大虧損風險與程度很小的情況下，賺取合理報酬，每天都睡得好是投資的基本要求。當投資已經影響到你的情緒時，就可能需要調整配置，或是目前投資組合的波動還是超過你的承受能力，那未來就需要調整成更合適的配置。

　　因為損失規避，人們常會賺一點就賣掉，卻在虧錢的時候想要拗股票，甚至再加碼一筆，想要拗回本。要避免受到這個心理影響，我們做買賣決策時，最好要以更具體的數字來支持交易。例如預期這檔股票可能從 20 倍本益比漲到 30 倍本益比，你起碼得抱到 25 倍以上才賣，在 25 倍之前就得忍耐自己想賣股的衝動；反之，股票開始下跌了，你就不甘願賣了，想拗到回本，這時候就要先預設停損價格，像是跌了 1 成就起碼要砍一半，跌了 2 成要全部賣掉。有數字或紀律來幫忙你交易，比較可以克服心理的偏誤。

　　這邊是提供一個交易上的參考，每個人操作策略不同，克服方法不同，但是大家必須清楚交易時會犯這些錯，要有數字或紀律性的方法來解決這個問題。

迷信制約》多做統計與實驗 勿過度相信因果關係

　　行為主義大師史金納（B. F. Skinner）曾做過一個著名的實驗，給籠子裡的鴿子餵食，不管鴿子做了什麼，固定每隔 15 秒會掉落食物。一段時間之後，鴿子開始出現了各式各樣的迷信行為，一隻鴿子在箱子中逆時針轉圈、一隻反覆地將頭撞向箱子，另外一隻只顯現出一種奇怪的舉頭反應，其他鴿子也都有著這種不同的怪異行為。這些迷信的鴿子似乎誤以為牠們的迷信行為讓食物掉落下來，牠們覺得迷信行為跟掉落食物有因果關係。

　　人類跟動物一樣，從遠古到現在一直有些迷信行為，即使是目前科學時代，凡事多可以從科學找出答案，仍然有人信一些不可思議的迷信，例如打牌時要穿紅內褲、機房內的主機要放乖乖、香港的大樓沒有 4 樓等。而確認偏誤會強化這種迷信行為。某一次你穿了紅內褲打牌大贏，你會真的相信紅內褲有用，你忽視了其他好幾次穿都沒效；機房管理人某次忘記放乖乖，結果主機出包了，他會特別對此印象深刻，因為他根本忽略了也好幾次沒放就沒問題。所以迷信行為又跟其他偏誤有交叉影響。

　　如果我們真的要破除偏誤，就要認真去做實驗，從機率上來確認。數字不會騙人，但是人會被機率糊弄。不過，我也看過一個反例，說明你的迷信可能還

真的是有因果關係。

有一位工程師每次只要下班順便去買冰淇淋，只要是買香草冰淇淋的那次，車子發動就會出問題，買其他口味就沒問題。最後發現，還真的有因果關係，因為他買冰淇淋那段時間將車子熄火再點火的行為，產生了那個問題。香草冰淇淋因為是最熱門的口味，買的時間最短，蒸氣鎖沒有足夠時間散熱，所以車子容易故障。舉這案例只是當作反例，有時候你覺得很離譜的因果關係看似沒有相關性，搞不好是真的有相關性的。當然，舉這反例是想跟大家講，我們還是得找出邏輯關係，才能合理解釋因果，否則很可能就是一種迷信。

為什麼「寧可信其有，不可信其無」？為什麼常常有人什麼神都信、什麼神都拜？這個可以用信跟不信的後果來解釋。

假設原始人跳了祈雨舞後就下雨了，他們開始相信跳舞跟下雨有因果關係。但是你就偏偏不信邪，你就不要跳，因為跳舞跟下雨實際上沒相關，有時候下雨、有時候沒下。你沒跳的時候下雨就沒差，但是如果你沒跳的時候一直沒下雨，你就慘了，你會被其他村民打死；反之，你也不管跳舞對下雨有沒有幫助，你就在那邊跳。有跳，下雨了，是你跳舞的功勞；有跳，沒下雨，至少其他人不能把錯怪到你身上。所以從這 2 個選項來看，原始人肯定寧可信其有了。

同樣地，為何很多人什麼神都拜？因為，我們並不知道有沒有這個神存在，我們無法證明，但是如果神真的存在，你沒拜你就下地獄了。對比於神不存在，

你拜了你也不吃虧，不拜時出包的成本高多了，反正拜了也不花啥精神時間，我們就統統拜吧！

投資業迷信的人非常多，甚至讓我覺得可能比別的產業還多。我以前的長官每次只要績效不好就要去拜拜，又說自己都不吃牛肉，就怕影響到績效。我去別人的桌上看，我會特別注意是否有宗教信物、祈福、添財之類的小物。我偶爾也會聽到誰誰誰有在信奉什麼老師之類的。面對績效跟機率，很多人大概是寧可信其有吧？

我個人倒是完全不信邪，牛肉照吃，沒任何忌諱，績效好就是我自己的功勞，而不是啥神鬼的貢獻。我也看到有人賺錢後會捐錢，想留住多點的福報，我個人倒是沒有這麼想過。不要誤會，我這人沒有物質欲望，賺錢了也只是存起來繼續錢滾錢，哪天等我老了，我會開始把我的財富回饋給社會。對我而言，金錢有複利效果，我相信我走前才捐，這財富的總額會最大。

因子的相關性有時只是統計上的巧合

對於投資業的迷信行為，我會比較想提統計學的相關性，很多人會誤把因子有相關性就認定成有邏輯關係，這可能會是錯誤的，也讓人做出錯誤的結論。

例如新冠肺炎（COVID-19）疫情從去年（2020 年底）秋冬再次爆發後，股市持續上漲，就有人會推論成「疫情愈惡化，股市愈上漲」。這從經濟學角

度看當然覺得很怪，當我們找出某些因子有統計相關性，我們還得要搭配合理的邏輯解釋，才能證明這 2 個因子是真的有關聯，還是純粹只是機率上的巧合，讓大家看出相關性了。統計上，你去比對很多因子，總會有幾個因子讓你發現有相關性，但是實際上都可能只是統計上的巧合而已。

套用相同的邏輯，如果我在上面的推論後面寫說：「這 5 年，我的年紀持續變大，股市也持續上漲，預期未來股市會跟我的年紀一樣繼續維持正相關性。也就是說，我年紀會繼續變大，然後股市也會永遠漲上去。」這麼離譜的說法，大家應該就可以聽出問題所在了吧？

不過，再回到上面案例，是不是有可能疫情愈嚴重，市場愈預期政府會有更多的財政支出，央行更多的貨幣政策，那麼這樣邏輯就合理了。更多的財政與貨幣政策讓股市前景看起來更好，疫情變嚴重，股市更會漲就合邏輯了。當然，這個案例還可以這樣拗，其他相關性案例可不見得能找出因果關係讓你硬拗。

投資有風險
切記不要做超乎能力範圍的事

6-11

　　投資是有風險的、可能會虧錢的。如果再細區分，那麼主動投資危害更大。主動投資不只需要專業、花時間，還有害身體健康，我學弟每次都該該叫說再投資下去會影響健康，因為每次只要投資狀況不好就會很焦慮，很焦慮就會抽很多菸，壓力很大就會需要紓壓，紓壓就浪費錢，所以一陣攪和下來，又傷身、又傷錢包。

　　如果是我 FB「上流哥投資理財粉絲團」的讀者，或是有買我上一本書《上流哥：這年頭存錢比投資更重要》的人都知道，我有一個前同事，每次投資股票最後都是虧光。

　　我在寫上一本書的時候，他已經虧光 3 次了，雖然他會跟我說不是虧光，還有剩一點點，我說剩那 1 成、2 成跟虧光又差多少？然後，這故事有了後續。我幾週前（2021 年 5 月）問他，他又虧光了，我嚇了一跳，因為他這次投資跟上次不一樣，這次沒有融資。然後問了之後他說，後來手癢又融資衝進去，還是買最熱門的航運股，最後虧錢了怪市場、牽拖命運（詳見文末對話紀錄）。這也是讓我傻眼了，當你投資 EQ 有問題，千萬不要投資，錢存著還可以買東西，丟到股市蒸發後，連個落水聲都沒有。

我 21 年的投資經歷從績效看似很順利，但是只要有投資，你就算勝率高，投資失敗的經驗也會超級多。以前操盤時，我每次只要踩地雷不是盤中發生，是下午收盤後公司公告財報，或盤後新聞爆發利空的那種，我晚上就不用睡了，早上起床也不需要鬧鐘了，因為我會一直在想這檔股票要怎麼處理。

如果是小比重的持股就算了，如果是 3%、5% 以上的大持股就傷腦筋了。榮化（已下市）氣爆案、味全（1201）油品事件、宏達電（2498）「財爆」，每一個案子都會讓我減損一些腦細胞（還好我腦細胞夠多……）。或是即將到來的重大持股的財報公告日、法說日，你在那個時間點前根本不知道結果是好還壞，也會讓你很焦慮。

有幾次我就在這些重大關鍵日出國，明明我就在日本玩，結果公司財報公告，股價暴跌虧翻了，明明我人在日本出國，心情還是很不爽，虧錢的負面情緒蓋過你所有正面情緒。你有時候就會想說，我好好的日子不過，我幹嘛買股票自己找自己麻煩。

分散風險才是王道

上述的案例，我大持股才 3%、5%，各位強大的散戶隨便持股都重倉 30%、50%，甚至還開槓桿。所以各位理財達人賺時賺千萬元，虧時也虧千萬元，我都佩服大家心臟很大顆，換作是我，5% 持股的大漲大跌我就被影響了。持股比重像散戶那麼高，每天看價格在那邊飛天遁地，遲早送精神科吧？！

與前同事的對話紀錄

20:36 上流彥：你有沒有開槓桿？
20:40 前同事：有
20:40 前同事：畢業了
20:41 上流彥：下禮拜一的還沒算到就畢業？
20:41 上流彥：你買啥？
20:41 前同事：長榮（2603）加碼
20:41 上流彥：你之前都沒開槓桿
20:41 上流彥：怎麼忽然又走錯路了？
20:41 前同事：貪
20:41 上流彥：剁手吧
20:41 前同事：市場很多違約
20:42 上流彥：你出清了嗎？
20:42 前同事：對
20:42 上流彥：違約的話是虧到欠券商錢ㄟ
20:42 前同事：太危險
20:42 上流彥：你有違約嗎？
20:42 前同事：已經先跑了
20:42 上流彥：所以去年以來的又全虧光了？
20:42 前同事：對
20:43 前同事：保留實力
20:43 前同事：等待機會
20:43 上流彥：都虧光了 保留三小實力
20:43 上流彥：是留著一條命繼續賺錢 繼續準備下次虧光吧
20:43 前同事：還有一點
20:43 上流彥：算一算 10 多年來 這次第 4 次了
20:43 前同事：這次虧 1 ～ 200
20:44 上流彥：好處是 你下禮拜一沒事
20:44 前同事：對

20:44 上流彥：開心嗎？

20:44 前同事：當然

20:44 前同事：看戲

20:44 上流彥：幹 很多人陪你去公園是吧

20:45 上流彥：現在公園限 10 人喔

20:47 前同事：有個朋友陽明（2609）26.6 買 530 張

20:47 前同事：真的提辭呈

20:48 前同事：後來賣掉市值 4,300

20:48 上流彥：厲害

20:49 前同事：釘孤枝

20:49 前同事：退休

20:51 上流彥：你只能羨慕

20:53 前同事：沒錯

20:53 前同事：沒關係，打掉重練

20:55 前同事：專心工作

20:55 上流彥：不知道怎麼講你了

20:55 上流彥：有第 4 次也會有第 5 次的

20:56 前同事：宿命

20:57 上流彥：宿命你媽啦

20:57 上流彥：明明就是你自己耍白癡搞的

20:57 上流彥：還牽拖命

20:59 前同事：台灣人太不理智

20:59 上流彥：因為你本小 所以應該這次虧光也還好

20:59 上流彥：又是 1、2 年又可以東山再起

20:59 前同事：對

21:00 上流彥：問題是你的人生 沒辦法再給你更多次虧光的本錢了

21:00 前同事：有停損

21:00 上流彥：幹 又牽拖（台灣人不理智那句）

　　所以搞被動投資才是王道，如果你配置一半全球股票、一半現金，你的波動會很小，連台積電（2330）倒閉你都無感，除非人類受外星人攻擊、殖民地丟一顆行星撞地球想毀滅聯邦（鋼彈劇情），或是病毒爆發、喪屍到處都是，不然你這樣配置肯定可以睡好吃好。有時候你會發現，愈是日常才愈是寶貴。

　　幸福就是你的帳戶有點錢，你睡得很安穩，你看到你的小孩時也都不用替他擔心，因為你教育基金已經存好了，你自己也買夠醫療險，你有充足的預備金，你不怕任何的意外，然後每天等著看上流哥的粉絲團發文自嗨一下，這就是人生最快樂的事。財務有保障的人，他們的快樂就是這麼樸實、無華且枯燥。

第7章

執行資產配置

了解資產配置相關概念
建立投資組合

7-1

你們覺得開始投資時，是先遇到空頭比較好？還是先遇到多頭比較好？如果你是剛開始接觸投資及開始資產配置的人，那麼先遇到空頭對你比較好。先遇到空頭就表示你一開始都買在便宜的價位，等到空頭轉多頭，你的資產增值幅度就會很大；反之，如果你先遇到多頭，雖然馬上投資就馬上賺錢了，但是等到景氣反轉，反而會開始虧錢，且景氣反轉時，你應該也已經投入不少部位了。

所以我會覺得，剛進市場就遇到多頭雖然表面上看起來幸運，但其實是不幸，你後面遇到空頭會比較痛苦，所以新手的好運不是真的好運。而且實際上也常是市場熱了才會有人想進來投資，應該不多人是在空頭衝進市場，這種情況也導致多數人投資都沒好下場，因為大家都在資產變貴了才想買。

不是所有時代都是好時代，我們無法決定我們何時出生。如果你是在 1970 年～ 1980 年的投資人，你只要買債券，甚至定存（台灣那時期定存最多有到近 10% 利率），就有相當不錯的報酬率了。不過，你也有可能運氣不好，在第二次世界大戰時正值當兵的年紀，可能連命都沒有了，更別說投資了。

如果你很幸運，是在 1980 年開始投資，就有機會參與到後面的 1980 年～

2000 年長期大多頭，但你之後還是會遇到 2000 年網路股泡沫。假若你這次崩盤沒躲掉，風險控制又沒做好，資產可能一次就歸零，所以無論你出生在何年代，你都會經歷過好幾次景氣循環。

現在是 2021 年，很明顯地，你就算不是投資在景氣與資本市場的最末段，也是中後段了。大家好像這幾年賺得很開心，但是這不就是前面講的，你開始投資先遇到多頭的案例嗎？等到多頭轉空頭，就是考驗大家投資組合抗風險的能力，以及你是否有熬過空頭的強健心理。你看書上寫空頭跟你自己親身熬過空頭可是兩碼事，如果你看書時覺得那些空頭時賣股的人很蠢，等到空頭來臨，大家親臨其境就會知道熬過空頭可不容易。但是我相信，一個事前就有準備且比較穩健的投資組合，比較有機會在空頭來臨時存活下來。

那麼，理想的投資組合應該要怎麼打造呢？別急，在進入主題前，你還有一些東西必須先了解。以下，我們先來看資產配置的相關概念，像是不同資產間的差異、股票持有期間和虧損風險的相關性、股票和債券的報酬率、定期定額和再平衡等；其他部分像是如何進行資產配置前的準備、建構資產配置開始和結束的時機點、以及如何設置資產配置比重等，我會在後面分章節依序為大家介紹。

參考長期報酬率數據，找出資產投資 3 特點

想打造投資組合，首先我們可以先去了解不同資產彼此之間的差異。例如，

如果我們想了解不同資產的長期報酬率，我們可以參考伊博森（Roger G. Ibbotson）教授的長期資料。

參考圖 1，以美國長期資料來看（時間為 1926 年～ 2018 年），累積報酬率最高的資產類型是美國小型股，年均報酬率 11.8%；其次是大型股，年均報酬率 10%；再來是長期政府公債，年均報酬率 5.5%；最後是短期國庫券，年均報酬率 3.3%。我們可以從這些數字看到一些特點：

特點1》風險與報酬成正比

資產的報酬從高排到低，也跟風險從高排到低對稱。小型股風險高於大型股，所以報酬率也高於大型股；股票風險高於債券，所以股票的報酬率也高於債券；長期政府公債的持有風險高於短期國庫券，所以長期政府公債的報酬率高於短期國庫券（註 1）。

如果參考各資產的標準差，也可以看到報酬與風險對稱，報酬率較高的資產，標準差也高（詳見表 1）。一般來講，學術上會把標準差當成風險，年度報酬率可能往上或往下的幅度愈大，風險就愈大，但這樣會把獲利的報酬率大也當風險大了，不太合理。我個人是認為虧錢才是風險，所以當你做多，價格往上幅度的報酬愈大，不該是表示風險愈大，要價格往下才是風險。

註 1：長期政府公債和短期國庫券的信用評等一樣，都是美國政府發行，主要差別在於到期時間不同。

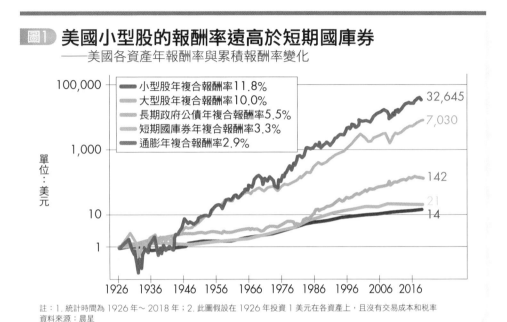

圖1 美國小型股的報酬率遠高於短期國庫券
——美國各資產年報酬率與累積報酬率變化

100,000

小型股年複合報酬率11.8%
大型股年複合報酬率10.0%
長期政府公債年複合報酬率5.5%
短期國庫券年複合報酬率3.3%
通膨年複合報酬率2.9%

32,645
7,030

1,000

單位：美元

142

10

21
14

1

1926 1936 1946 1956 1966 1976 1986 1996 2006 2016

註：1. 統計時間為 1926 年～ 2018 年；2. 此圖假設在 1926 年投資 1 美元在各資產上，且沒有交易成本和稅率
資料來源：晨星

特點2》要持有資產才可以抵禦通膨

長期的通膨率接近 3%，如果你把資產都放最安全的短期國庫券（相當於台灣定存），那麼你的投資報酬率大概可以稍微的超過通膨一點，這個報酬率頂多可以持續地維持你的貨幣購買力。如果你連定存或短期國庫券都不放，純粹只放活存或是以現鈔持有，那麼可能就得每年被通膨侵蝕掉不少的購買力。

特點3》長期複利效果可觀

複利效果在 5-2 已經介紹過，這邊也可以透過真實的歷史報酬率數字，再次看到其威力。請看圖 1 左邊座標，這不是一般的等高座標，而是對數座標，幾

表1 報酬愈高的資產,風險也愈高
——美國各資產報酬率與標準差

項目	小型股	大型股	長期政府公債	短期國庫券
年複合報酬率(%)	12.6	10.4	5.5	3.7
標準差(%)	32.9	20.2	9.2	3.1

註:統計時間為 1926 年～ 2005 年　資料來源:Ibbotson

個價格的標示也是等比級數增加的,從 1 美元、10 美元、1,000 美元到 1 萬美元。一開始的 1 美元如果投資小型股,經過 100 年左右的複利效果,可以變成 3 萬多美元,資產的長期增值也是我們投資的主要原因之一。

股票持有期間愈長,虧損的風險愈小

雖然短期持有股票的波動可能會很大,股票有可能 1 年跌掉 3 成,也有可能 1 年漲 3 成,但是如果你把持有時間拉長,你會發現到價格的波動收斂了。

長期研究顯示,你持有 1 年股票,你可能最多賺 52.62%,也可能最大年均虧損 -26.47%。但是當你持有時間拉長到 5 年,你最大年均報酬為 23.92%,但是最大年均虧損降成 -2.36%。如果持有時間再拉長,在持有 15 年時,你已經不會虧錢了,你的年均報酬率在 4.31% ～ 18.83% 的區間(詳見圖 2)。

從上面這些數字可以看出,股票短期虧錢機率不低,但是如果可以長期投資,

圖2 持有股票15年以上，報酬率最低也有4%

——持有股票各種期間的報酬率範圍變化

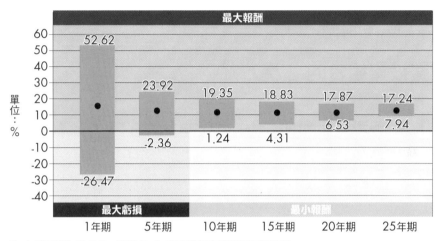

註：1. 統計時間為 1950 年～ 2002 年；2. 圖中●代表不同時期的平均年度回報
資料來源：《隨機遊走投資指南》（The Random Walk Guide to Investing，暫譯）

那麼要虧也很難。而且年均報酬率數字有均值回歸現象，你持有時間愈長，你的股票投資報酬率會愈接近長期股票投資報酬率的 10% ～ 15%。

我們再比較股票與債券的報酬率，根據長期研究顯示，股票表現優於債券的時段百分比，投資 1 年是 60.2%、投資 2 年是 64.7%、投資 5 年是 69.5%、投資 10 年是 79.7%、投資 20 年是 91.3%、投資 30 年是 99.4%。這結果類似上面長期持有股票的道理，因為股票的波動比較大，短期有可能報酬率會輸債券，但是如果時間拉長到 20 年，股票報酬率贏債券的機率就變成高達 9 成以上。

這個邏輯同時可以說明一個觀念，如果你一直因為股票的風險比較高而沒配置股票，持有時間拉愈長，債券較低風險的優勢也下降，反而持有債券長期報酬率較股票低這點被凸顯出來了。

調整投資組合的 2 種方式

上述提到的資料，全部都是從第 1 年開始投入資金，後續並沒有加碼投資與調整。但除非你已經退休，不然多數人都有工作，可以持續有現金流進來，在退休前都可以每年持續投入一些現金到投資組合裡面。

此外，投資組合的比重會隨著時間改變也應該是需要調整的，隨著市場狀況不同、投資人的狀況改變，投資組合也可以調整。如果我們可以每年加碼投資，那麼我們得出來的每年結果會更平滑。以下，我為大家介紹定期定額與投資組合再平衡的差別：

1.定期定額

定期定額就是在固定的時間買固定的金額，比如說你每個月 1 號固定買 10 萬元股票。定期定額的投資策略基本上就內建一個「低買多，高買少」的功能，比如買元大台灣 50（0050），當股價是 50 元時，花 10 萬元可以買 2 張，但當股價漲到 100 元時，你只會買 1 張。

至於定期定額的頻率是多久？我們假定是每個月收到薪水後撥出一部分配置

資產，所以多數人的頻率會是每個月。不過每個人的收支狀況不同，你也可以累積到每季 1 次定期定額，甚至半年 1 次也可以。

如果你已經有一個固定資產比重的投資組合，也可以利用定期定額的時點來順便做再平衡的動作。例如原本是股債平衡的投資組合，每期的定期定額是 50% 資金買股、50% 資金買債，但目前假如股市漲多，投資組合比重已經股多債少了，你可以在定期定額時點，只買債或買債多、買股少，如此，就可以把投資組合調整回原本的目標比率。

2.投資組合再平衡

如果你沒有持續投入新資金，或是用定期定額方法投入順便平衡投資組合比重，甚或你的投入金額很小，不足以改變整個投資組合的比率，例如你的投資組合已經有 1 億元，每個月投 10 萬元是不太會改變資產比率的，股票如果漲跌個 10%，這樣股債金額誤差就可能高達 500 萬元了，這時我們需要主動再平衡。

再平衡是針對投資組合的不同資產低買高賣，比如一個股債平衡的投資組合，目標是 50% 持股、50% 持債。當股市大漲、債市小漲時，股票價值提升多，股票占資產比重會提高，這時經過一段時間後，我們必須賣掉股票加碼債券，來讓整個投資組合的比重維持原本的 50：50；反之，如果是股市大跌使得股票資產占比嚴重縮水，我們也該賣掉債券，加碼股票，來讓這 2 類資產的比重回到 50：50 的水位。

如果我們沒有做再平衡的動作，則長期股票比重會持續上升，遇到股市空頭年時，因為股票比重高，你的風險就偏高了；反之，如果在空頭年之後沒有再平衡加碼股票，則股市回升時，因為股票比重較低，你的報酬率也會比沒有再平衡時少。

再平衡的頻率可以用固定時間區間來當調整的時點，可以每季、每半年、每年做 1 次，或者也可以設定在觸動到一定漲跌百分比之後再調整，例如維持一個股債平衡 50：50 的投資組合，給 3% 的寬限，如果股票比重不高於 53%，也沒低於 47%，就不用去動。

股市雖然波動大，但是也是可能一陣子都很沉悶，波動不大，考量交易有成本，如果投資組合的比重變動還小，沒必要特別頻繁地再平衡。如果這時候有定期定額的投入，也可以利用定期定額時點去平衡一下比重，也許這樣操作後，你 1 年、2 年都不用去做再平衡的動作，因為資產比重都沒有大幅改變。

簡言之，定期定額跟資產組合再平衡這兩個操作都可以把資產的比重重新調整到原本目標的資產比重，不會花到太多時間，只需要固定週期式、機械式的調整就好。

（7-2） 進行資產配置前 先完成3件事

了解資產配置的相關概念以後，在開始進行資產配置之前，你還有一些準備工作要做，像是要了解你的風險屬性、存一些緊急預備金、先理債再理財等，下面我會一一介紹。

第1件事》了解自己的風險承受度

每個人的資產配置目標都是不一樣的，你的資產配置要搭配你的風險屬性。如果你是股票跌了1%，晚上就睡不好、跌了5%，就整天憂心股票，忍不住一直拿手機起來看盤勢，這種不能承擔風險的人，那麼你也只能配置很低比重在高風險的資產上面。這也沒辦法，你只適合最穩健、最低風險的投資組合。也因此，就長期而言，你必須多賺錢、多儲蓄，而沒辦法靠投資的複利效果早點退休。

如果你可以容忍比較高的風險與波動，那很好，可以有更多的彈性做配置，但這也不表示你就要把投資組合的風險搞得很高，搞到報酬極大化，風險也極大化。我們的理財目標是設置一個投資組合，可以長期的、穩健的獲取合理報酬才對。

你個人的風險屬性還要考量你的人生階段，我們一般會認為，年輕人未來時間還長，有承擔風險與失敗的本錢。相反的，如果你是 70 歲、80 歲的退休人士，那麼你的資產規畫很可能不適合太過冒險，你在那個年紀多賺了錢也只是變遺產，但是如果不小心虧錢了，資產不足以應付退休生活，那就尷尬了。

上面是指一般情形，但如果你預期 5 年後結婚或小孩剛出生，開始幫小孩準備出國留學的資金，這種有未來特定資金需求的情況，就需要特別規畫的配置。如果特定期間不是很長，只有 2 年、3 年，那當然就不能冒太大風險，因為我們無法保證市場在這近幾年內不會有大波動。但是如果是小孩留學基金這種比較長期的未來，我們就可以規畫較高比重的高風險資產進去。

依我的經驗，多數人會高估自己的風險承受能力，比如你以為持有的股票跌 3 成你也不怕，實際上，可能股價只跌了 1 成，你就睡不好覺且情緒受影響。所以我會建議，假如你自己也不是很清楚你自己的風險偏好，甚至也沒投資經驗來參考，即使你很篤定的認為自己可以接受高風險，我都建議你先設定比較保守一點的投資組合，等市場波動發生，且你真的可以坦然處之，那時候再調高到比較高風險的投資組合還不遲。

第 2 件事》額外準備緊急預備金

我們人生中有時候會遇到一些狀況讓我們需要額外支出一筆錢，如耐久財的汽車或家電壞掉、人身事故、出車禍、忽然沒了工作。或者像 2020 年與

2021 年的新冠肺炎（COVID-19）疫情，也是沒人可以猜得到的黑天鵝事件，如果你有在做生意，可能忽然整個生意就沒了。

我們如果有保險，可能就可以針對生病、住院，甚至死亡做好規畫，其他部分的臨時資金需求，就必須靠緊急預備金。緊急預備金必須先預備好，不要算進去資產配置中，因為我們可能在市場最差的時候需要錢，這時候等於是得低價賣出資產，這是非常傷投資報酬率的一件事。

有些資產是不好處分的，如房地產，如果你忽然急需用錢，大概也很難短期去賣房子因應。所以我們會把緊急預備金存放在比較有流動性、好變現的資產上面，如貨幣基金、定存、較低風險股票（如公用事業股票）等。

那麼緊急預備金金額要多少才足夠？每個人狀況不同，我很難給標準答案。如果像我單身，1 人吃飽全家飽，那麼我大概準備個 30 萬元，就可以讓我沒收入花 1 年了。再多些額外金額備用，也許 50 萬元就足夠。

如果是有家庭的人，職業不是公務員，可能是收入不是很穩定的業務，那麼可能整個家庭就得準備到 50 萬元～ 100 萬元，這樣起碼可以讓 4 個沒收入的人撐半年，再考慮額外可能支出，也許該準備到 100 萬元。但如果你每個月還有房貸要繳的話，這金額又不太夠了，最好要有多半年～ 1 年的資金可以還房貸。我看過有些個案是房貸占薪水比重太高的，如果工作忽然沒了，那麼如果沒有預備金的情況下，每月還房貸便會是一個頭痛的問題。

因為緊急預備金的特性，你大概也只能放在活存、定存、貨幣基金等最安全、最沒風險的資產上。也因為這些投資報酬率最低，所以緊急預備金也不用超額準備到太多，放太多的資產在上面，只會讓整體投報率下降。

後續 7-5 會講我建議的配置，因為現在所有資產都高風險，我會建議配置很多放在現金上，所以以這樣的配置來講，就比較沒有什麼緊急預備金的問題，也就是說，如果投資組合中的現金就已經超過緊急預備金的額度很多，那就沒啥大需求再額外準備緊急預備金。

第 3 件事》先理債、再理財

現在理財觀念推廣得很熱，但是有不少人根本就無財可理，甚至負債累累，所以得要先想辦法理債後，才有財可理。以美國為例，美國有 8 成的家庭是月光族。月光族的英文用字是 living paycheck-to-paycheck，意思就是一張月薪支票接續著一張月薪支票地過活。台灣數字參考 yes123 求職網調查，39 歲（含）以下的勞工，「個人名下」的總存款金額平均只有 13 萬 3,000 元；更慘的是，青年勞工不只存款少，多數人還債務纏身，61.3% 的青年勞工目前有負債。

我以前在幫朋友做財務規畫時，第一步就是先叫他把債還完。這邊的債不是指房貸這種投資性的負債，或是為了做生意而資本支出的負債，而是親友借貸、小額信貸、信用卡債之類的借貸，這些借貸不是欠人情就是高利貸。欠人情還

好一點，背著高利貸還投資是有點蠢的。比如說信用卡債真實利率（含手續費等費用）高達 10% ～ 15% 左右，你投資都很難有這麼高的投報率了，如果你在負債下投資，這樣搞等於幫銀行打工，所以理財第一步就是把這些高息債務還清。

有些有錢人有辦法借到低利率的資金，在這種情況下，借錢投資可能是有好處的，但是多數散戶是沒這個能力的，頂多就有房貸，利率低點，其他貸款利率都偏高。散戶可以借到錢的地方，很多借起來幾乎都划不來，更別說現在投資標的難找，你根本就很難找到投資標的長期預期報酬率可以超過這些借款的利率，然後風險又在可承受的範圍內。

還債是個很辛苦的過程，但是這多數也是你自己搞出來的窘況，即使不是你的錯，也還是得先脫離這個最惡劣的狀態。抱怨沒有任何用處，面對債務、償還債務，得等到你沒有債務負擔後，你才有可能繼續往上爬。

現在有很多人是為了物質消費而負債累累，我真的覺得被物質影響的人很多時候是人生觀跟消費觀都有問題。人生有很多有價值的東西都是無價的，如親情、友情、知識，很多有價值的東西也不是光花錢就可以買到的，比如說每天鍛鍊的身材、一張好學校的文憑、你個人的評價等。在正確理財前，我更認為需要把你的人生觀跟消費觀、價值觀搞正，因為如果你的人生觀、消費觀或價值觀有問題，我覺得你理財也會出問題。

7-3 從第1份收入開始 啟動資產配置

　　做好資產配置前的準備以後，下一步我們要來探討資產配置開始與結束的時機點。對多數人而言，資產配置的目的是為了準備退休金，資產配置開始的時間，則是從你第 1 份收入起算（註 1）。

　　這邊先補充一下，雖然理財有時間複利效果，但投資不用急，還沒有充分正確觀念下就開始急就章的買進資產，並沒有比不投資好多少。現在的財富管理市場有關投資理財的行銷做很大，大家每天都看到很多投資理財的資訊，彷彿你不買點理財商品就完蛋了，就落後了。不是這樣的，投資理財是很長期的事，晚個幾個月，甚至 1 年、2 年都沒關係。我自己確實滿早開始投資，但那也是因為我大學時就已經念了很多書，我覺得我準備好了，可以進市場了。

　　我自己有算過，我雖然在學生時期做的打工種類，就只有當救生員跟教游泳這 2 種而已，時間上我也是大學才開始打工，大學 4 年下來，打工賺了 7 萬元，

註 1：也許有些人比較幸運，過年拿到特別多紅包，所以學生時就有足夠資產可以開始玩。但是股票開戶年齡要 20 歲才開始，學生打工起碼也要高中才可以，加上理財專業知識還在累積階段，所以我假設多數人的資產配置會從學校畢業後，開始第一份正職工作時開始。

以兼差性質偶爾打工來講，也算是一筆小錢了。我那筆錢完全沒有亂買東西花掉，我大三就拿去買基金了，成為我最開始投資的本金之一。

也許有少部分人在大學以前就有資產配置需求，你已經很努力地打很多工，有存下一筆錢而且沒有亂花掉，你也已經完全準備好理財知識，可以開始投入了。基於理財的複利效果在時間上愈長愈好，如果你真的那麼厲害，國中、高中就有能力、有錢可以開始理財，那麼我覺得可以先跟父母討論，先用他們的帳戶投資，等成人後再自己去開戶。

股神巴菲特（Warren Buffett）在 10 歲就和姊姊合資買了第 1 檔股票，中學生時代就會送報紙打工跟去雜貨店擺彈珠台賺錢了。等到他大學，他已經存了 2 萬美元了（註 2）。股神之所以為股神，是他連起步都不知道早一般人多遠了。

前面是有關資產配置開始的時機，下面我們可以來探討結束的時機。一般來說，資產配置的主要目的雖然是準備退休金，所以大部分人會把退休那一年當作一個關鍵時間點，但是退休年齡不見得就要設定在一般人的 65 歲，甚至 60 歲。隨著資產規模增大，存錢速度加快，資產價格上漲，很有可能你的資產增加速度比你想的要快，你到時候甚至可以提早退休，或是不退休卻有財務自由，也就是你不需要選賺比較多錢的工作，你可以做你有興趣卻賺比較少錢的工作。

註 2：1950 年代的 2 萬美元有多少？接近現在的 100 萬美元。

以我自己的經驗來看，我在 20 多歲時有模擬過資產累積時序，後來實際情況比原本規畫快很多。因為我後來的薪水比原本預期高，我的投資報酬率比預期高，所以我原本預期我大概 50 歲後才比較有財務自由的機會，實際上我在 40 歲不到（註 3）的時候就達標了。

再補充一個規畫跟實際差很多的經驗。我大學時念理財書，目標是成為彼得・林區（Peter Lynch）那樣的明星基金經理人。其實我那時候完全不了解台灣投信業狀況，我那時候預期，如果我進得去投資業，並順利的話，大概 40 歲～45 歲可以當上經理人，但是實際上我 30 歲出頭就接基金了。

參考上述案例，如果是別的作者，大概開始幫讀者做春夢，說我做得到你們也做得到。我不一樣，我反而是要講，現在不是好年代，現在的投資環境跟投資業的工作環境都更艱辛，你們現在投資或找投資業工作，對未來預期應該保守點。當然，希望是我看錯，大家未來仍然有機會複製我過去的成功。

降低風險為退休時期的資產配置目標

回到正題，我假定退休就是你沒有做正職工作了，也就沒了持續大筆進來的薪水，所以一般而言，在退休的時間點，資產配置會調整到比較低風險的配置，以確保你在剩下的時間裡，你的退休金不至於遇到重大風險而縮水太多。

註 3：編按：上流哥 35 歲就財務自由，40 歲出頭正式退休。

我當然是希望並建議大家存的退休金愈多愈好，但是現實點來講，如果大家可以維持正常生活花費，並有一定的生活品質，那麼最好你的退休金可以支應你這樣的花費，而不是過度撙節，這樣會是比較好的退休狀態。

假設一般人的花費是 1 年 30 萬元，如果你在 60 歲退休，活到 80 歲，那麼退休前存個 700 萬元是一個安全的數字（假定那時投資組合轉低風險，且預期未來資產投報率不高），其中 600 萬元是設算的花費，多個 100 萬元是保險，以防臨時需求，你也可能活得比預期久，也可能每年花得比預期多。

如果你的狀況可以在退休時準備到高於退休花費的金額，以上述的案例來講，你基本花費是 600 萬元，但是你的退休金準備了 3,000 萬元，這個金額就非常穩健了。如果是這樣的話，你不見得需要在退休後把資產配置調整到非常低風險的投資組合，你有承擔更多風險的能力，也因此有機會賺到更多報酬率。當然，這些錢最後也不是你花掉的，你會留給家人或社會。

因為資產配置非常個人化，上述只是個參考，開始與結束的時機點應該你自己判斷，資產配置大致上從開始工作有收入就開始，資產配置的尾聲大致上是你的投資組合已經調整到低風險的狀況了，後面再調整的空間也不大。甚至你要開始考量遺產的分配問題與節稅問題，如果你是高資產者，那麼確實可以在退休後還維持資產配置在較高風險的情況，並且持續調整資產配置，同時，遺產的規畫與分配也是同樣需要考量的。

針對市場現況
設定資產配置比重

(7-4)

　　確認好資產配置開始和結束的時機點以後，下一步就該設定資產配置比重。為什麼要設定資產配置比重呢？我們可以先來看 2 項研究：

　　研究 1》 美國知名投資學者布林森（Gary Brinson）等人曾做過一項研究，他們將 1974 年～ 1983 年間，美國 91 個大型退休基金投資總報酬拆解分析，研究到底何種變數對於報酬貢獻更高？研究發現，資產配置決定了 91.5% 的投資報酬，選擇投資標的則是 4.6%，而選擇買賣時機僅貢獻了 1.8%。

　　研究 2》 先鋒基金公司（Vanguard）在 2016 年研究美國 709 檔共同基金自 1990 年 1 月～ 2015 年 9 月間的月報酬以後發現，在長期分散投資下，資產配置對總報酬率的影響占了 91.1%，選擇標的以及擇時進出對總報酬率的影響只占 8.9%。

　　從上述 2 項研究結果我們可以知道，資產配置對於總報酬率有很深的影響。也就是說，資產配置比重的決定，是你投資中最重要的一件事。

　　一般來說，在進行資產配置時，我們不太可能把資產 100% 放在報酬率最高，

且風險也最高的股票上，也不能把資產全部放在最低風險的資產，例如 100%
全部持有現金，這樣長期也會讓投資報酬率最低，反而陷入危險，讓投資組合
抵禦不了通膨對購買力的侵蝕。

　　我們希望投資組合長期有不錯的報酬率、整體資產的波動與最大跌幅不要太
大，且最好投資組合的報酬率可以超過通膨率，以維持購買力，為了達到這些
目標，我們必須要各種資產都配置一些，讓整個投資組合有著平衡穩健的特性。
有了上面這些目標後，我們就能決定什麼資產要配多少比重。

　　傳統的資產配置大概是 50：50 或 60：40，也就是股票債券各一半的配置，
或是股票 6 成、債券 4 成的配置。這套配置以往執行起來是相當好的，我們可
以依靠較高報酬的股票得到長期較高的報酬率，我們也可以靠標準差比較低的
債券提供報酬率比較低但波動比較小的好處（詳見補充知識）。股債組合起來
配置的投報率，就可比只配置債券的報酬率高，也比只持股股票的波動要低。

　　再來，股票跟債券的走勢如果是負相關，那麼整體投資組合的波動就會更低。
例如 2008 年，美股跌了約 35%，但是這年信用評等高的債券漲了 5.2%。如
果你 100% 持股，那麼當年報酬率就是 -35%；但是如果股債平衡，那麼當年
度報酬率為 -15%。如果你還配置現金，那麼這個虧損就還會更低。

　　前面介紹的是以往的股債平衡配置，不過目前這種配置卻遇到了問題。現在
因為央行大撒幣，所有資產都上漲，導致股債的相關性常常是正相關（詳見圖

補充知識 **股6債4的資產配置，長期報酬不錯且波動不高**

若將資產配置設為「60%美股、40%美債」，則雖然其長期報酬率沒有100%股票高，但是長期仍然有不錯的報酬率，且波動相對穩（詳見圖1）。

根據〈60/40投資組合：路的盡頭？〉（60/40 portfolios: the end of the road？）這篇文章顯示，1992年～2019年，60：40配置可以年均複合報酬率達8.5%，波動度只有8.8%；同期間股票的報酬率稍高，達9.8%，但是波動度高達14.4%。我們犧牲一點報酬率，可以換取波動度大幅下降是划得來的。然後我們看極端情況，100%持股最多可以虧損51%，而股債60：40平衡最大虧損是32.5%，雖然都很慘烈，但是平衡型的投資組合還是相對穩健不少。

而且必須注意的是，60：40配置這邊是包含投資評等比較低的債券，如果你債券配置只持有投資等級債，那麼安全性還會提高更多。

圖1 **股債配置波動比100%股票穩、報酬比100%債券高**
——股債配置vs.100%股票vs.100%債券

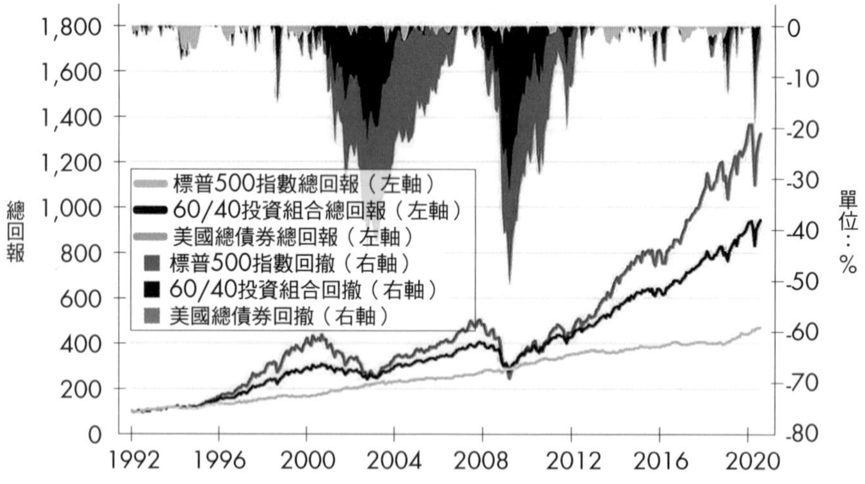

註：1. 統計時間為1992年～2020年；2. 左軸是總回報，是以1991年12月為基期100；3. 右軸是回撤幅度，回撤是指各資產遇到空頭可能下跌的幅度，上面線下的塗色部分就是各資產回撤的幅度。圖中淺藍色（標普500指數）的回撤大於深藍色（平衡投資組合）的回撤，說明平衡投資組合的波動較標普500指數小；灰色（美國總債券）回撤風險很小，沒有跌到10%的　　資料來源：彭博

圖2 美國債券和股票近期呈現正相關
——10年期債與股票的5年滾動相關性

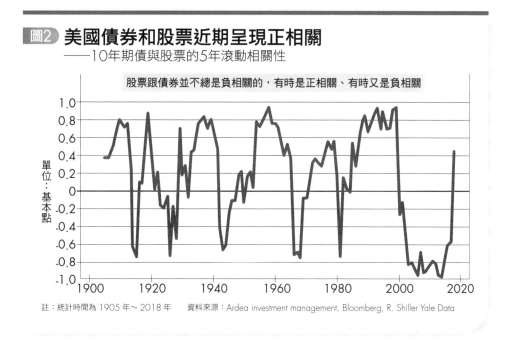

股票跟債券並不總是負相關的，有時是正相關、有時又是負相關

單位：基本點

註：統計時間為 1905 年～ 2018 年　　資料來源：Ardea investment management, Bloomberg, R. Shiller Yale Data

2），這點對於傳統股債平衡的配置來講是不利的。股債正相關有可能股債同時漲，到時也可能股債同時跌，對整個投資組合的穩定性有負面影響。

再來，全世界的資產主要就是股、債、房，現在這三類資產都已經泡沫，評價都很高，那麼如果我們還繼續維持以往股債平衡的配置就不但不穩健，反而會有重大風險。

那在目前的情況下，資產應該要怎麼配置呢？我們可以就債券和股票兩部位配置進行說明：

債券》高風險、低報酬，不建議持有

我們先回到資產的投資價值來看。以 2021 年第 1 季的情況來看，最安全的國債，實際上是實質負利率了。實質負利率就表示名目利率追不上通貨膨脹率，你買債長期會被侵蝕購買力。美國 10 年期債的實質殖利率為 -0.6%，意思是你長期持有 10 年期債，你每年的購買力會少 0.6%。

美債名目上還是正利率的，很多國家的公債與投資等級債是名目負利率，意思是不用管通膨率了，光是持有這些債券，你就穩虧了，可見這資產泡沫到什麼程度。目前全球負利率的債券高達 18 兆美元（註 1），機構法人因為想賺價差或想持有這些資產當擔保品，也許有動機去持有這些債券，但是散戶目前沒有必要去買這些名目或實質都是負利率的債券，因為這些負利率債券潛在風險非常大。

前面第 2 章講過，債券價格跟利率是反向的，假設未來利率往上走，債券價格就可能大幅下跌，尤其是愈長期的債券，因為存續期間長，價格會跌愈多。而安全的投資等級債也會因為債券本身提供的利率就很低，更禁不起利率上漲。所以對投資人而言，目前持有信用評等高的債券是非常高風險的，倒不如把這些錢放台灣的定存。因為台灣通膨率很低（之前通膨差不多 0.5% 不到），你持有台灣的定存（0.8%），你至少還有一點實質正報酬。

那如果是高收益債呢？會不會因為債券的殖利率比較高，所以比較抗利率上

升風險？高收益債目前利差也已經在歷史低點，所以雖然它的殖利率比投資等級債高，但是就只高一些而已。高收益債最大的風險是違約風險，當景氣開始惡化，高收益債就會開始違約，這個風險不見得比投資股票的景氣風險低多少。

你看看 2020 年 3 月新冠肺炎（COVID-19）疫情爆發那波跌幅，高收益債殖利率迅速從 4% 不到飆升到 10% 以上，就可以理解高收益債的價格在市場大跌時也是重創的。

從風險報酬率角度看，目前去買債券根本是超低報酬卻可能有超高風險，所以我目前不建議資產配置裡面配置債券了。也許有人會說，以後會永遠維持低利率，甚至會往負利率方向走，在此狀況下，債券還是有可能比現金高一點正報酬率，債券也還可能會繼續上漲，但這點我持保留的看法，參考歷史，沒有永恆的泡沫，以前的資產泡沫有哪一個沒爆的？

2008 年金融海嘯以來，全球利率確實是持續往下，央行拚命施行量化寬鬆貨幣政策（QE），即使中間利率偶有上升，都很短暫，且利率升很慢，降的時候卻降很快。但是過去通膨都很低，未來我覺得央行繼續量化寬鬆的下場就是通膨，甚至現在是各國政府直接印鈔給人民花用了，未來的通膨風險會遠高

註 1：全球負利率債券之前數字還只有 8 兆美元左右，這 2 年在貨幣寬鬆後又暴增，2020 年末就高達 18 兆美元。當然現在美國長期公債殖利率上去了，現在這數字應該是低一些。

於過去幾年。

目前看到的預期通膨率也持續上升（詳見圖 3），當未來通膨真的上去了，央行為了控制通膨，利率就有可能開始往上，到時持有債券便會是一場災難。所以我建議寧願持有現金也不要持有債券。

股票》屬於長期抗通膨的資產

那麼股票部位的配置呢？我們在第 1 章有提過，股市的評價看席勒本益比（Shiller PE）跟股市市值對 GDP 比，這兩個數值目前看起來都是歷史高點，所以從絕對評價的角度，我也建議股票比重不要太高，20% ～ 30% 就好。

那既然覺得持有股票風險高，為何不乾脆零持股呢？因為泡沫不知道還會漲多久，也不知道會漲到多高。這次是有史以來貨幣最寬鬆的時刻，也就是說，這次泡沫沒有歷史經驗可以參考。史上最寬鬆有可能導致出現史上最貴的資產評價，且基於被動配置的邏輯，不能出清股票，賭股票都不會漲了。

長期來講，股票還是所有主要資產中報酬率最高的，也是相對可以抵抗通膨的資產，我認為可以因為評價太高而少持股，但是不能零持股，零持股賭太大了。況且，如果你覺得評價高了就不持股，其實你很有可能 5 年前就低持股甚至 0 持股了，因為那個時候美股席勒本益比就已經達到歷史高檔的 25 倍，結果過了 5 年，現在（2021 年 5 月）高達 37.57 倍以上了。

圖3 **近期美國通膨預期持續走升**
—— 美國10年損平通膨預期率變化

註：統計時間為 2016.06.24 ～ 2021.06.24　　　資料來源：Federal Reserve Bank of St. Louis，FRED

　　你以為席勒本益比一定不會超過 40 倍，或是不可能高於網路泡沫年代的 40 倍以上嗎？這可不一定。不過，就算是席勒本益比高達 40 倍，我們看本益比倒數，也還是有 2.5%（＝ 1÷40×100%）的獲利率，這個數值，也是遠高於債券了。

　　考量完股債正相關的影響以後，我們還需要再考量利率與通膨預期的影響。利率是資產評價的基礎，當基準利率很低時，我們可以接受資產低一點的報酬率，也就是說，可以接受資產的評價高，這是合理化目前各種資產泡沫的主要理由。但是我們無法保證只要低利率一直存在，資產泡沫就可以一直維持，甚

至我們也無法保證低利率就一定會一直存在。

就算我們可以忍受目前市場的高評價與低報酬率，其實還有一個風險沒計算到，那就是通膨。現金資產雖然安全，但是通膨對購買力的侵蝕是現金資產最大的弱點，我們必須持有抗通膨的資產。

股票和房地產雖然長期是抗通膨資產，但是目前評價都超高，前面也討論過不持有債券，只持有少量股票，那我們還有多餘的資金可以配置到哪裡？黃金是個不錯的去處，我建議可以配置 10% ～ 20% 的黃金來維持資產的購買力，這樣就可以把資產從現金再挪一些去黃金，可以對龐大的現金部位少傷一點點腦筋。

設定好資產配置比重之後，我們還必須做一些細部的調整。7-1 有提到，當我們確定了目標的資產配置後，我們每個月可以用定期定額的方法將薪水投入。然後隨著持有不同的資產價格的波動，資產比重會偏離目標比重，我們就必須定期或當資產比重偏離太多後實施再平衡。

再平衡也是一個重要的後續工作，但是實際上不會花掉你太多時間，怕的是投資人因為受到心理或情緒影響（例如看股票漲就貪了，不想降股票比重），以至於該再平衡時，低買高賣的動作沒去做。

除非你覺得原本的資產比重應該要改變，你才不用再平衡，但如果覺得現在

還不需要改變，那麼這種資產的比重偏離原本預設規畫，就要透過再平衡調整回原本比重。比如說當股票大跌，你的股票比重下滑，偏離原本的目標比重，你就應該要把它加碼回來到原本規畫的比重，而不是投機的想我等跌更多再加碼，或是我想加碼更多，超過比重，這 2 種想法都偏離被動配置的觀念。

除了要定期定額投入和再平衡以外，投資人還必須依據資產增值的狀況調整退休年齡、消費。我們假定你的資產配置計畫有紀律並穩健的執行到你原本預期退休的 60 歲～ 65 歲那天，即使如此，不見得所有的資產規畫都一定可以達到預期的結果。

其實我個人對目前的市場是偏悲觀的，我預期未來的資產報酬率不會高，而且如果你配置不好，你的部分資產會損失於某次崩盤大跌，如此，可能會在你到了原本預期的 60 歲～ 65 歲退休時，還沒辦法累積到目標的資產數。

舉例來看，假設老王在 60 歲只累積到 500 萬元的資產，還不足原本預期的 700 萬元（＝每年 30 萬元花費 ×20 年剩餘壽命＋ 100 萬元緩衝）退休花費，那麼為了保險起見，老王需要多工作幾年。這多工作的幾年對老王退休金的累積會有幫助，因為老王坐吃山空的年數減少了。

我們假設老王延後 5 年退休，多存了 100 萬元，在 500 萬元投資資產不增值的情況下，老王至少有了 600 萬元資產，卻只需要因應 15 年的退休花費（65 歲～ 80 歲）。這時候，老王的退休金只需要 550 萬元（＝每年 30 萬

元花費 ×15 年剩餘壽命＋ 100 萬元緩衝），就已經足夠達標了。也就是說，只要大家將退休時間延長個幾年，就可以大幅改善退休金不足的狀況。

除了延後退休外，老王也可以降低每年消費。如果老王把每年花費減少 5 萬元，那他只需要 600 萬元（＝每年 25 萬元花費 ×20 年剩餘壽命＋ 100 萬元緩衝）就可以在 60 歲退休。當然我個人是比較保守的，我也建議退休規畫要保守，寧願存超過多一點，也不要發現人還沒走，發生錢先用完的窘境。

除此之外，我跟朋友聊天也常講到，現在一代生活比一代難，假如你只存夠你自己退休的錢，你走時沒留任何資產給小孩，你的小孩可能會過得比較辛苦。如果你的財務規畫做得好，你走時還留有餘錢，那麼應該都可以對晚輩有相當的幫助的。

目前資產配置建議偏保守與抗通膨

前面幾章已經介紹了資產配置所需的相關知識，以下我會告訴大家我建議的資產配置比重。在目前所有評價都高的情況下，我認為目前的資產配置比重主要是股票 25%（20% ～ 30% 區間可以依風險屬性自行調整）、黃金 15%（10% ～ 20% 區間可以依風險屬性自行調整、黃金是商品，波動大，無法承受波動就買少點）、現金 60%（主要配置定存與貨幣基金，有投資能力的人可以部分買金融特別股與海外高息股）。說明如下：

債券》風險偏高，不考慮持有

這個資產配置完全不買債，因為目前已開發國家國債是實質負利率，投資等級債負利率狀況比國債好一點，但是那是因為信評低於國債。再來，高收益債雖然殖利率比較可以接受，也高於通膨，但是目前高收債的利差在歷史低點，如果未來市場波動，高收債的風險超高，故也不考慮。

股票》配置 25%

我不賭短期的指數方向，所以願意被動的配置股票 25%。只是因為現在股票

評價是歷史高點，我不建議像以往被動配置一樣配到 50%，把股票配到 50% 以上就真的風險偏高了。

至於該買什麼樣的股票呢？就我的觀察與經驗，多數散戶不具備主動投資的能力，也很多研究顯示專業投資經理人無法打敗指數，研究員、分析師推薦股票勝率不佳，且主動投資需要耗費你大量時間，多數散戶都是上班族，沒人有辦法這樣搞。

散戶現在有很方便又低成本的被動指數工具可用，主要是 ETF，我們配置台股可以買元大台灣 50（0050），或我比較偏好的元大臺灣 ESG 永續（00850，註 1）；如果想買美股可以買 SPY（成分是標普 500 指數），更可以買進全球股票指數 ETF VT，一鍵配置全球股市。

買進全球股市其實也是最具有被動投資的精神，你買進美股或台股其實也有點在選市了，我目前這四個的偏好排序是 VT > 00850 > 0050 > SPY。

買進 ETF 的目的就是低成本的得到市場報酬，從過去歷史來看，可以得到指

註 1：00850 因為持股檔數比較多，且台積電（2330）比重占 30%，相比 0050，更接近加權指數的組成。

註 2：說明被動式投資與 ETF 的資料市面上很多，且我上一本書《上流哥：這年頭存錢比投資更重要》也已經介紹了一些，如果大家有興趣可以去買相關書籍或上網或圖書館借書來看，本書就不多作說明了。

數報酬就已經相當好，而且利用 ETF 得到指數報酬也沒有門檻，所有人都做得到（註2）。

前面提到的 ETF 比較適合一般散戶，但如果你真的是萬中選一的投資人才，那麼你可以主動的選股配置、主動的調整持股水位，甚至加點槓桿，你有機會更快達到財務自由。

就目前的市場情況來說，整體的股、債、房都很貴，但是個別的股票卻有不少便宜貨，可能是因為被動式投資太熱門，ETF 盛行下，權值股評價偏貴，中小型股卻有不少評價仍很便宜。

就我主動投資的角度看，台灣很多便宜的小股票，評價只有 10 倍～ 20 倍本益比，其實很適合配置一部分當成風險比較低的投資組合。但是因為多數人沒有主動選股與交易股票的能力，本書又沒有介紹主動投資的方法，所以只能在這邊稍微提一下。

如果你有選股能力，能選出比市場指數風險更低的股票，那其實現在的股票市場很適合價值投資人發揮。如此，你可以把持股比重再拉上去到 30%～ 40%，在此狀況下，也能把投資組合的風險控制在可以承受的範圍。這些股票肯定還是有系統性風險，也就是說當股市反轉向下時，這些股票也會跌，但是如果你選股沒選錯，價值股應該可以比大盤指數抗跌。甚至這些股票殖利率也不低，只要獲利不要衰退太多，高殖利率就有抗跌機會，就算不如預期抗跌，

表1 黃金相關的8種金融商品——各類黃金工具比較表

項目	黃金（實體）	黃金存摺	櫃買黃金	黃金期貨
標的物	黃金	黃金	黃金	黃金
相關商品名稱和代號	無	無	臺銀金（AU9901）一銀金（AU9902）	無
與實體黃金轉換	N/A	可	可	無
交易平台	銀樓	銀行	櫃買中心	期貨市場
稅	所得稅	所得稅	有所得稅，但無證交稅	台灣期交稅
買賣成本	金飾10%、金條3%	買賣價差：新台幣 1.4%、美元1.0%	買賣價差0.8%、手續費0.1%	台灣期交所100；紐約商品期貨交易（NYMEX）5美元
管理費率	無	無	無	無
槓桿	無	無	無	可槓桿
風險	失竊風險	無特別風險	無特別風險	有價差風險
備註	N/A	N/A	N/A	N/A
適合用途	戰爭	長期投資	長期投資	短期與策略投資

註：1.N/A表示無資料；2.最新數據以交易商公告為準；3.藍底是該項商品的缺點，紅底是該項商品的特點　資料來源：櫃買中心、

公司獲利不要在不景氣時掉太多，那麼每年配息下就可以早點回本。

3-2 提到的特別股也有點投資機會，但要注意金融特別股有可能會因前一年沒獲利，隔年就配不出息的狀況。但是以今年（2021 年）來講，去年金融股獲利沒問題，所以今年的特別股一定可以配息，今年除息前就還算可以投資特別股。這個也是會隨著市場變動而調整看法，最好是有能力看得懂的人再來玩。

黃金差價契約（CFD）	國內黃金ETF	海外黃金ETF	海外黃金礦商基金
黃金	黃金期貨	黃金	黃金類股
無	期元大S&P黃金（00635U）	SPDR黃金ETF（GLD）、iShares黃金信託ETF（IAU）	Market Vectors黃金礦業ETF（GDX）
無	無	可，但條件嚴格	無
櫃買中心	國內股市	海外股市	海外股市
海外最低稅負制	證交稅0.1%	海外最低稅負制	海外最低稅負制、股息稅30%
買賣點差 0.03%	手續費 0.1%	無	無
息費用1%+（買方付利息給賣方）	1.15%	GLD 0.4%、IAU 0.25%	0.52%
可槓桿	無	無	無
無價差風險	期貨價差風險	無特別風險	無特別風險
美元交易	無所得稅問題	N/A	波動比黃金大
短期與策略投資	N/A	適合有海外帳戶的人	適合賭比較大的人

證交所、期交所、網路資料

黃金》配置 15%

每次提買黃金就有人不知道怎麼買，我整理了一下目前可以買的黃金工具，有實體黃金、黃金存摺、櫃買黃金、黃金期貨、黃金差價契約（CFD）、國內黃金 ETF、海外黃金 ETF 和海外黃金礦商基金（詳見表 1）。目前是建議有海外美股帳戶的買海外黃金 ETF（註 3），如果沒有美股帳戶那可以買台灣的上

409

櫃黃金或黃金存摺。但是前者有一點費用，後者有獲利課稅問題。

現金》配置 60%

現金主要大概是擺放在定存跟貨幣基金，我自己則會少點現金，多買些海外的配息股與台灣的金融特別股，我概估年均報酬率有 4% ～ 7% 的空間，但是可能也有 5% ～ 20% 的下檔風險。

現金確實比較不抗通膨風險，但是持有現金最安全，也是一個未來會用到的子彈。等未來資產回到比較合理的價格，手上還有現金的人也才有子彈可以買。所以我們也不是打算一輩子就只持有現金，持有現金是近期不得已的選擇，在風險資產與安全的現金中間，我們寧願不要多冒風險。

7-1 有提到，多數資產的風險與報酬會成正比。我目前看到風險不大又有一定報酬率的東西不多了，多數資產都已經泡沫，都是低報酬高風險了。我們現在寧願去選擇一個比較低風險的投資配置，也不要為了多一點點的報酬率，冒巨大的風險。

當然，也不是永遠叫大家維持一個高現金比的投資組合，當未來如果資產泡沫破裂，資產價格大幅下跌，評價開始比較合理，我們到時候手上這堆現金

註 3：國內黃金 ETF 是投資期貨，跟海外的黃金 ETF 是完全不同的商品，我不推薦。

就可以拿來買便宜資產了，這時候你就知道現金堆那麼多的用處在哪裡了。股神巴菲特（Warren Buffett）這些年也是苦於資產都很貴，買不下手，波克夏（Berkshire Hathaway）現在也是有上千億美元的現金儲備。

第**8**章

現在的世界

從6大分化現象
8-1 解讀現在的政經環境

　　我們的世界正在脫離常軌，脫離傳統經濟學的世界，脫離大家熟悉的運作方式，導致很多人看不懂了，其實這個世界還是在走它走的路，但是這條路是以前少見的路，是新的路，大家用傳統的眼光就看不懂現在新經濟的走法（我先暫稱此新路為「新經濟」）。我在這邊把我看到的新經濟現象——分化的世界，一一列述給大家看。這其中不見得有對錯，世界就是這麼走了，這條路未來方向也似乎是如此。

　　身為投資人，我們首先要去了解這個所謂的「新經濟」，接著我們才有可能去判斷在新經濟的趨勢下，我們的投資策略如何調整與自處。厲害的人也許可以抓到新的機會，我還是相對保守點，我覺得這年頭可以把資本保住就不簡單了。當然，首先你還是得了解經濟的現況。狀況外的人也不是說一定賺不到錢，但是你可能忽視了背後的大風險。以下列舉我目前看到的 6 個分化現象：

現象 1》股市強於經濟成長、經濟成長強於薪資成長

　　從個人感知的角度，我們多數人可能會覺得前幾年至少有幾年的時間，台灣經濟並不算好。假如經濟很好，或是假如經濟跟以前「亞洲四小龍」時代一樣

好，那我們應該是每年薪水都可以加薪、績效獎金或年終不錯，並且外面工作機會也很多，看不爽老闆隨時就可以跳槽，待在公司內也有很多升遷的機會，公司業務在擴展，一堆新部門、一堆新分公司讓你去……。

但實際上大家並沒有這種感覺，找工作很難，想跟老闆提加薪很難，想升官很難，不小心失業，找工作動輒 3 個月，長則半年。如果不憑感覺，看數字，台灣人 20 年來實質薪資所得並沒有增加多少，這點跟大家感覺很切合，但是股市卻不斷創新高，很多人大概覺得不太能理解，也有不少人因此去放空台股指數，目前下場看起來都不是很好，所以首先要了解經濟狀況與股市有分化。

台灣 2000 年～ 2020 年的薪資年增率約 1.11%，從 3 萬 4,031 元增加到 4 萬 2,865 元。但這邊是名目的年增率，我們還必須扣掉通膨才是實質數據。近 20 年的通膨率，參考消費者物價指數（CPI）從 1999 年底的 84.4，提升到 2020 年底的 102.3，通膨年均約 0.92%。也就是說，近 20 年來大家的實質薪水大概就是比原地不動好一點點。

我是 2000 年大學畢業，那一年遇到網路泡沫爆破，我想說先去當兵躲一下不景氣。然後當兵回來 2002 年，好像景氣也還是烏烏。網路泡沫破了後換科技股泡沫持續破裂，我又順勢去念了 2 年研究所，研究所念完 2005 年，還是感覺景氣烏烏。2005 年是 2003 年 SARS 後的 2 年，經濟狀況確實是沒 SARS 時那麼烏，但是真的也好不到哪裡去的感覺，我只能慶幸國立大學研究所學歷，還可以撈到一些好工作的面試機會。

　　等到我開始工作沒幾年，又遇到 2008 年金融海嘯。還好我沒在那時找工作，那時候可是幾乎所有的工作職缺都凍結，甚至一堆公司在放無薪假，求職狀況可想而知。我那時其實操盤績效非常好，但是整個環境暴爛，我也就沒自討沒趣地要求加薪。接著 2009 年，金融海嘯後景氣開始回升。一直到現在，全球經濟仍持續依賴央行降息與量化寬鬆貨幣政策（QE），全球負債（包含家庭、企業、政府）不斷往上衝，央行資產負債表規模不斷的擴大。

　　就我自身經驗來看，我這 20 年來，真的是覺得就業市場與薪資調整得不容易。你一直有一點希望，覺得經濟慢慢有起色，但是卻總是會走 2 步、退 1 步那種酒醉走法，甚至原地踏步。

　　當然我現在對未來更悲觀了，台灣失業率（2021 年 4 月為 3.64%）在全世界算是績優生，不像歐美那種超過 10% ～ 20% 的年輕人失業率，找工作還算可以，但薪資不理想，可說是比上不足，比下有餘。真的不要太抱怨現況，拿台灣跟國外、未來比，現在真的算過得去。

　　從經濟成長率（國內生產毛額（GDP））與股市角度看，你也會發現股市跑得遠比 GDP 快。這 20 年來，台灣年均 GDP 大概是在 0% ～ 5% 的範圍走，平均應該是 2% ～ 2.5% 左右；但我們看股市，台股在 2000 年有見到萬點的高點，今年（2021 年 6 月）台股高點都 1 萬 7,000 點了。這還只是名目的股市指數，台股有除息蒸發，把每年平均約 3% 以上的除息蒸發加回來，漲幅非常可觀。

圖1 受薪階級未享受到經濟成長的果實
—— 美國受僱人員薪酬占國內所得比重

所得比重中，薪水所占的比率持續下降

單位：%

註：統計時間為 1948 年～ 2017 年　　資料來源：U.S. Bureau of Economic Analysis，FRED

　　如果我們去看資料（發行量加權股價報酬指數），從有統計的 2003 年 5,000 點左右，現在已經達到 3 萬 3,203 點（2021 年 6 月 2 日），漲幅 564%，投資台股 100 萬元會變成 664 萬元。你實質薪水 20 年沒啥動，經濟成長率每年 2% 多微幅成長；你工作 20 年調薪沒多少，結果股市從低點到高點漲了超過 500%，是不是有點情何以堪的感覺？所以薪資與 GDP 跟股市都有脫鉤的感覺。

　　上面是講台灣的狀況跟大家的感覺，但是實際上薪資成長與經濟成長脫鉤是全球現象，不是只有台灣這樣（詳見圖 1）。你把薪資年增率扣掉通膨率，其

表1 各國1990年代薪資成長率高於2001年～2014年
——1991年～2014年各國名目薪資成長率

平均薪資年增率（％）	台灣	美國	日本	韓國	德國	瑞士
1991年～2000年①	5.62	3.83	0.75	9.64	3.16	2.66
2001年～2014年②	0.90	2.78	-0.84	4.20	1.92	1.51
兩者差距（②減①）	-4.72	-1.05	-1.59	-5.44	-1.24	-1.15

註：2001 年～ 2015 年台灣平均薪資年增率為 1.01%；原本薪資成長率較高的台韓，在 2000 年後薪資增速大幅下降
資料來源：行政院主計總處、OECD Statistics

實大家這 20 年來的實質薪資都增加不多。

　　以美國和韓國為例，美國 2001 年～ 2014 的平均薪資年增率為 2.78%、同期 CPI 大概年均 1.8% ～ 4%，實質薪資年增率約為 -0.12%；韓國 2001 年～ 2014 年的平均薪資年增率為 4.2%，CPI 年均約 2% ～ 3%，實質薪資年增率約為 1.7%（詳見表 1）。

　　當然國家與國家相比，台灣跟韓國比的實質薪資成長還是更差一點，趨近於零，但是從表 1 也可以看出薪資成長趨緩是全球現象。如果你抱怨這現象卻只在台灣島內找答案，我是覺得你找不到，因為這是全球趨勢。就算你找到解方，也不太可能光是在台灣用對藥方就能解決這全球性問題。

　　所以上述這些內容整理起來就是，「股市強於經濟成長，經濟成長又強於薪資成長」（詳見圖 2），結果最弱的那個才是跟庶民最相關的，表現最好的股

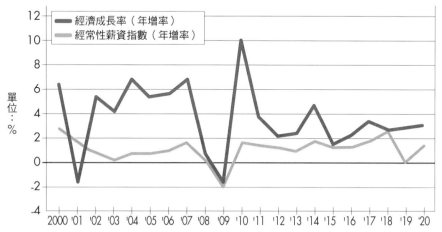

圖2 台灣長期經濟成長率多高於薪資成長率
——經濟成長率（年增率）vs.經常性薪資指數（年增率）

註：1. 統計時間為 2000 年～ 2020 年；2. 經常性薪資指數（年增率）部分，2019 年因行業擴增幅度較大，為比較基礎一致，當年數據不與前一年資料進行比較，此處以零表示　資料來源：行政院主計總處、薪情平台

市跟富人相關性比較大，這樣又導致後面會提到的貧富分化。

現象 2》科技股成長幅度遠勝傳產股

科技股（成長股）與傳產股（價值股）的分化，我這邊的定義是以往比較狹隘的定義，是將蘋果（Apple）、微軟（Microsoft）、臉書（Facebook）、亞馬遜（Amazon）、Google 等科技股視為成長股，另外，我將可口可樂（Coca-Cola）、航空業、油氣業、金融業等傳產股視為價值股。當然，實際上定義沒這麼狹隘，成長股也可以是價值股，傳產股也不見得不成長，但是如

果你把定義放太寬，我們就不是在同一個基礎上討論了，所以請先了解我這邊用比較狹隘的傳統定義。

　　大概從 2016 年年底開始，美國科技股相對於傳產股就開始分化，這個趨勢一直走到 2020 年底（詳見圖 3）。2020 年受到新冠肺炎（COVID-19）疫情影響後，科技股與傳產股的分化更為激烈，科技股的股價與獲利都大幅超越傳產股。從價值投資人角度看，我當然是覺得科技股和傳產股的分化應該遲早要收斂才對，但是這次科技股的出色表現跟 2000 年網路泡沫不一樣。

　　2000 年的網路股有明顯泡沫，很多網路公司只有點擊率，不要說獲利了，連營收都不見得有；但是這次的科技股可不同，微軟、蘋果、Facebook、Google 都有扎實的獲利，甚至連前幾年沒獲利的亞馬遜現在也獲利了（註 1）。這些網路巨頭不只獲利出色，還逐漸壟斷市場。如果全球政府不出面制止，我也認為這壟斷還是會持續下去，只讓這些巨頭會獲利更多。

　　相對地，傳產公司並沒有辦法像科技公司有壟斷地位，市場競爭激烈，甚至網路銷售在侵蝕實體銷售，虛擬的網路巨頭在吃實體傳產業的大餅，傳產業卻

註 1：亞馬遜之前每年都大投資、大支出搞到獲利不出色，但現在只要亞馬遜創辦人傑夫・貝佐斯（Jeff Bezos）願意，隨時有辦法把季獲利擠出來的。

註 2：就好像每次亞馬遜只要新進一塊領域，那個領域就開始翻。比如亞馬遜購併全食超市（Whole Foods Market），進軍生鮮領域，相關競爭者股價就開始大跌。你知道嗎？亞馬遜一開始在網路上只有賣書，現在還有啥沒賣嗎？這是科技革新帶來的分化，就像浪來了，你無法去跟浪對打，你只能順著浪潮。

圖3 美國成長股累積回報自2016年底開始超越價值股
——R1G－R1V的累積回報變化

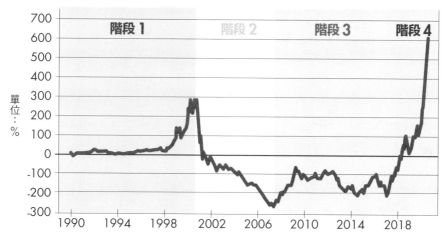

註：1. 統計時間為 1989.04.30 ～ 2020.06.30；2. 階段 1、2、3、4 是以轉折點區分；3.R1G 是指 iShares 羅素 1000 成長型 ETF、R1V 是指 iShares 羅素 1000 價值 ETF　　資料來源：Kailash Capital

完全沒辦法有同等能力來對打，只能看著自己的世界被翻掉（註 2）。

此次新冠肺炎疫情也讓股神巴菲特（Warren Buffett）手上傳產持股大受打擊，去年（2020 年）第 2 季大砍油氣業持股、銀行業股票，砍光航空公司，還好他這次有買到蘋果，光一檔蘋果的獲利就可以抵銷掉其他加總的大虧損。

但我們從這些數字也可以看出，疫情之後，只讓價值（傳產）投資更難了。如果有人喊「價值投資已死」，我覺得某程度上是對的，以前那個狹義的價值投資，只玩傳產股的價值投資，在現在跟未來我都覺得不容易打敗指數。當然，

價值投資的精神——「買長期好公司，買折價又有護城河的好公司」不會死，但是如果你現在避開科技股，你可以選到的價值投資標的就會很有限。

從 2021 年開始，傳產股開始走強，科技股開始走弱，主要原因是新冠肺炎疫苗開始施打，經濟開始重啟，原物料價格大幅上漲，很多傳產的供應端受疫情影響而限制生產能力，如貨櫃產業、木材產業、房地產的供應等，所以這些產業獲利大幅好轉也帶動股價上升。另外，因為利率開始回升，通膨壓力增加，金融股也有不少上漲波段。但是今年（2021 年）這個傳產走強趨勢從過去 5 年看，只是個小波段，如果說因此科技股就弱了，可不見得，科技股只能算是休息，從基本面看，還是不差，未來還不能看太壞。

現象 3》大公司大者恆大

「大公司與小公司的分化」和「科技股（成長股）與傳產股（價值股）的分化」有相關，因為大公司也剛好是前面科技股這幾大形成壟斷的科技巨頭。

參考圖 4，報酬率從 2019 年底起算，2020 年 3 月新冠肺炎疫情爆發，到該年 6 月、7 月，標普 500 指數（S&P 500）的漲幅約 2%，前 5 大巨頭（註3）平均漲了 35%。把這 5 大巨頭扣掉，會發現其他 495 家公司報酬率是負的。

註 3：標普 500 指數的前 5 大公司是指蘋果（Apple）、微軟（Microsoft）、亞馬遜（Amazon）、臉書（Facebook）、字母控股（Alphabet，Google 母公司）。

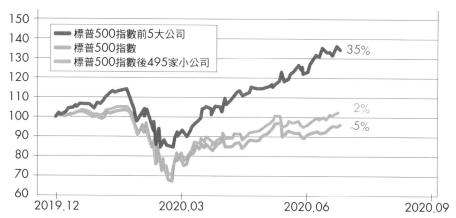

圖4 大公司和小公司報酬率相差40%
——標普500指數vs.前5大公司vs.後495家公司

註：1. 統計時間為 2019.12 ～ 2020.07 標普 500 指數的前 5 大公司是指蘋果（Apple）、微軟（Microsoft）、亞馬遜（Amazon）、臉書（Facebook）、字母控股（Alphabet，Google 母公司）；2. 以 2019.12 的數據為基期 100
資料來源：FactSet，Goldman Sachs Global Investment Research

　　疫情爆發後，因為大公司維持相對強勁的獲利能力與現金流，在這情況下，有成長性、有獲利、有股票買回、有市場壟斷力量，還有什麼比大型科技公司更好的投資標的呢？小公司獲利不行，面對競爭只能困苦掙扎，疫情下現金都不太夠了，不要說買回庫藏股，借錢都來不及了。成長弱、獲利弱、存活有疑慮，大小公司的競爭力與股價在疫情後分化更嚴重了。

　　1960 年代～ 1970 年代有過類似歷史，那時代大家信任藍籌股，覺得大公司就是好公司，只要買入就終生不用賣，熱潮導致本益比飆升到 50 倍甚至更高（詳見 4-5）。不過我覺得這次科技股是扎實的基本面好，不只是評價的提

升而已,我個人是認為有評價偏高的狀況,但還不到漂亮 50 的泡沫。

權值股比較貴的現象不只在美股發生,在陸股也有同樣現象。從圖 5 可以看到,在 2020 年年底時,陸股的評價也是市值愈大就愈高。如何解釋此現象?我個人判斷是 ETF 的熱潮有影響。ETF 的持股基本上跟持股市值掛勾,市值愈大的股票持有比重就大,ETF 熱賣也造成正向循環:ETF 熱賣→ ETF 買進更多成分股→買單增加使得成分股股價上漲→ ETF 持有的成分股表現好使得 ETF 績效更好→ ETF 績效好導致 ETF 熱賣……。

所以我大致上認為,大市值公司漲幅更大,主要就 2 個原因:1. 因為 ETF 熱潮、2. 因為大公司的大者恆大效應。美股科技巨頭壟斷了平台,陸股的科技巨頭,像是騰訊、阿里巴巴等,也是類似。在現在的世界,疫情影響下,大小公司差異更大,大公司更有能力募資並生存,購併並提升市占率,如此就擠壓了小競爭者的存活。

台灣也可以看到類似狀況,元大台灣 50(0050)漲幅大於加權指數,不過台灣主要是受台積電(2330)影響很大,台積電已經占台股市值 31%,台積電業績好就會讓持股權值股的 0050 績效表現好。

現象 4》貧富差距擴大

因為美國的數字好找,我們這段討論主要參考美國數字,實際上貧富差距擴

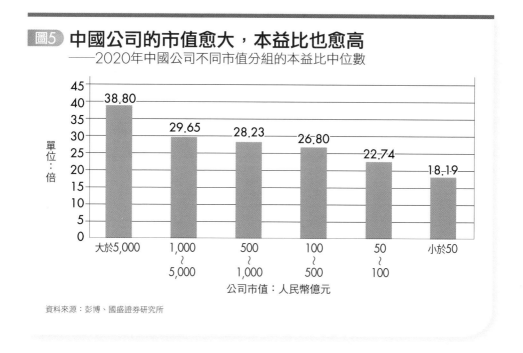

圖5 中國公司的市值愈大，本益比也愈高
——2020年中國公司不同市值分組的本益比中位數

資料來源：彭博、國盛證券研究所

大是全球現象。大概在 1980 年開始，美國高所得家庭收入開始增加的比中等家庭快，而且後 20% 的家庭成長又落後於中等家庭。

類似圖 4，如果把富人再拆成前 1% 跟次 19%，你會發現這 2 組有錢人的分化也很極端。近 40 年內，1% 有錢人所得暴增了 226%，次 19% 的有錢人只增加了 85%。然後隨著所得階級下降，所得愈少的人增加的愈少，一直到最低的 20% 所得的人，只增加了 47%（詳見圖 6）。

如果把整年稅前所得（含資本利得）當一塊大餅來分，前 1% 所得的家庭，

圖6 美國前1%有錢人的所得成長遠勝其他群組
——美國自1979年以來轉移與稅收後收入的百分比變化

圖例：
- 前1%
- 次19%
- 中間60%
- 底部20%

單位：%

226%
85%
79%
47%

註：1. 統計時間為 1979 年～ 2016 年；2. 轉移是指從政府那邊拿到的收入，例如 2020 年疫情免費拿的錢
資料來源：Congressional Budget Office

從 1970 年代占 10%，提高到 2018 年的 20% 以上。然後一樣好笑的是，你再把這 1% 的家庭分前後，這絕大多數所得又是這前 0.5% 的家庭吃走。你看 1% 跟 0.5% 的中間差距不大，但是這所得也是 7 成以上都是前 0.5% 的家庭。即使你是只次於 0.5% 家庭的 1% 家庭，跟前者比又感覺很窮了。

如果不看年所得，看財富總數，窮人更顯得悲催。底部 50%（不是 5% 喔）的人，也就是全民人口的後 50% 窮的人，他們的財富總和連個 3% 可能都沒有。但是前 1% 的家庭擁有財富的 30% 以上，扣除前 1% 的後 9% 靠著人多 8 倍，硬是比前 1% 的富人高一點，不知道該不該笑（詳見圖 7）。

圖7 美國前1%有錢人財富份額和底部50%差距愈來愈大
——美國自1989年以來的總財富份額變化

圖7

美國前1%有錢人財富份額和底部50%差距愈來愈大
——美國自1989年以來的總財富份額變化

單位：%

| 前1% | 次9% | 中間40% | 底部50% |

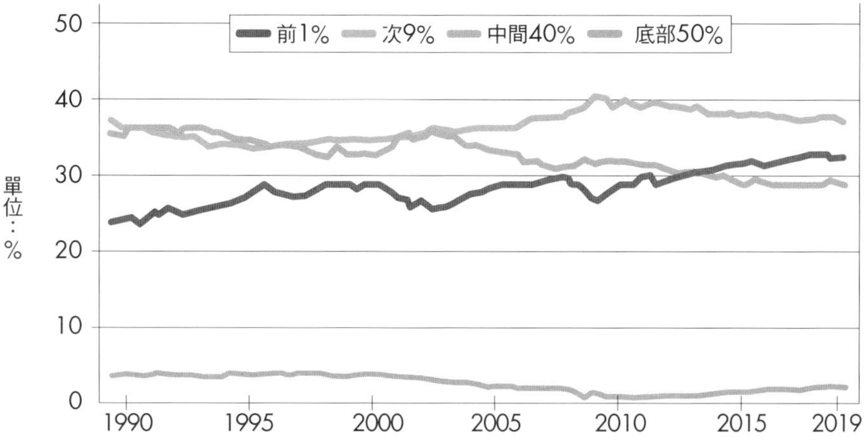

註：統計時間為 1989 年～ 2019 年
資料來源：The Distributional Financial Accounts(2019), Federal Reserve Board

　　美股在 1980 年代開始多頭 20 年，2000 年網路泡沫並沒有讓股市一蹶不振，央行這時開始用低利率，甚至 QE，讓資產價格持續上升。窮人持有很少資產，資產多數在富人手上，當資產價格上升，很自然地，我們就看到有錢人愈有錢，窮人愈窮。

現象 5》政黨政治的對立

　　你看新聞就可以了解，台灣目前的兩大政黨，基本上就是政黨只要在野了，就會扯執政黨後腿，不支持執政黨的任何政策。兩黨幾乎沒有合作空間，連帶

到兩個政黨的支持者也分化嚴重，幾乎沒有中間緩衝地帶，非黑即白，非藍即綠。

當你以為台灣才有這種鳥事時，你看看美國，美國的民主黨跟共和黨也是水火不容。2020 年 2 月民主黨的裴洛西（Nancy Pelosi）在當時的美國總統川普（Donald Trump，共和黨）演講時，直接把川普的國情咨文撕了。當然，在此之前，川普先無視了裴洛西的握手善意。政治不只是政治了，上升到個人恩怨層面了。後來 2020 年 11 月美國總統選舉結束後，川普下台，民主黨還繼續策畫了彈劾，想要斬草除根。雖然川普下台了，但是如果彈劾案通過，他下次就不能參選了，這是歷史上第 1 位美國總統任內被彈劾了 2 次。

此外，政黨分化也表現在施政上面。應該有不少人知道美國沒有全民健保吧？這個問題洞很大。在美國前總統歐巴馬（Barack Obama，民主黨）的時代，努力的搞了一個還不完整的健保法案，結果川普上任後，就把這個方案砍掉了，美國人的全民健保再回到原點。然後類似的搞法，川普任內搞減稅，現在民主黨拜登（Joe Biden）上任，又要把稅加回來。如果一個施政都無法持續，隨著政黨變動而變動，那麼這個國家哪來治國的長期策略與方針？

然後再看美國的投票，兩黨的支持者也是水火不容的。這次川普敗選，並不表示大家比較喜歡拜登，有很多人投票很類似台灣人投票邏輯，不是因為我喜歡拜登，所以我投拜登，而是因為我就是不希望川普選上，所以我要投拜登。台灣人最近幾年也常含恨投票、投賭爛票，大家現在不是選好的那個蘋果，而

是選不爛的那個蘋果。

　　某種程度上，我覺得現在全球的民主制度愈來愈民粹了，施政方向也愈來愈無法反映多數選民的希望，而是偏向資本家去了。你看看現在的央行決策，把股市擺第一，卻把通膨控制的順位放在後面，寧願一直降低利率拉大貧富差距，也不敢動資本市場一根毛。

　　不只是台灣、美國，你往更多國家看，你就會發現政黨對立在加大，不同看法間的差異無法弭平，不同意見無法溝通，民主制度似乎出現了問題。目前的制度沒法解決很多問題，甚至會製造問題，當然，我個人也不知道如何解決這問題，我只能把看到的狀況先拋出來，大家集思廣益。

　　經濟、政治是密不可分的，政治會影響到經濟，最後就會影響到每一個人。比如說去年（2020年）開始全球疫情爆發，疫情控制的好壞就大大影響所有人的生活。未來假設經濟惡化，政治也肯定更動盪，這動盪的政治最後又會影響經濟，讓經濟更惡化，這一點也是我對未來偏悲觀看的原因之一。

現象 6》新冠肺炎疫情導致的產業分化

　　我相信冬天寒流時，大家都有吹暖爐的經驗。暖爐剛吹出來的溫度是很高的，愈接近電器的部分溫度愈高，所以你太靠近還會被燙傷，這情況就變成了「明明就是室內氣溫很冷，結果你居然還手腳燙傷」這看似不太合邏輯的況狀發生。

　　現在經濟就是類似這個狀況，疫情受害股，如國際旅遊業營收冷到冰點，但是疫情受惠股，如線上購物卻熱到過熱、PC（個人電腦）硬體賣到缺貨、包裹配送案件多到忙不完。資產大漲使得有錢人財富暴增，窮人卻連肚子都填不飽，還得上街抗爭付不起房租，快被房東趕出去了。然後美國聯準會（Fed）就像是前面的開暖爐的案例，說你的身體冷冰冰，我必須把暖度再調高點，結果害你的手燙傷了……。

　　所以不要再吵啥經濟好不好了，現在經濟就是有些地方結冰、有些地方過熱，錢在不該出現的地方，需要錢的地方沒錢，貧富差距繼續擴大，這才是大問題。然後 Fed 說通膨只是暫時的、市場沒有泡沫，它們會繼續開印鈔機，維持暖爐在燙手的狀態。你被燙傷，是因為你自己手沒移開，是你手賤，沒人逼你買風險資產，到時候大虧錢也絕對不是央行的錯。

　　到這裡，我把我所看到的 6 個分化現象與現況都整理出來了。我評估起來，這些分化部分是由於科技，還有央行低利率與 QE 的影響。

　　科技的影響讓網路巨頭大者恆大，並且開始壟斷市場，但是這個壟斷是自然壟斷，各國政府有注意到此問題，但是要如何解決自然壟斷可不容易。

　　然後是央行的寬鬆政策影響，各國的 GDP 數字不是很漂亮，股市指數卻一直往上漲，這造成的影響讓富人更加有錢，窮人更加貧窮。因為利率低，窮人存款利息更低，但是富人投資一堆資產，每個資產價格都持續往天上漲，這世

界的資產本來就是持有在少數富人身上，隨著資產價格膨脹，貧富的差距更大了，貧富差距擴大後，世界也變得更動盪了。

近年的街頭運動表面上理由不一，但實際上不就是貧富差距造成窮人日子更難過，一直到某個事件引爆群眾怒火，大家才會湧上街頭，例如 2018 年法國黃背心運動、2019 年香港反送中、2020 年美國黑人佛洛伊德之死，不就是類似的事件嗎？隨著貧富差距持續擴大，我覺得這世界只會愈來愈亂，看不出有啥好轉的可能。

如果資產泡沫破裂，部分分化應該會好轉，但是這樣好嗎？全球央行目前是不允許這情況發生的。我也只是小人物，不知道如何解決這問題，但是現今的政治經濟體系持續在往分化的方向走，分化的情況有可能會一直惡化到暴亂或戰爭才結束，同時這樣的結束會帶給經濟再一次的打擊。

分析4項數據 了解現在經濟好壞

8-2

現在經濟是好還是不好？這是有爭議的問題，有人覺得現在經濟好、有人覺得現在經濟差。但是很多人講的「經濟狀況好」，純粹在憑感覺，像是：

感覺 1》 看到股市創新高，就說經濟好。

實況 1》 其實股市已經跟經濟脫鉤，股市主要是熱錢帶動，而非都是獲利帶動（詳見補充知識）。

感覺 2》 看到今年（2021 年）GDP 預測大反彈，就覺得今年經濟好。

實況 2》 其實是基期效應，因為去年（2020 年）受疫情影響經濟太差，今年就算經濟大成長，也還沒回到新冠肺炎（COVID-19）疫情前的經濟產出。

感覺 3》 看到電動車股票都大漲，例如特斯拉（Tesla）股價大漲 10 倍、台積電（2330）股價 2 年漲 2 倍，以及亞馬遜（Amazon）、蘋果（Apple）、臉書（Facebook）、Google 等科技巨頭，這幾年獲利都非常好，就覺得整體經濟不錯。

實況 3》 其實這部分是股市泡沫造成，疫情也造成科技大受惠，科技巨頭壟

補充知識　股票買回是股市主要驅動力

金融海嘯後，美股的資金面主要是企業買回庫藏股在支撐買氣（詳見圖1）。企業之所以有錢買回庫藏股部分是因為現在利率很低，錢很好借，股市又幾乎只漲不跌，每次回檔都是買點。好康逗相報，你看得到的幾乎美股多數大公司都有買回庫藏股。但是這會有個風險，哪天資金成本上升了，企業無法繼續買回庫藏股了，市場還有誰可以接下來繼續砸錢下去？

圖1 非金融公司的股票購買量逐年上升
──美國公司股票的累計淨購買量變化

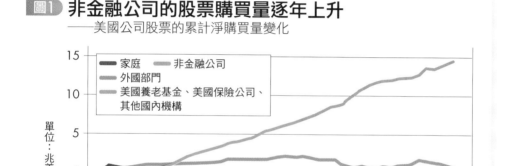

註：1. 統計時間為 2009 年～ 2019 年；2. 其他國內機構包括財產保險公司、人壽保險公司、私人養老基金、聯邦政府退休基金和州／地方政府就業固定福利退休基金　　資料來源：FRB、Haver Analytics, DB Global Research

斷等因素，所以也不能因此說經濟好……。

從上述這幾點來看，光憑感覺其實不太可靠，我們應該就事論事，從數字來看經濟現況，例如我們可以觀察勞動參與率、經濟成長率、製造業採購經理人

指數（PMI）、工業生產指數等數據來判斷現在經濟是好或不好。這邊主要是討論美國數字，因為數字好取得，且美國仍然是世界上最重要、最大的經濟體，美國股市也占世界指數 5 成以上，具代表性。

勞動參與率》自 2008 年金融海嘯以來持續走低

2020 年 3 月疫情爆發，美國失業率最高曾經在 2020 年 4 月達到 14.7%，但是失業率也從那個時候開始急速下降。到現在 2021 年 6 月，失業率已經降到 5.8% 左右。市場預期到 2021 年年底，失業率還會持續下降到 4% 多，非常接近疫情前的 4% 以下（詳見圖 2）。

但是光看失業率是失真的，因為失業率的定義是「想找工作卻又找不到工作的人」，如果有人連找都不想找了，這些人不會被列為失業。很多結構性的失業人士可能因為年紀大了，或是工作已經找了很久、很難找，常常會放棄找工作。這些人其實還有工作的意願與需求，但是他們在失業率的統計上看不到。

除了這個原因，去年（2020 年）疫情爆發以來，大量的失業津貼與各種津貼出現，也扭曲了實際上的失業與就業狀況。例如一家小型公司的員工，如果失業，拿到的津貼比原本工作的薪水還多，這樣當然他就寧願去拿失業津貼，即使他原本可以不用失業的。

然後失業津貼以外也還有其他種類的津貼，雖然我們目前看到領取正常失業

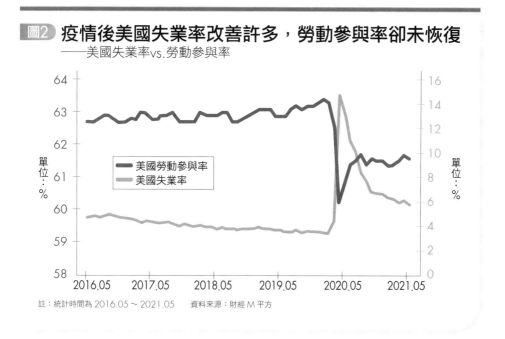

圖2 疫情後美國失業率改善許多，勞動參與率卻未恢復
——美國失業率vs.勞動參與率

註：統計時間為 2016.05 ～ 2021.05　　資料來源：財經 M 平方

津貼的人數在下降，但如果把其他領取類似津貼的人也算進去，其實可以從這些數字看到就業狀況還是很嚴峻，還是離疫情前有段距離（詳見圖 3）。如同前面所說的，失業率因為定義和補貼的關係，會有點失真，所以我建議現在不要太依賴並只看失業率的數字，可以看其他的就業活動數字，這數字會更有參考性。例如我們可以看勞動參與率，這個數字計算勞動力與勞動年齡人口比率，不會被上面失業率的定義所誤導，所以是一個更單純、乾淨的數字。

　　從 2008 年金融海嘯以來，勞動參與率就已經持續下降。其中有些是非經濟因素，如現在學生較少半工半讀、好工作變少、人口結構改變、戰後嬰兒潮世

圖3 美國疫情失業保險、緊急申請人數仍未減少
——美國各種津貼的領取人數變化

我們可以看到紅色柱狀（一般失業請領）在下降，但是其他藍色柱狀（疫情緊急申請）、綠色（疫情失業保險）並沒有下降，所以整體領取津貼的狀況還是在 1,500 萬人左右

單位：人

一般失業請領
疫情失業保險
疫情緊急申請

註：1. 統計時間為 2020.02 ～ 2021.05；2. 紅、綠、藍以外的顏色柱狀統歸為其他　　資料來源：彭博

代老化等，但是即使考慮這些因素，我們也可以看到勞動力狀況在惡化（目前勞動參與率仍遠低於疫情前的 63% 以上）。若將勞動參與率和失業率放在一起比較，失業率看起來自疫情後改善非常多，但是勞動參與率卻相較疫情前有反彈一小波之後就沒有繼續走升了。

　　疫情讓線上與線下產業分化嚴重，這中間會產生不少結構性失業，線下產業的失業並不容易轉移到線上產業，需求人數可能也不對稱，失業問題恐怕會拖成長期問題。且從我看到的疫情資訊來看，我並沒有太樂觀，我認為人類還得跟疫情持續共存好幾年，這樣一來，未來的就業情況還是沒那麼樂觀。

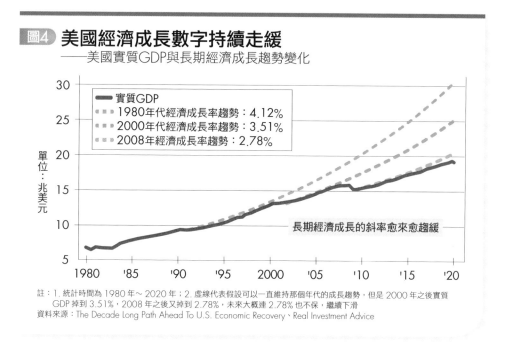

圖4 **美國經濟成長數字持續走緩**
——美國實質GDP與長期經濟成長趨勢變化

註：1. 統計時間為1980年～2020年；2. 虛線代表假設可以一直維持那個年代的成長趨勢，但是2000年之後實質
GDP掉到3.51%，2008年之後又掉到2.78%，未來大概連2.78%也不保，繼續下滑
資料來源：The Decade Long Path Ahead To U.S. Economic Recovery、Real Investment Advice

經濟成長率》走勢愈來愈趨緩

　　經濟成長是由資本累積、技術進步、科技進步、人口增加等貢獻。我們從美國長期國內生產毛額（GDP）的成長數字可以看到，美國經濟成長數字持續下降。1980年代每年還有4%以上的年均成長，2008年後已經掉到3%以下（詳見圖4）。

　　所以如果跟以往3%～5%以上的長期成長數字相比，現在每年只有2%多，根本就是經濟停滯。從歷史角度來看，也就不會覺得經濟成長的很好了。

437

然後經濟成長與企業獲利成長是有相關性的，不太可能經濟成長趨緩了，整體的企業獲利成長還會好。通常長期經濟成長曲線往下走時，企業獲利成長的曲線也會往下走。一旦經濟成長與企業獲利趨緩，員工薪資成長也會連帶趨緩。如果扣除通膨，看實質的數字（像是實質企業獲利、實質薪資）會更低。

大家光看台灣實質薪資 10 年、20 年沒成長就可以理解，經濟成長已經趨緩，員工薪資成長還更緩，實際上的消費者物價指數（CPI）可能還被低估，所以領薪階層其實生活愈來愈辛苦。

此外，如果你從整體上市公司看經濟，其實也可以看出經濟並沒有很多人想的那麼好。從數字上可以看到，目前的企業獲利在疫情影響下，已經從 2019 年底的最高點 144.94 回落到 96 左右，回到了 2008 年金融海嘯前的狀態（詳見圖 5）。

我們是可以把近年獲利下滑歸咎於疫情影響，但是前幾年有好幾個重大影響數也會高估了企業整體獲利，一個是美國前總統川普（Donald Trump）推行減稅，一個是很多公司買進庫藏股，光是這兩個因素加起來就可以讓整體獲利長高 10% ～ 20%。如果我們把這些因素考量進去，這 10 多年的整體獲利成長並沒有你表面看到的那麼亮眼。

此外，目前 5 大科技巨頭（註 1）市值就占了標普 500 指數（S&P 500）的 25% 左右。這幾個巨頭近年都獲取了龐大的壟斷獲利，如果把這個部分扣

圖5 美國企業獲利回到金融海嘯前的狀態
——標普500指數企業總獲利

96.51

註：統計時間為 1871.01.31 ～ 2020.12.31　　資料來源：標準普爾

掉，你只看其他 495 家大公司的獲利會更難看。

ISM 製造業採購經理人指數》供應鏈問題使數值被高估

　　近期（2021 年上半年）美國 ISM 製造業採購經理人指數好到嚇死人（詳見圖 6），但是這其實有部分是定義導致的高估問題。我們先看看 PMI 的定義：

註 1：5 大科技巨頭指蘋果（Apple）、微軟（Microsoft）、亞馬遜（Amazon）、臉書（Facebook）、字母控股（Alphabet，Google 母公司）。

439

美國ISM製造業採購經理人指數（PMI）＝
新訂單×20%＋生產×20%＋從業人員×20%＋
供應商交貨×20%＋原材料庫存×20%

因為疫情使得運籌管理的供應鏈出問題，如港口人員因疫情而無法正常上班，效率降低，導致貨櫃船沒辦法即時下貨，於是貨櫃船塞在港口等排隊。貨櫃從船上下來後，接著運輸到美國內地，這段也因為人手不足與疫情導致效率降低而把櫃子卡在內地。

缺櫃導致供應商配送時間拉長，這點會誤導 PMI 指數。以往正常時候，供應時間拉長常常是因為供不應求，但這次的供應時間拉長，不完全是反映景氣好，而是很大一部分來自供應鏈問題。

除此以外，因為各供應鏈缺貨，連帶會多下訂單（overbooking），這應該也有導致新訂單指數虛高。

順便講汽車晶片缺貨問題，中國晶圓代工龍頭中芯半導體被美國制裁，加上PC（個人電腦）、手機銷售旺的排擠，以及汽車供應鏈都 JIT（Just in time，即時生產），不備很多庫存，以往沒問題的供應鏈，降庫存可以省成本，這次供

註 2：2020 年 3 月疫情剛爆發時 PC 有一波買氣，但是 PC 真的最大買氣來自去年底疫情秋冬爆發。

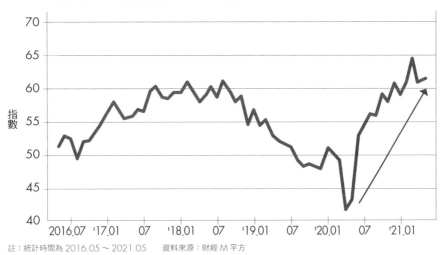

圖6 美國ISM製造業指數不斷走揚
——美國ISM製造業指數（PMI）變化

註：統計時間為 2016.05 ～ 2021.05　　　資料來源：財經 M 平方

應鏈中斷後全部受影響。

台積電（2330）董事長劉德音近期（2021 年 4 月）就說，汽車晶片所需要的較低階晶圓產能，其實全產業是供過於求的，目前中低階晶片吃緊是短期現象，疫情與廠商搶占市占率讓重複下單的情況變嚴重。

從我看到的部分也有類似情形，去年（2020 年）底疫情爆發導致 PC 銷售大增 3 成（註 2），這讓原本穩定銷售量的產業忽然有大的正面衝擊，短期的缺貨讓大家非常看好未來，這又會導致重複下單的問題。

441

圖7 美國工業生產指數與產能利用率仍在低檔
——美國工業生產指數vs.產能利用率

圖例：
- 美國工業生產指數
- 美國產能利用率

註：統計時間為 2016.05 ～ 2021.05　　資料來源：財經 M 平方

上述種種供應鏈問題導致對於未來的實際需求很難判斷，以往景氣高點廠商常常高估未來需求，以至於在景氣反轉時很快就變成供過於求。

工業生產指數與產能利用率》未回到疫情前水準

我們再接著看工業生產指數與產能利用率，這兩者都還沒有回到疫情前的數字（詳見圖 7）。相對於 PMI 是軟數字，是訪問調查得到的數字，說明本月與下月的差異，偏向一個感覺，而非製造相關的實際數字，工業生產指數與產能利用率都是硬數字，也就是說你生產多少就算多少，可信度較高。我目前會更

圖8 各國負債占GDP比重不斷走高
—— 全球政府負債占GDP比重

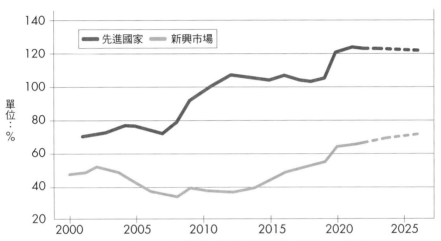

註：1. 新興市場統計時間為 2000 年～ 2026 年、先進國家統計時間為 2001 年～ 2026 年；2.2022 年後數字為預估值
資料來源：財經 M 平方

重視硬數字。

　　從前面幾個數據來看，現在的全球經濟有點像一個多病的病人，各個器官都有點衰竭，但是因為打了針、吃了藥，看起來氣色還不錯，但是那是額外刺激的結果，其實這位病人是迴光返照現象，不是真的身體強健。

　　比如說，全球債務在去年（2020 年）疫情後又繼續創高了，各個主要國家的債務占 GDP 比重也創新高（詳見圖 8）。要知道歐債風暴時，那些歐豬國家負債占 GDP 比重大概就是 100%，結果這幾年下來，負債沒降，還持續

創新高。連美國這種之前體質比較好一點的，去年的大撒錢後，現在負債占 GDP 也往 150% 衝。原本債務占 GDP 比重就世界最高的日本，之前已經達 200%，現在也要往 250% 衝刺，是覺得債多不愁嗎？

負債最終是要還的，所以負債不太可能無限上升，負債太多也會拖累未來的成長，也因為負債都已經太高，幾乎禁不起升息，只要一升息，利息負擔就會暴衝。在全球負債都如此高的情況下，央行沒有升息的本錢，因此有些評論會說央行手上已經沒有工具可用，或是說央行已經進退維谷了（沒法降息，也不敢升息）。

近期，通膨開始上升，去年大發力的貨幣政策與財政政策，今年開始顯現副作用。原物料價格大幅上漲、疫情導致供應鏈的中斷，讓很多產品缺貨、海運運價也因為效率不佳，短期解封後貨運需求增加而運費大增。美國人很多人失業但是卻出現非常缺工的現象，大家寧願領失業金也不想主動找工作，加上已經不好看的勞動參與率，這可能會帶動未來人工上漲。全球的房地產也同時大漲，並且也將帶動房租持續上升（CPI 計入房租，沒有計入房價）。

以上種種因素都會持續推升通膨，但是美國聯準會（Fed）卻認為通膨只是暫時性的。我認為這個想法是個風險，萬一通膨不是暫時的呢？ Fed 雖然說等通膨出來，他自然有工具去對付通膨，但是 Fed 真的有能力升息嗎？升息後暴增的利息支出誰付得出來？升息後資產價格回檔甚至崩盤，這樣還有辦法繼續貨幣緊縮嗎？

我也認為央行目前根本就處於卡住的狀態了，如果央行不肯採取措施面對通膨，投資人在面對這種情況，也只能再想辦法把錢投到可以對抗通膨的資產上。所以我現在建議把黃金配置提升到 15%，其他也可以把現金挪去買特別股或高股息股，這 3 個波動風險都比現金高，但是持有現金你會持續損失購買力。通膨不管是不是央行說的暫時的，只要通膨出現，並且持續通膨，你持有現金就是會持續損失購買力。

很多人會說，長期股市是大多頭，但是歷史上股市創了高點後，也可能 20 年、30 年才回到原本高點，這時候知名經濟學家凱因斯（John Keynes）說的那句：「長期，我們都死了。」更顯得重要。如果我們 30 歲遇到股市轉空頭，也許我們要等到 60 歲才回到股市高點，但是假如你現在已經 40 歲～ 50 歲呢？你確定你有生之年還可以看到股市創新高嗎？

韭菜的自我修養系列

前面 8 章我已經將資產配置所需要的相關知識都教給大家了，最後這邊想再和大家聊一聊我自己對於市場現況的一些感想。

避開投資焦慮症

相對以前，現在投資理財資訊充斥，但是很多人看了這麼多資訊不僅沒有比較容易找到方向，甚至更感覺恐慌了。

先講一個小故事，是股神巴菲特（Warren Buffett）講過的。他說投資就像棒球的打者選球，投手會不斷丟球過來，就像是投資的機會一直過來，你可以選擇要不要打（投資）。如果投手丟一個壞球過來，就像是一個不太好的投資機會，你可以選擇不揮棒（不投資），一直到投手丟一個很好打的球，看準時機你再用力揮棒。

這段話意思是說，你可以看到很多投資的機會過來，但是投資機會有好有壞，你可以等，等到一個非常漂亮的投資機會出現，再把錢丟進去投資。比如說巴

菲特一直持有很多現金部位，每次只要市場崩盤，他就有很多機會可以慢慢地挑選標的。

上次 2008 年金融海嘯，高盛就跑來求巴菲特投資特別股，總價 50 億美元，每年股息 10%，還可以在特定價位轉換成高盛股票，這麼好的投資機會平常可不會有。1 週後，奇異公司也來賣巴菲特特別股，總額 30 億美元，股息 10%，也是可以在特定價位轉換成股票。當市場走空，大家都缺現金，手上有現金的人就是老大了。

不過巴菲特不是一般人，這 2 家公司找上巴菲特，是因為有巴菲特出面，市場就會對公司有信心，這點是無價的。但是那也是巴菲特有現金等著，才有辦法等到這種機會。對於這個比喻，巴菲特還說，投資比打擊更好的是，沒有三振出局這回事，只要你願意，你就可以一直等下去。

我大概在 2000 年前後開始接觸理財，那個時候市場資訊還不夠多，大家都懵懵懂懂地看書、看雜誌。相對於現在，資訊已經非常充足，網路上更是一堆免費資訊，以往不好找的資料，現在網路隨便一搜就一堆。

現在面對的是資訊過剩的年代，我們不是沒資料可看，而是我們得在這麼多資料中找出正確、有資訊價值的資料。以前問人可能還沒多少人接觸過理財，現在你問問身邊的人，起碼也有一些朋友有涉獵。你不用從零開始，問問朋友，順便上上網，可能連書都不用買，就可以累積到足夠的理財知識。但面對一堆

投資理財資訊，似乎讓有些人覺得不把錢投資個什麼東西是對不起自己，會導致自己落後別人，我相信很多人最近有了投資焦慮症。

現在定存年報酬率連 1% 都不到，一堆人急著找標的投資。我就常常被問到：「有沒有年報酬率 3%～5%，然後又低風險的？」我都會回說：「現在沒有這種東西。」如果現在有報酬率 3%～5% 的標的，那肯定風險不低了。美國 10 年期公債報酬率以往有 3%，現在也是剩 1.4%（2021 年 7 月），而且還得注意美國通膨率高達 5%（2021 年 6 月），等於是你買美國 10 年期公債，如果扣掉通膨，你的實質報酬率是負的。

投資機會跟你處在什麼年代有關，1980 年代～1990 年代，你可能光是存定存，報酬率就有 8%。但你處在目前的年代，就是只有 2 種選擇：一種是相對安全，但是報酬率非常低的現金；一種是風險高很多，但是報酬率也只比現金多一些，連風險超高的垃圾債，報酬率也剩 4% 左右。

財富管理的市場一直跟大家行銷說：「你不理財，財不理你。」散戶以往只會傻傻的存定存，現在有各式各樣的投資商品，到處都可能有機會。從相對低風險低報酬的債券到超級波動的虛擬貨幣，你可能 1 年就賺 1 倍以上，但是這麼多的商品也有充斥很多風險。散戶開始理財後，反而是「你愈理財，財愈離你。」去年（2020 年）買原油 ETF 跟反向 ETF 的散戶應該很有感。

今年（2021 年）年初看到一則中國新聞，新基金募集賣到爆，這看著就很

熟悉的感覺，台灣以前 2007 年股市高點也是這樣。台灣現在可能比中國投資人再經驗多點，所以現在散戶比較少買公募基金了。現在不玩個股的散戶，很多大概是買 ETF。

但是我看到很多散戶還是低估了 ETF 的風險，比如元大台灣 50（0050），其本質還是股票，股票就是一種風險與波動都很大的資產。再如元大高股息（0056），很多人以為高股息股風險低很多，其實我之前查了一下 0056 的波動度，大概還有 0050 的 9 成，這表示假如 0050 跌 5 成時，0056 雖然比較抗跌，但是可能也會跌到 45%。0050 最近 10 年報酬率真的不錯，但是這更代表未來的預期報酬率會下修。

很多人現在都只看到報酬率，而忽視風險了，也有很多人是因為定存的報酬率太低，通膨風險又增加，無形中被逼著去買報酬率更高的商品。我在這邊還是想再次提醒大家一下，投資與投機的差異。

舉例而言，我們買房地產，房價 1,000 萬元，每年可以收租金 50 萬元的話，租金收益率有 5%，就算是不錯的長期投資標的，但是實際上目前因為房價很貴，你可以拿到的租金收益率可能只剩 1% ～ 2%，其實吸引力不大，與其拿這種投報率可能還不如就放定存算了。

但是，現在大家實際上還是很熱中於買房地產，為何？因為大家目前都是投機思考了。1,000 萬元的房地產，未來會有人花 1,100 萬元跟你買下，你可以

賺到價差 100 萬元，至於那個收租 10 萬元，相比而言一點都不重要了。你不覺得這慢慢有點像「博傻理論（Greater Fool Theory，註1）」嗎？大家買資產就是只想著加價賣給下一個買家，哪一天找不到買家，這個市場就崩盤了。

不要隨便開槓桿的 3 理由

另外，也有許多人看到現在行情好，就不斷加開槓桿（註2），但這是很危險的事情。我在這邊也要再次提醒大家，最好不要隨便開槓桿，理由有 3 項：

理由1》會死於波動

假設槓桿只有 5 倍，期貨與選擇權可以達 20 倍～ 30 倍。5 倍已經比期貨與選擇權小很多，但是 5 倍也表示如果持股跌 20%，你就吃「龜苓膏」（註3）了。股票 20% 的波動非常常見，而且我也不太相信會開槓桿的人是開槓桿買電信股，而是開槓桿買已經波動很大的股票，這樣是波動的平方。

即使你真的買安全的電信股來開槓桿，但只要有預期之外的事情發生，風險還是很大，這就有點像美國長期資本管理公司（LTCM）的個案了。LTCM 賭公債利差，以往常常成功，風險不大，所以它用開槓桿的方法來放大利潤，結

註1：博傻理論是指人們之所以願意不管東西的真實價值而高價購買，是因為他們預期會有一個更大的笨蛋，會花更高的價錢將東西從他們手中買走。
註2：買槓桿商品不等於開槓桿，你花 1% 金額買 20 倍槓桿的指數風險還是不高，這邊開槓桿定義是你玩到超過資產比重的 100%。

果它以為不會發生的事情發生了，俄債違約，利差暴增，LTCM 因為做錯方向，到了破產邊緣，之後整家公司被美林、摩根收購。法人常會死在沒預期到的風險，散戶更會狀況外，散戶看到的風險可能連法人評估到的一半都沒有。

理由2》有時間壓力

開槓桿可能有利息成本，即使像期貨這種低成本的工具也可能有正負價差問題。也因為槓桿的波動大，你不見得可以拗長期，持有現股可以逆風拗幾年，你開槓桿根本很難長期拗，如果策略不能撐長期就會降低選股與擇時勝率。

你看散戶老是追高殺低，表示他們買賣都是被獲利跟貪婪驅動的，沒幾個人會重視風險。但是投資不是短跑而是馬拉松，散戶希望馬上漲停而不是抱 1 年漲 10%，這種想法常會導致投資失敗。

理由3》容易在高風險的點位放大風險

我不太相信散戶會在股市低點開槓桿，股市低點時，散戶連股票都不想買了，所以高點開槓桿的機率才高。台積電（2330）150 元以下和台積電 500 元以上，哪個價位散戶熱度高？想也知道是後者。

開槓桿就像是高速開車，當你開車慢慢開的時候遇到意外，你有很長的反應時間，可是當你飆到速度 150 以上時，反應時間就會非常短。反應時間那麼短，

註 3：此處龜苓膏是指資產重新歸零。

你決策容易失誤，甚至發呆了一下下，沒決策也會死（註4），而且因車速快、動能大，一出事就死。

再用賽車案例來理解，散戶就像新手開車，對車子不熟就飆車，肯定風險超高；法人開槓桿也許像專業的 F1 賽車，即使是專業，有各種風控與避險，但因為車速快，風險還是超高。法人因為開槓桿而出事的新聞也不少，比如最近的美國避險基金 Archegos Capital 爆倉事件。

依我 20 年的投資經驗與我看過的投資歷史，目前確實是個很難投資的年代，多數資產都泡沫，你用評價去看，多數資產都在歷史的高點，而且是所有資產，包含股、債、房市，且全球化都如此，所以你在地球上很難找到價格合理的投資商品。

我建議讀者學習一下巴菲特的精神，球來可以不打，沒人可以逼你去投資不適當的商品，留住現金才有未來的子彈。也許會有人說，你不投資，錢還是會被通膨吃掉，不過我還是提醒大家，資產泡沫如果破裂，資產縮水的幅度跟速度，那是每年幾 % 的通膨所不能比的。但也不是要大家全部留現金，我建議現在比較穩健的資產配置是現金比重要高一點、有風險的資產比重要低一點。

我經歷過 2000 年網路泡沫，也經歷過 2008 年金融海嘯，我那時候沒研究總經，只玩個股。玩個股的盲點是永遠找得到便宜股票、找得到題材，所以你沒有出場的一天。我在上述 2 次崩盤時都滿持股，因此很可以體會為何高點跑

不了，不只高點跑不了，跌到半山腰時你不甘願跑，然後就沒有然後了。

如果你問 2021 年這次的泡沫跟之前網路泡沫和金融海嘯的差異，論泡沫程度，網路股的泡沫肯定高於目前科技龍頭，不過現在有些新創個股的評價已經快可以比上網路股了。很重要差異點是，前 2 次泡沫是有侷限性的，只有部分資產泡沫。2000 年時，你不買網路股，買可口可樂（Coca-Cola）、波克夏（Berkshire Hathaway），其實還沒那麼貴；2008 年時也還可以買債。現在呢？什麼資產評價是合理的？很少，比以前泡沫時更少。

不過比較起來，你買債，我覺得還不如買股，很多個股還有價值，債券的風險報酬比完全不划算。如果你單看目前高風險的資產，科技股比以前網路股便宜，美國房地產可能相對也沒 2006 年時誇張（至少房貸審核標準比那時候高很多，且還都是有錢人買的），但是如果你把所有資產總和起來看評價，我相信現在是有史以來最高。

但評價高不等於就會跌，出現泡沫也不表示馬上爆，如果市場上每個人都跟我一樣不買貴就不會泡沫。但這不可能，我是極少數，我看到資產很貴所以提示風險，我看到過熱訊號所以提示風險，但是歷史上應該沒多少人可以準確預示反轉點並跑掉，因為你自己就是市場的一部分。當局者迷，所以你不知道你

註 4：網路上看到一個好笑的，「以前炒幣時，只有下跌會賠；後來玩期貨，上漲下跌都會賠；現在玩權證，價格不動都會賠」。

在夢境第幾層。

1930 年代經濟蕭條了 10 年、20 年,使得大家往後 10 年、20 年不碰股票,剛好巴菲特就在這最好時代開始買股,用那個年代當標準,目前台積電可能只有 250 元。1980 年～ 2000 年也算歷史上最大多頭之一,加上 2008 年～ 2020 年的極度寬鬆貨幣政策,參考歷史,會不會後面可能有很長時間,大家不想投資股票了?

我對資產翻多的條件一直很固定,就是等資產回到合理評價,美股席勒本益比在 20 倍以上時我不會翻多,會一直維持低持股水位。因為我經歷過 2 次泡沫,2000 年時資產不多,崩盤時心情還算輕鬆,但 2008 年時就是辛苦 10 年,一夜回到解放前這感覺。有了這次經驗,我覺得這情況不能再發生一次,我一定要提前減碼,所以才有這次看太早的情況。

你讓我遇到史上最長多頭,史上最大泡沫,看空太早也不算奇怪了,我相信有經歷過 2008 年的人比較可以理解,沒經歷過的人,請體諒我這種類似創傷症候群的症狀。然後我希望你們不用經歷這種痛苦,其實也不難,持股 3 成內,多留點現金,你就不會陣亡。

不要賺不是你能賺的錢

我在上一本書《上流哥:這年頭存錢比投資更重要》講過防騙 3 原則,這邊

再幫大家複習一下。防騙 3 原則是指：

1. 不懂不要買。
2. 太好的東西（如高報酬又低風險）就不太可能。
3. 風險報酬對稱。

第 1 條，也是最重要一條是「不懂不要買」。對散戶而言，不懂不要買，就相當於多數散戶只能玩指數 ETF。因為從我的角度看，投資是有門檻的，多數散戶的能力圈是零，能力圈零不表示賺不到錢，而是代表散戶無法在任何操作上打敗指數與市場，如果你有一個策略可以打敗市場，這本身就是非常不容易的（註 5）。

我以往的能力圈是選股與交易，投資台股的年均複合報酬率，每年可以超過指數 5% ～ 10%，但是我的稍強項也就是只有選股與交易而已，其他沒有了。猜短期指數非我強項，我就不會在短期指數這邊重壓方向；原物料股、業績強勢股都非我專長，所以我也幾乎都不買（只有以前操盤為了分散會配置一點）；

註 5：如果要進一步説明「不懂不要買」，這還跟投資 EQ 有關了。我有一個價值群，這個群的朋友過去投資績效不但都很不錯（投資 IQ 沒問題），而且他們還都很有紀律（投資 EQ 也沒問題）。不過因為每個人操作方法不一樣，所以是不一樣的紀律，例如有人的紀律是指數走空時砍股票很快，有人的紀律是堅持價值持股，不會因為不漲就拋棄……。大家都在自己的能力圈做自己的策略，並且有很強的操盤 EQ，不會吃碗內看碗外，過去怎麼成功就繼續維持過去的方法，也許現在用老方法有點逆風，但不會因為現在別人的方法都大賺的就換過去。

選擇權操作、主流強勢股操作、技術面操作我也統統不行（但期貨價差我會玩一點），我幾乎全部注重在價值股選股而已。這就是我的紀律，某種程度也是信念，我相信這個玩法最安全，短期績效即使輸指數也沒關係，長期我會賺到我該賺的錢。

　　散戶投資就比較像是追逐流行，什麼漲就買什麼，從來也沒想過你自己玩這些股票到底長期勝率怎樣？不是你這次玩有沒有賺到錢的問題，也不只是長期有賺到錢就 OK，你亂玩時這方法要長期可以打敗指數，這玩法才有意義，不然你買指數就好了，幹嘛那麼辛苦，報酬又輸指數？

　　我猜有人前年（2019 年）去跟著存金融股，去年中（2020 年）改去買台積電，今年（2021 年）上半年資金又回到傳產股、塑化、鋼鐵了，散戶又改當航海王、鋼鐵俠。這樣子換來換去表示其實你自己沒有個操作邏輯，你只是不斷地追熱門股而已。

　　追熱門股通常是可以馬上賺錢（除非你衰到跟到最後一波），但是長期追熱門股的散戶應該是虧錢機率比較高（註6），因為熱門股在高點反轉時會虧到，而且散戶會在熱門股股價低時賣掉。有時候硬拗的一派還比較好，比如存金融股，今年（2021 年）上半年又還不錯了，股票換來換去反而是最慘的。

　　「認命地不賺不是你賺得到的錢」，這就是紀律。不是我們不想賺，而是我們想賺超過能力圈的錢時，就有可能冒巨大的風險。就像是強項在內線的 NBA

球員，不會想在外線跟柯瑞（Stephen Curry）一樣丟 3 分球。是有可能你在 3 分線丟得進，但是長期期望值肯定划不來的。

市場熱時，賺到錢的股神也多了。你看到這麼多賺錢的故事就會想說：「我是不是也做得到？」我幾乎可以保證，多數人做不到。多頭賺錢案例多是理所當然的，若是想要參考成功案例，最好是找有經過景氣循環考驗，如經歷過 2000 年、2008 年的股市大跌還可以存活的。

如果是近 10 年的成功案例請小心點參考，這 10 年多數時間都走多頭，根本無法考驗你的風控能力。這 10 年內的空頭也不算是空頭，頂多就是回檔。2008 年股市下跌的強度是這 10 年內回檔幅度的 3 倍以上，2000 年股市下跌的強度是 5 倍（話說現在美股席勒本益比又要追 2000 年高點了）。不知道你遇到大點的空頭，長點的空頭會不會翻船？

對散戶而言，你應該要有的投資 EQ 是知道自己只能靠指數 ETF，獲得長期平均每年 5% ~ 10% 的合理報酬率，什麼航海王、test520，甚至麥克風大的玩法，多數散戶學不來。你可以稍微試試，但是試過之後你就知道看別人做很簡單，自己不見得做得來。

雖然我認為散戶應該玩 ETF 就好，但我其實也一直鼓勵散戶可以試試主動投

註 6：很多大戶炒股就是追強勢股，但是散戶與大戶的區別，差在散戶追得晚，又不停損。

資。如果你有想到一套操作策略，你就去試試看，但是不要把比重拉太高，也許3成內資金（也就是原本就要投入股票的資金的3成）主動操作就好。如果你是萬中選一的投資人，那麼你可以因此比指數多賺一點報酬率，但多數人應該是不只指數報酬沒賺到，還會因為主動交易而遠遠輸指數。

對絕大多數人而言，能讓你財務自由的路不會是只靠投資，努力存錢並且想辦法提高自己的薪水，這才是多數人可以在45歲～50歲前財務自由的方法。等你達到財務自由，這時本金夠大，投資績效的被動收入才會有分量。現在一堆人整天想光靠著投資就財務自由是不切實際的，不知道今年以來又有多少人轉專職投資人了……。

分析3種財富自由的定義

前面是比較偏操作面的感想，以下來聊聊心理面的感想。在網路上看到一篇文章，目前在中國一線城市，像是北京、上海等，實現財務自由約需人民幣1,900萬元的資產（含房產）。換算成新台幣的話，那也是要快8,000萬元了。在台灣，一個正常人生活個50年，每年花個50萬元～100萬元（很奢侈了），都不投資，坐吃山空，也只需要2,500萬元～5,000萬元就夠了，所以我覺得8,000萬元的標準有點高。

當然這種文章都有點是理財機構的廣告宣傳文，我自己看了不少資料，財務自由其實沒有明確定義。我也看過有人酸我資產2,000萬元就財務自由的定義，

他們覺得在台灣，2,000 萬元不夠退休，問題是，我的財務自由定義不是退休啊……，所以我覺得可以跟大家討論一下什麼是財務自由。財務自由的定義約莫有 3 種：

定義1》F.I.R.E.的4%原則

國外很流行「F.I.R.E.（Financial Independence and Retire Early）」，中文簡單翻譯成「財務獨立、提早退休」。F.I.R.E. 有個 4% 的財務自由規則，也就是你每年的花費除以 4%，就是你財務自由的資產金額。

如果是像我這種很節省的人，每年花 25 萬元（不出國時的年花費），那麼依據 F.I.R.E. 標準，我只需要存到資產 625 萬元（＝ 25 萬元 ÷4%）就達到財務自由。如果你的花費很奢華，1 年花 100 萬元，那麼你就需要 2,500 萬元（＝ 100 萬元 ÷4%）才可以財務自由。

從這 2 個案例來了解，你年花費愈少，你愈有辦法累積到財富自由的資產金額。當然，F.I.R.E. 也是會把資產持續投資，如果你可以每年有 4% 以上的報酬率，則你的資產在每年花掉 4% 時，就不會縮水。

不過我個人覺得這個「4% 規則」很冒險，有 3 項原因：

①因為均值回歸的關係，如果前10年～前30年、40年的市場報酬率非常好，未來 10 年～ 20 年的預期報酬率會很低，4% 報酬率可能會變成奢求。

459

②就算年均 4% 報酬率可以達成，從歷史上來看，市場也是很波動的，可能過去 2 年年報酬率都 3 成，隔年變成 50% 虧損。你假如資產忽然縮水一半，你還是花 4%，你有可能把年花費砍半嗎？恐怕不容易吧。

③這個 4% 規則的緩衝也不夠，未來的經濟可能波動會很大，你勉強達到的資產規模還不夠你遭遇 1、2 次事故，也許你忽然生一場病，或哪裡急需一筆錢之類的。所以對比 4% 規則，我會建議大家用 3% 甚至是 2% 規則。若用 2% 規則來看的話，以我來講，當年花費 25 萬元時，我要資產 1,250 萬元（＝ 25 萬元÷2%）才可以財務自由，再多點預備空間，就變成 1,500 萬元。當然，如果標準太高，搞成達不到的目標，那這樣也會失去意義。

定義2》資產永遠比欲望多1元

我還看到一個有趣的財富自由定義：「如果你可以維持資產比欲望所需的花費多，甚至只需要多 1 元，你就財務自由。」這個定義其實比較從心理層面，甚至宗教層面去討論錢財的意義了。

金錢如海水，愈喝愈渴。賺錢哪有足夠的那天，當你賺到 100 萬元後，你會希望有 500 萬元，當你賺到 500 萬元後，你會希望資產上千萬元，然後是上億元、上十億元、上百億元、上《富比世》（Forbes）富人榜……，我幾乎沒聽到幾個有在投資股票的人說賺錢有賺夠的。

也因為人都是追求無限的財富，所以你常常可以看到有些個案，明明就已經

很有錢了，卻因為沒有停止對財富的追求，最後一個不小心反而讓財富蒸發了。比如說美國避險基金 Archegos Capital 的韓裔經理比爾·黃（Bill Hwang），他的資產在 8 年內從 2 億美元增加到 150 億美元。一般人覺得給我有新台幣 1 億元就夠了，或是中個樂透賺個幾千萬元就夠了，與之相比，比爾·黃已經是非常富有了，卻仍持續不停追求財富，而且是用風險很高的方法在投資。結果這次他操盤的避險基金爆雷，資產就算沒有虧成零，少掉個百億美元以上也是免不了了。

不過我跟大家保證，你們現在之所以會覺得有個 1,000 萬元就滿足，就恰恰是因為你離這個目標還非常遠。如果你真的靠投資賺到了 1,000 萬元，我保證你不會停手，你會繼續靠投資賺下去。你會心想，我可以靠投資賺到 1,000 萬元，為何不繼續往 1 億元的路上走呢？為何要停下來呢？也因為投資的路上沒有人會見好就收，所以我常看到的是賺到大錢後又大虧掉的案例。

很多人常把投資的好運當成實力，但是如果你不能見好就收，你投資久了，你一定會遇到逆風，可能這個逆風一次，就吹垮你 10 年、20 年的投資成果。

定義3》有換工作的自由

我自己對財務自由的定義比較質化，我認為可以自由選擇你喜愛的工作，就算是一種初階財務自由。我覺得財務自由不是不用工作，也不是可以馬上退休，比如說我雖然現在不做正職工作，沒有正職收入也沒問題，但是我還是會去做點事，如寫書、寫稿等，既可以對大家有理財的提升幫助，自己也可以賺點現

金流。我概算了一下，我前 2 年的收入大概可以抵前 2 年的花費，雖然收入比以前的正職工作少很多，但是我現在不會覺得在浪費生命。

人生只有一次，你自由的時間這比錢財更實貴，以前每天在公司看到一個苦瓜臉跟一個巫婆臉，我都會覺得我實貴的人生為何要耗在這裡？為何我明明就資料都看完了，我還得假裝盯螢幕，只因為後面那個巫婆整天想抓我的毛病？還好我這人就是夠優秀，不管是出缺勤還是報帳方面都完美到抓不到問題。甚至最好笑的是，總經理拗我下基金的當時，我是公司國內部績效最好的，如果我是績效爛的時候下基金，那可就難看多了。

因為工作是一個人一生中花最多時間的地方，所以我認為工作開心與否非常重要。如果你可以有份讓自己開心的工作，你覺得你的工作對世界有貢獻，不是在浪費生命，還可以讓你交到好朋友、有趣的朋友等，這便是一份好的工作。但是很多人常覺得自己是被迫工作，只為了那份薪水，當你累積了足夠資產，覺得不用再被這份薪水綁住，可以做薪水比較低但你喜歡的工作時，就算某種程度的財務自由了。當然，也有少部分人是做著自己喜歡的工作，薪水又很高的，但我相信有更多人是為了薪水才不甘不願工作的。

雖然我對財務自由定義沒有在資產數字上有嚴格標準，但是這個定義也是達到一定程度可以完全不工作的資產數了。只不過我認為人生在世還是要加減做點事，這些事可以對人類有貢獻，讓你有存在的價值，且經濟上有價值的東西與服務通常也會有收入，我們順便賺點現金流。

所以不需要把退休、不工作，定義成財務自由，而是把有選擇的自由，例如去做薪水比較低的快樂工作當成財務自由。這個標準所需的資產數比較低，這個標準也同時考量你真的有一個過得開心的生活。如果你汲汲營營想賺大錢，也一直為了賺錢而不開心，那麼你賺再多錢也達不到我這財務自由的標準。我的理財觀一直是跟著人生觀、消費觀掛鈎的，我也認為你後兩者出問題，你理財觀大概也會有問題。

從投資人的角度看，或是從工作生涯的角度看，我相信多數人很難見好就收。就如同我一位前同事，他明明已經有兩戶房，但是他又為了一點點的薪水，做著沒啥營養的工作（這裡不講太明，這工作公司需要有一個人去做，但是做的那些事對世界沒貢獻，對自己人生沒幫助的，然後還常常被長官罵……）。

從我的角度看，我就覺得那位前同事幹嘛硬要去領那份可有可無的薪水，然後還抱怨常被長官罵？你明明就有更好的選擇，你完全可以不要這份工作，你卻因為工作久了習慣，或是不想沒事幹而選擇留在公司，平白的虛度光陰。我前年（2019 年）離職就很決絕，因為我知道我的人生要什麼。當我被下基金時，我就知道時間到了，該離職了（註 7）。

此外，我這幾年投資上也變得偏保守，除了對於目前充滿泡沫的市場不看好

註 7：我這段講的前同事，近期（2021 年中，才 50 歲出頭）退休了，我不確定是不是我寄了本我的書給他的關係？哈。

以外，我也覺得我的資產已經足夠，多冒風險對我來講弊遠大於利。我這人就是不管資產多還是少，每年花費其實差異不大，我不會因為賺多就花多，就算賺再多，那些錢最後也只是變成遺產而已，我還不如操作穩健點，這樣我的心情才不容易被市場起落影響。

所以我覺得，對於很多人來說，不是你的錢不夠，不是你沒有財務自由，而是你太貪心，或是還沒想通你的人生，才會導致你被錢控制了人生，而不是你控制著金錢。

降低物質欲望很重要

前面是有關財務自由的定義，接著可以來聊聊，賺多少錢會快樂？其實我覺得平均而言，有錢肯定比沒錢快樂（註8）。但我常講，錢花不完只有2種情況，一種是賺很多，一種是花很少。投資致富需要時間，甚至拿高薪也不是多數人可以辦到的，尤其是大家的年紀多數是都已經開始工作，我也很難叫大家砍掉重練。

高學歷跟高薪是有正相關的，所以當大家能改變的地方不多時，我比較偏好大家改變心態。不只因為你做得到改變心態，且這樣做才是最有威力的調整。

推薦一部影片給大家，《你需要賺多少錢才能快樂？》（How Much Money Do You Need To Earn To Be Happy?）。其中有7項重點：

1. 人們總是要得更多，無論你現在狀況如何，所有人都想比現況好。

2. 鄰居有的，我也要有。

3. 金錢帶來的快樂是短暫的，你一下就會習慣。

4. 金手銬是用來形容收入不錯，但是你很討厭的工作。

5. 怎麼用錢影響你的快樂程度。

6. 有錢人相對普通人的快樂其實只有多一點點，因為有錢帶來的煩惱，會降低他們快樂的程度。

7. 不要把錢花在買東西，而是花在你的人際關係上。

大家有沒有發現，這幾項重點和我前面講的有重疊。理財觀、人生觀跟消費觀都是相互影響的，有好的消費觀、人生觀才會有好的理財觀。很多美好的事物是不花錢的或花很少錢的，陪伴家人、爬爬山、騎腳踏車、健身房訓練、上網、看片打咚咚等。如果你只看到你沒有的，其實你忽視了你有更多的東西。

然後你很可能把生命浪費在沒意義的東西上，我覺得我每年花 30 萬元就已經過得很快樂了，但我相信有人每年花 300 萬元還是得不到快樂，很多是你心態的問題。我建議可以多看些簡樸生活類的書，我大概高中就接觸這些書了，可能也跟我個性有相容，我物質欲望沒有很大，幾乎 10 年、20 年來沒有過很想買的東西。

註 8：學者研究，美國年薪 7 萬 5,000 美元的人最快樂，台灣可能會是年薪 80 萬元～100 萬元最快樂。

不過我看有些朋友會心想，如果有錢他要買什麼包包之類的，或是男生總會想買車、跑車、重機等，心裡永遠有一張購物清單。我自己很少這樣，如果我有想買的東西，肯定是東西快壞了或要滿足某種功能需求，比如 NB（筆記型電腦）電池老化了，效率變差，我就會想換掉；冬天時我去買了電毯，因為電毯的保暖效率比暖風扇高。

以前到現在，我房間裡最多的東西是書，其他就很少了。我大學宿舍的房間只有一張床、一張書桌、一個櫃子，家電就電扇跟音響。我現在其實也沒差太多，主要電子設備就一台 PC（個人電腦）、一台 NB、一支手機。

我弟曾經在考上大學時跟我媽要高級音響，花了 20 多萬元，結果使用率並沒有很高，中間也壞了好幾次，修了不少錢。花這種錢真的很莫名，我始終不覺得音響高級就會讓音樂好聽，音樂好聽重點不是音質，而是歌詞和弦律。就像以前玩超級任天堂，那種畫質還是玩得很開心。現在畫質比以前好太多了，但是很多遊戲玩 5 分鐘後就不想碰了。

如果你問我，會不會想賺更多錢？答案當然是會，但是我活到中年，我知道錢對我的意義是什麼，主要不是拿來花，是成就感，是安全感，不花在自己身上也可以花在社會或其他人身上。「馬斯洛需求理論」最高級的「自我實現需求」（註9），某些程度上，其實也可以用錢解決。當你累積到一定程度財富像比爾蓋茲（Bill Gates）一樣，燒自己的錢為人類、為地球做事，應該就很有成就感。

　　就像我對我朋友大胖說的，重要的是你現在走的路的方向是正確的，也許你往目的地的速度比較慢，但是只要你方向正確，你肯定是往目標愈來愈近（他最近第一次人生沒有負債，把銀行的信貸還清了）。另外一個朋友阿文，靠每月不到 4 萬元的薪水在 5 年～ 10 年內存了超過百萬元，我也滿讚賞這樣的自律，這絕對不容易，現在能做得到的人不見得有多少。

　　投資理財也最怕你急，一急就會想開槓桿、亂操作、追漲，正確的心態其實不容易，連我都有時候賺多了也會迷失，所以結論是大家要常來我的粉絲團，讓我潑潑冷水及時清醒一下（無誤）。

投資理財的關鍵在於心態

　　其實就我這幾年的經驗來看，對於投資理財來說，操作是一部分，更重要的是心態。最近跟一個已經財務自由的友人 W 聊天，他淨資產約 5,000 萬元（含房），但是他還是有點焦慮，覺得錢不夠。我覺得這是比較心態來的，之前講過，沒什麼比你的鄰居大賺更讓人崩潰了。整天聽身邊友人大賺，肯定有自己愈來愈窮的感覺。

　　在台灣，就算資產有 5,000 萬元還不算有錢，但這筆資金要讓一家生活與自

註9：馬斯洛需求理論由低至高為生理需求、安全需求、社交需求、尊重需求、自我實現需求。

己夫妻退休應該是有餘裕了。我反而是認為,如果 W 這時候看到別人都賺錢,心態偏了,把持股比重拉高,才會危及到他的退休計畫。假設他現在投資很保守,那麼頂多就是少賺,但是如果投資很積極,有機會多賺幾千萬元,也可能因此多虧幾千萬元,後者的結果是不能接受的風險。

　散戶不是投資業的人,沒有必要跟指數比績效,沒有必要跟朋友比資產。投資只需要看絕對評價,找不到合理評價的標的就不買,耐心等到好價格出現為止。被動投資、價值投資觀念其實都不難,但是真要實際下場操作並且堅持信念,那又不一樣了。

　我的粉絲團最近有位酸民都會來留言說我的持股比重太低,被指數績效電。我回他說,基金經理人才得被迫滿持股,並且跟指數比績效,一般人哪需要這樣比,你覺得市場風險高了,不想多冒風險,你就想低持股,為何要腦袋很硬的滿持股冒超大風險只為了跟指數比?

克服人性 2 大弱點

　投資其實跟人性與投資 EQ 有很大掛鉤,有時候投資失敗不是投資 IQ 問題,而是投資 EQ 問題,投資帶出來的驕傲與嫉妒這 2 大弱點,則可能會導致人生面臨重大失敗。也就是說,你可以投資很成功,但你因為驕傲與嫉妒,你人生失敗了。這又呼應了我之前講的,人生觀跟消費觀、理財觀有密切關係,三者缺一不可。

很多人投資賺錢後就會開始飄，開始膨脹自己，開始想讓大家知道你有錢、你厲害，開始把別人當白痴，然後很愛用當下結果論跟你辯。比如在股市中賺到上億元的人，假如你賺不如他，他就會說你的方法不如他，因為結果論是你賺輸他。

如果真要比結果論，那我只信巴菲特，有人可以長期賺贏他，再來跟我說你的方法遠勝價值投資，我再考慮要不要參考你的方法。而且每個人操盤條件不同，操縱市場肯定有髒錢可賺（台灣市場也不太抓），價值投資人不會賺，也不想賺這種錢。

另外，開槓桿程度不同，風險不同，勝率也不同。你把槓桿拿掉，多經歷幾次循環，你長期還打敗指數，那才是真的。如果你是因為賭大和開槓桿賺到大錢，你只有順風操作的經驗，其實你還沒經過考驗，也許你只是風口上的豬。

這幾年在股市中有賺大錢的人可以想一想，這幾年有沒有因為你飄了，口不擇言得罪了人，甚至是傷害你身邊的好朋友。有錢不是一切，你得到的不比你失去的多。愈是賺錢你愈陷入賺錢的狂歡情緒，愈變成錢的奴隸，連沒操守的事都做了，只因為這樣可以讓你賺更快點，你人生的順位可能迷失，變成賺錢第一，你滿腦都是錢，你根本不知道這時你失去了什麼。然後你最好保證永遠順風，因為逆風時以前得罪過的人會來婊你。

即使你好的時候沒有搞別人，光是眼紅你的人就很多了，你的成功就是一種

原罪。就像是我某前主管忿忿不平的講，為何我因為績效好就不用買IPO（新募集）的新基金？關我鳥事，妳去怪公司啊，公司沒罰則，只有暗地拗，妳也可以不買啊！遷怒我有啥意義？搞不清楚究責對象，邏輯能力應該也有問題。

像因為這種鳥事得罪人的狀況也會發生，你怎麼做？因為有人眼紅你所以刻意把績效弄得跟她一樣爛？來不及了，有這種心眼小的人，她會記仇很久，總有一天等到你逆風來弄你。像這種案例是你都沒惹她了，她還是對你不爽，更別說是你順風時嘴巴上，甚至行為上損到人了，這種情況，她在你逆風時弄你也是剛好而已，這些人嘴上酸你正常無比，沒有這時踢你一腳都算好人了。

這些人性弱點不是只有投資時才產生，在學生時代的考試排名、在打球時爭求勝利，在工作生涯的升遷競爭都會遇到。華人的智慧是保持低調、保持謙虛，這是有原因的。滿招損、謙受益不只表面上的好聽而已，人生順風時眼紅你的人也會多，即使你謙虛，肯定還是有人眼紅你，等著弄你。但相比之下，肯定比你狂妄下亂得罪的人數少很多。

我也曾經很長一段時間績效很好，我可以體會那感覺，你會飄，有無敵的感覺，但即使你控制自己情緒控制得很好，即使你啥都沒做，莫名還是會有人覺得你狂妄。當然多數人是真的狂了，我每次週會檢討績效，都會注意到績效好的同仁眼中有光，音量也大了；績效不好的則聲音變小，語速加快，希望趕快混過；只有極少數的人可以勝不驕、敗不餒。這是人性，真的只有少數心胸大並有大智慧的人可以避開此扭曲心態。要做到勝不驕、敗不餒非常難，能夠在

表面上裝謙虛的都不容易了，能夠在別人落難時不酸一下，只在心中竊喜就不錯了。

眼紅則是驕傲的另一面，有時候眼紅讓我們做出出格的事情。比如社會新聞有過，同學嫉妒朋友比她漂亮、更受歡迎，結果情緒失控，跑去毀人家容。我以前國小同學，為了自己的排名，居然偷偷改低其他同學成績。這類似鳥事我當然也親身遇過，當我績效低時有人明顯地在看笑話，這時才發現他被眼紅扭曲了內心，我之後大賺都乾脆不跟他講，免得他玻璃心又破碎。這情況我也無解，你怎麼開導一個眼紅你的朋友？講出口、講開可能只會反效果。一般而言，我們會想跟最好的朋友分享成功，但是沒想到在他看起來，你是在炫耀。所以無論你是順風或逆風，做人都不容易。

我在高中時大概是心態最扭曲的時候，當時考上松山高中，遇到不如自己的學校就覺得高人一等（驕傲），遇到更好的學校則覺得低人一等（眼紅與自卑），現在想想會覺得很幼稚。我考大學還落榜，念比我差的高中的人多數都有大學念，出社會後也可以看到很多名校學生表現配不起他的學校……。我現在覺得，念什麼學校只是當下的排名，你長大後可以對社會有多大貢獻，這才是值得驕傲的地方，有本事的人請以這個當人生目標。

為何人性有這2項弱點？參考獅群、猴群，成王敗寇，王者得到交配權，其他人滾蛋。動物為了留住優秀基因會讓成功者性荷爾蒙大增，留住更多優秀基因的後代，讓失敗的雄性動物沒有播種權力，除非你拉下勝利者。

　　從現代社會看，成功者因為動物性使然會做出很多出格的事，可以不被動物性控制不容易，佛家裡通常是修練到成佛的那程度，才可以做到各種欲望、情緒不干擾你心。我沒有期待大家都成佛，但是要知道，狂妄（驕傲）與嫉妒（眼紅）這些情緒，一直在干擾我們的投資與人生，我自以為我現在可以比較不受影響是因為我看多了。

　　沒有人可以永遠在高處，而且我很清楚我的人生目標是什麼，我要花時間在追求對我有意義的東西。就像我跟朋友說的，我現在回頭看，以前我花非常多時間在個股、產業研究，那些當初苦心寫的報告，對現在的我來講根本就沒什麼價值。我多花很多時間在投資與選股上，有可能每年績效多一點，但那個對我沒意義，我死時資產是 10 億元還是 100 億元，對我個人沒有影響，我還是每年只花 30 萬元。也許有一點點財富效果，比 30 萬元多，但是絕對不會變成每年花 300 萬元、3,000 萬元，所以我現在不想花太多時間在主動投資上，我也不像以前操作策略的目標是報酬風險比極大化，穩健操作是我現在的目標。

　　這些人性問題在第 6 章那邊講比較少，但是與人生關聯性大，我覺得是像我這種人生經驗多，並且經歷過股市高低點的人才比較有辦法寫得出來。很少見其他達人寫我寫的東西，但不表示我愛扯的這些東西不重要。我講人生智慧時這些東西比投資理財更有價值，我在念投資理財前就先接觸簡樸生活的概念了，這些觀念對我幫助很大，我所有生活文也是偷渡這概念。有人覺得我老是貼一堆與投資無關的東西，其實這些想法可能還更重要、更實用，這些東西才真正對你人生有最大幫助。

金錢如海水，愈喝愈渴

最後，我還想來替大家潑個冷水，讓大家冷靜一下。新年大家都會有理財期許，但是如果沒有執行力，你期許了 20 年，還是會空空如往。資深散戶再資深，能力還是散戶，幹到投信總經理的人其實也可能 20 年沒進步過，幹到主管也可能還是草包一個，虧死受益人。

管理必須是數字管理，你的期許必須量化，期許什麼「賺大錢」的完全空話沒有意義，相較而言，期許 1 年看完 12 本經典書這種就是一個有意義的目標。有了明確目標以後，接著要如何做到，這又是一個挑戰。我之前每年都說要練出腹肌，一直到去年我才發現，飲食控制才有辦法，調整運動量不切實際，當我都每天運動了，也沒辦法調升多少運動量了。

如果你是新手懂點被動投資，那可以再去多了解產品，懂了股票接著看債、特別股、不動產……；懂了台股接著看美股、中國股市……；懂了價值投資接著了解成長股投資……；懂了產業分析、個股分析接著看總經。我個人大概是這樣的順序，被動投資人多懂一點沒壞處。

我有發現很多被動達人因為沒有主動投資能力，所以無法知道某些風險，比如堅持股債平衡，不知道美國公債有巨大利率風險、不知道從風險報酬角度買債意義已經不大，也不知道是否該配置黃金。如果是主動投資人，那麼學習更是無止境，懂愈多風險控制愈好，愈有能力找到投資機會，提升投資理財能力

473

是需要投資時間的。

　　最後，一樣提醒，理財是為了更好的生活，不要本末倒置了，冒太大風險會危害退休規畫，造成太大精神壓力會影響生活品質。簡樸生活，了解什麼才是你人生真正重要的（例如自由與時間、家人）。要記住「金錢如海水，愈喝愈渴」，與大家共勉之。

國家圖書館出版品預行編目資料

上流哥：這年頭資產配置有點難/上流哥著. -- 一版.
-- 臺北市：Smart智富文化，城邦文化事業股份有限
公司, 2021.08
　面；　公分
ISBN 978-986-99847-7-5(平裝)

1.投資 2.投資管理

563.5　　　　　　　　　　　　　　110009107

Smart 智富
上流哥：這年頭資產配置有點難

作者	上流哥
企畫	周明欣

商周集團	
榮譽發行人	金惟純
執行長	郭奕伶
總經理	朱紀中

Smart 智富	
社長	林正峰（兼總編輯）
副總監	楊巧鈴
編輯	邱慧真、胡定豪、施茵曼、陳婕妤、陳婉庭、劉鈺雯
資深主任設計	張麗珍
封面設計	廖洲文
版面構成	林美玲、廖彥嘉

出版	Smart 智富
地址	104 台北市中山區民生東路二段 141 號 4 樓
網站	smart.businessweekly.com.tw
客戶服務專線	(02) 2510-8888
客戶服務傳真	(02) 2503-5868
發行	英屬蓋曼群島商家庭傳媒股份有限公司城邦分公司

製版印刷	科樂印刷事業股份有限公司
初版一刷	2021 年 8 月
初版三刷	2021 年 9 月
ISBN	978-986-99847-5

 **智富 讀者服務卡**

為了提供您更優質的服務，《Smart 智富》會不定期提供您最新的出版訊息、優惠通知及活動消息。請您提起筆來，馬上填寫本回函！填寫完畢後，免貼郵票，請直接寄回本公司或傳真回覆。Smart 傳真專線：（02）2500-1956

1. 您若同意 Smart 智富透過電子郵件，提供最新的活動訊息與出版品介紹，請留下電子郵件信箱：

2. 您購買本書的地點為：□超商，例：7-11、全家
   □連鎖書店，例：金石堂、誠品
   □網路書店，例：博客來、金石堂網路書店
   □量販店，例：家樂福、大潤發、愛買
   □一般書店

3. 您最常閱讀 Smart 智富哪一種出版品？
   □ Smart 智富月刊（每月 1 日出刊）　□ Smart 叢書　□ Smart DVD

4. 您有參加過 Smart 智富的實體活動課程嗎？　□有參加　　□沒興趣　　□考慮中
   或對課程活動有任何建議或需要改進事宜：

5. 您希望加強對何種投資理財工具做更深入的了解？
   □現股交易　　□當沖　　□期貨　　□權證　　□選擇權　　□房地產
   □海外基金　　□國內基金　　□其他：

6. 對本書內容、編排或其他產品、活動，有需要改善的事項，歡迎告訴我們，如希望 Smart 提供其他新的服務，也請讓我們知道：

您的基本資料：（請詳細填寫下列基本資料，本刊對個人資料均予保密，謝謝）

姓名：	性別：□男 □女
出生年份：	聯絡電話：
通訊地址：	

從事產業：□軍人　□公教　□農業　□傳產業　□科技業　□服務業　□自營商　□家管

您也可以掃描右方 QR Code、回傳電子表單，提供您寶貴的意見。

想知道 Smart 智富各項課程最新消息，快加入 Smart 自學網 Line@。